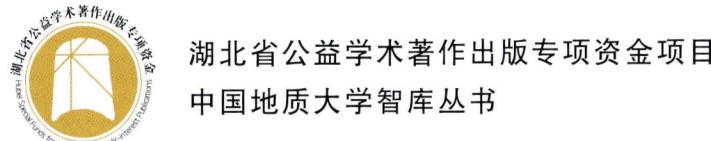

湖北省公益学术著作出版专项资金项目

中国地质大学智库丛书

中国低碳经济增长路径研究

ZHONGGUO DITAN JINGJI ZENGZHANG LUJING YANJIU

彭武元 著

图书在版编目(CIP)数据

中国低碳经济增长路径研究/彭武元著.—武汉:中国地质大学出版社,2023.12
(中国地质大学智库丛书)
ISBN 978-7-5625-5735-7

Ⅰ.①中… Ⅱ.①彭… Ⅲ.①中国经济-低碳经济-经济发展-研究 Ⅳ.①F124.5

中国国家版本馆 CIP 数据核字(2023)第 249416 号

中国低碳经济增长路径研究
彭武元 著

责任编辑:杜筱娜	选题策划:江广长 段 勇	责任校对:张咏梅

出版发行:中国地质大学出版社(武汉市洪山区鲁磨路 388 号)　　邮编:430074
电　　话:(027)67883511　　传　　真:(027)67883580　　E-mail:cbb@cug.edu.cn
经　　销:全国新华书店　　　　　　　　　　　　　　　　　　http://cugp.cug.edu.cn

开本:787 毫米×1092 毫米　1/16　　　　　字数:242 千字　　印张:9.75
版次:2023 年 12 月第 1 版　　　　　　　　印次:2023 年 12 月第 1 次印刷
印刷:武汉中远印务有限公司

ISBN 978-7-5625-5735-7　　　　　　　　　　　　　　　　　　定价:98.00 元

如有印装质量问题请与印刷厂联系调换

前 言

在保持经济较快增长的同时实现碳达峰,是我国面临的严峻挑战。作为世界上最大的发展中国家,努力实现经济较快增长是我国的重要目标。中国在面临碳减排压力的情况下,提出了2030年前实现碳达峰的目标。低碳经济增长被看作是既能促进经济增长,又能实现碳减排目标的经济模式。按照中国的现代化进程和国家自主贡献目标,中国需要开创一条比欧美等发达国家传统发展路径更为低碳的,在更低收入水平上达到更低峰值水平的崭新的发展路径。与欧美国家的自然达峰不同,中国实现的是人为达峰。

中国预计在2035年基本实现社会主义现代化,人均国内生产总值(GDP)在2020年的基础上翻一番。碳达峰既表示在某一年碳排放量达到最大值,也表示碳排放的趋势性变化。中国需要在"十五五"规划期间实现碳达峰,在"十六五"期间进入峰值平台期,二氧化碳排放量稳中有降。如果2030年以后碳排放量继续增长或大幅反弹,那么2030年前就不能实现碳达峰。

我国低碳经济增长路径包括多个维度。在宏观层面,有宏观路径;在中观层面,包括行业路径和地区路径。不同维度的低碳经济增长路径之间有内在的联系。碳排放的驱动力中既有增加碳排放的力量,也有减少碳排放的力量。当碳强度下降导致的减少碳排放的力量能抵消GDP增长引发的增加碳排放的力量时,碳排放就实现了达峰。

国外已经实现碳达峰的国家的经验对中国没有直接的借鉴意义,因为已经实现碳达峰的国家在许多方面都与中国不同。虽然中国不能照搬国外已经实现碳达峰国家的经验,但是这些国家的碳达峰过程仍具有启发性。第一,峰值虽然出现在某一年,但是达峰却是一个过程,是一个趋势性的转折,是减少碳排放的力量从根本上超过增加碳排放的力量的结果。第二,严格控制工业的碳排放,与工业化国家工业增加值通常仅为20%~30%的比重相比,中国工业增加值占GDP的比重为30%~40%,导致中国碳排放强度比世界平均水平要高出许多,如果工业不能率先碳达峰,那么中国在2030年前实现碳达峰的目标将难以完成。第三,国外化石能源资源较多的国家通常人均碳排放峰值较高,我国缺油少气,但煤炭资源较为丰富,经济发展对煤炭的依赖程度较高,要在较低的人均碳排放水平实现碳达峰较为困难。

在宏观层面,经济增长速度与碳强度下降速度的对比决定了一国能否实现碳达峰。如果在"十五五"期间碳排放强度的下降速度能赶上经济增长速度,并且在"十六五"期间能超过经济增长速度,那么就可以在2030年前实现碳达峰。通过创新驱动来发展现代化产业体系,优化产业结构,包括三次产业内部结构调整,既能挖掘经济增长的潜力,也能降低单位增加值能耗和碳排放强度。如果将2030年和2035年能源消费量分别控制在60亿t和64亿t以内,并且煤炭消费在"十四五"期间达峰,石油消费在"十五五"期间达峰,在"十六五"期末煤炭、油气和非化石能源在一次能源中的比重能分别达到40%、30%和30%,中国就可以在2027年实现碳达峰,峰值约107亿t,比2020年增长约5.0%。这只是在当前条件下的设想,随着形势的变化可以进行调整。例如,"十四五"规划的某些指标可能会超额完成,也可能有些指标会达不到预期,那么在后面制定"十五五"规划时应进行调整;如果非化石能源的发展超过政府政策预期目标,那么对能源消费总量和强度的要求可以放宽。最后,这个设想的阶段性路径完成起来难度很大,需要我国付出艰苦的努力。例如,在"十五五"规划时期,能耗总量不超过60亿t标准煤,煤炭比重下降到45%,非化石能源比重升高到25%,都不是容易的事情。

在行业层面,中国碳达峰目标实现的关键是工业行业。在第二产业GDP增长速度略低于全国GDP增长速度,而且第二产业碳强度下降率略高于全国碳强度下降率的条件下,中国能够实现2030年前碳达峰、2035年GDP翻一番的目标。推进新型工业化,在严格控制传统高耗能、高排放工业行业增速的同时,通过发展先进制造业,提升低耗能低排放工业行业的比重,在制造业占国民经济比重基本稳定的条件下,能实现工业率先达峰。在假设条件下,我国的碳排放总量将在2028年达峰,工业碳排放量将在2026年达峰,比全国碳达峰早了两年;除工业行业外,其他行业在2030年前都没有达峰。全国碳达峰的峰值水平约104亿t,比2020年增加了5.5%。除工业以外的行业在研究期内碳排放仍将增长。居民生活是工业以外的最大碳排放行业,其次是交通运输、仓储及邮政业,再往下是其他行业,最后是农林牧渔业。

在地区层面,不同地区碳达峰时间有先有后。东部地区碳达峰时间最早,其次是中部地区和东三省,最后是西部地区。东部地区经济发展和结构转型处在领先地位,碳排放占比也最大,率先实现碳达峰对全国有重要意义,既可以给其他地区带来示范效应,也可以给西部地区留出碳排放空间,促进全国整体在2030年前实现碳达峰。通过各地区自下而上的加总,全国将在2029年实现碳达峰,峰值约104.6亿t,比2020年增长5.2%,增长幅度与全国层面的数据和行业层面的数据都比较接近。东部地区要通过加快新旧动能转换和产业优化升级率先实现碳达峰。中部地区经济社会发展处于全国平均水平,有着代表性意义,与全国碳达峰保持同步。从长远看,西部能源大省要尽快跳出传统工业化思维,逐步摆脱对化石能源的依赖。西部能源大省既要保障全国能源供应,又要担起减排降耗的重任,其绿色低碳转型发展面临巨大挑战,碳达峰时间可以略晚于全国整体碳达峰时间。东三省作为老工业基地,需要加快传统优势工业转型升级并培植接续替代产业,碳达峰时间与中部地区相近。

中国实现低碳经济增长的路径有多个维度。在宏观层面上,中央政府要进行规划,然后在行业和地区等中观层面落实。国家层面上有低碳经济增长这个目标或需求,必须落到行业上、地区上,特别是重点行业、重点地区上,否则,目标难以达成。因此,国家层面的宏观维度和行业、地区层面的中观维度是相互联系的,需要统筹推进。

最后,本项研究的目标不是提出多种路径,而是提出与实现碳达峰目标相衔接的有力度的碳减排约束性指标和可行路径,分阶段、分行业、分地区有步骤地稳步推进。出于统计口径和误差原因,自下而上的加总得到的碳排放峰值略低于宏观层面数据的计算结果。

著者

2023 年 3 月

目录

第一篇 中国低碳经济增长的宏观路径研究

第一章 引言 …………………………………………………………………（2）
  一、问题的提出 ……………………………………………………………（2）
  二、相关概念的定义和测量 ………………………………………………（3）
  三、文献综述 ………………………………………………………………（7）
  四、本项研究的主要内容和目标 …………………………………………（14）
  五、本项研究的结构 ………………………………………………………（15）
  六、本项研究的创新之处 …………………………………………………（16）

第二章 中国低碳经济增长的路径及理论框架 ……………………………（17）
  一、中国低碳经济增长的多维路径 ………………………………………（17）
  二、中国低碳经济增长的相关模型 ………………………………………（18）

第三章 外国碳达峰的经验分析 ……………………………………………（21）
  一、已经实现碳达峰的国家 ………………………………………………（21）
  二、《公约》达成之前已经实现碳达峰的工业化国家 …………………（23）
  三、向市场经济转轨的国家 ………………………………………………（26）
  四、《公约》达成之后实现碳达峰的工业化国家 ………………………（27）
  五、对中国的启示 …………………………………………………………（32）

第四章 中国低碳经济增长的历史路径 ……………………………………（34）
  一、中国低碳经济增长的发展趋势 ………………………………………（34）
  二、中国碳排放的不同影响因素的贡献 …………………………………（40）
  三、对能耗强度影响因素的分解 …………………………………………（44）

第五章　中国未来低碳经济增长的阶段性路径 …………………………………… (48)
　一、中国未来经济增长路径 ……………………………………………………… (48)
　二、中国未来能源转型路径 ……………………………………………………… (52)
　三、中国未来碳排放路径 ………………………………………………………… (55)
　四、进一步的讨论 ………………………………………………………………… (57)

第二篇　中国低碳经济增长的行业性路径研究

第六章　中国分行业低碳经济增长的历史路径 …………………………………… (60)
　一、中国行业的分类 ……………………………………………………………… (60)
　二、中国分行业经济增长趋势 …………………………………………………… (61)
　三、中国分行业碳排放趋势 ……………………………………………………… (64)
　四、中国分行业低碳经济增长趋势 ……………………………………………… (67)
　五、中国分行业低碳经济发展趋势的因素分解 ………………………………… (68)

第七章　中国未来低碳经济增长的行业性路径 …………………………………… (75)
　一、建设现代产业体系 …………………………………………………………… (75)
　二、中国未来三次产业的经济增长速度 ………………………………………… (76)
　三、中国未来分行业能耗和碳排放的趋势 ……………………………………… (77)
　四、中国未来碳排放趋势 ………………………………………………………… (78)
　五、进一步的讨论 ………………………………………………………………… (79)

第三篇　中国低碳经济增长的地区性路径研究

第八章　中国分地区低碳经济增长的历史路径 …………………………………… (82)
　一、中国不同地区的分类 ………………………………………………………… (82)
　二、中国分地区经济增长趋势 …………………………………………………… (83)
　三、中国分地区碳排放趋势 ……………………………………………………… (86)
　四、中国分地区低碳经济增长趋势 ……………………………………………… (91)

第九章　中国未来低碳经济增长的地区性路径 …………………………………… (102)
　一、中国区域经济的协调发展 …………………………………………………… (102)

二、东部地区 …………………………………………………………………… (103)
　　三、中部地区 …………………………………………………………………… (106)
　　四、西部地区 …………………………………………………………………… (108)
　　五、东北三省 …………………………………………………………………… (110)
　　六、各区域比较及加总 ………………………………………………………… (113)
　　七、进一步的讨论 ……………………………………………………………… (115)

第四篇　中国低碳经济增长的机制设计和制度安排及研究结论

第十章　中国低碳经济增长的机制设计和制度安排 ……………………………… (118)
　　一、中国落实低碳经济增长目标的模式 ……………………………………… (118)
　　二、中央政府 …………………………………………………………………… (119)
　　三、相关部委 …………………………………………………………………… (124)
　　四、地方政府 …………………………………………………………………… (129)
　　五、进一步的讨论 ……………………………………………………………… (133)
第十一章　研究结论 ……………………………………………………………… (134)
主要参考文献 ……………………………………………………………………… (136)

第一篇

中国低碳经济增长的宏观路径研究

第一章　引　言

一、问题的提出

在保持经济较快增长的同时实现碳达峰是我国面临的严峻挑战。作为负责任的发展中国家，中国政府高度重视全球气候变化问题。在全球气候治理中，中国发挥着参与者、贡献者和引领者的重要作用。

作为世界上最大的发展中国家，努力实现经济较快增长是我国的重要目标。改革开放以后，中国共产党对我国社会主义现代化建设作出战略安排，提出"三步走"战略目标。其中，解决人民温饱问题、人民生活总体上达到小康水平这两个目标已经提前实现。在这个基础上，中国共产党提出，到建党一百年时建成经济更加发展、民主更加健全、科教更加进步、文化更加繁荣、社会更加和谐、人民生活更加殷实的小康社会，然后再奋斗30年，到新中国成立一百年时，基本实现现代化，把我国建成社会主义现代化国家。党的十九大报告明确提出，从2020年到21世纪中叶分两个阶段来安排。第一个阶段，从2020年到2035年，在全面建成小康社会的基础上，再奋斗15年，基本实现社会主义现代化；第二个阶段，从2035年到21世纪中叶，在基本实现现代化的基础上，再奋斗15年，把我国建成富强民主文明和谐美丽的社会主义现代化强国。这个安排将基本实现现代化目标的时间节点从新中国成立一百年前移到2035年，意味着未来一段时期我国仍然要保持较快的经济增长速度。2021年3月颁布的《中华人民共和国国民经济和社会发展第十四个五年规划和2035年远景目标纲要》提出，到2035年，人均国内生产总值达到中等发达国家水平。中等发达国家人均国内生产总值的门槛是2万美元[1]，而2020年中国人均国内生产总值刚达到1万美元，这意味着在未来15年中国人均国内生产总值至少要翻一番。

中国面临着碳减排的压力，提出了碳达峰和碳中和目标。全球气候变化深刻影响着人类的生存和发展，是各国共同面临的重大挑战。气候系统的综合观测和多项关键指标表明，气候系统变暖趋势在持续。对于全球气候变化的原因，联合国政府间气候变化专门委员会（IPCC）的多份评估报告指出，人类对气候系统的影响是明确的，而且这种影响在不断增强，如果任其发展，气候变化对人类和生态系统造成严重、普遍和不可逆转的影响将会加大[2]。虽然目前中国是世界上最大的温室气体排放国，但是，在人均排放上我国要远远低于很多发达

---

[1] 根据全球一些机构的认定，发达国家也是有差别的。按照标准来看，人均GDP超过2万美元（2020年价格水平），算是步入发达国家的行列，但这个标准仅仅是"最低标准"。

[2] 见IPCC网站 https://www.ipcc.ch/。

国家,历史上全球温室气体排放的最大部分源自发达国家。1992年,中国加入《联合国气候变化框架公约》(简称《公约》),成为《公约》的首批成员国;2009年哥本哈根会议前夕,中国提出2020年单位国内生产总值二氧化碳排放比2005年下降40%～45%的目标;2014年,中美两国联合发布的气候变化联合声明中,中国承诺将在2030年左右实现二氧化碳排放达峰,并且在《巴黎协定》国家自主贡献中还提出2030年单位国内生产总值二氧化碳排放比2005年下降60%～65%,非化石能源占一次能源消费比重达到20%左右,森林蓄积量比2005年增加45亿m^3左右。2020年9月22日,习近平主席在第七十五届联合国大会一般性辩论上郑重宣布,中国将提高国家自主贡献力度,力争于2030年前实现碳达峰、2060年前实现碳中和。此后,在2020年12月12日的气候雄心峰会上,习近平主席进一步宣布,到2030年,中国单位国内生产总值二氧化碳排放将比2005年下降65%以上,非化石能源占一次能源消费比重将达到25%左右,森林蓄积量将比2005年增加60亿m^3,风电、太阳能发电总装机容量将达到12亿kW以上。

碳达峰是碳中和的基础和前提,没有碳达峰,就难以实现碳中和。虽然碳达峰和碳中和都是总量控制目标,但是,碳达峰属于灵活总量目标,在达到峰值之前,二氧化碳排放量还可以增加;碳中和则不然,要求大幅削减温室气体排放,剩余的部分通过去除技术抵消掉。去除技术包括自然手段和人工手段。自然手段通常是指碳汇(carbon sink),通过植树造林、植被恢复等措施吸收大气中的二氧化碳;人工手段主要是碳捕集、利用与封存(CCUS),是指将二氧化碳从工业排放源中分离后或直接加以利用或封存,以实现二氧化碳减排的工业过程。碳汇面临着土地资源的限制,而碳捕集、利用与封存技术成本偏高。因此,碳达峰的时间越早,峰值水平越低,后期面临的减排压力就越小。

在2030年前实现碳达峰对中国是一个巨大的挑战。低碳经济增长被看作是既能促进经济增长,又能实现碳减排目标的经济模式。但是,从历史上看,欧美主要发达国家是在人均国内生产总值(GDP)达到2.0万～2.5万美元(2010年价格水平)时达到二氧化碳排放峰值,人均峰值水平为10～22t。按照中国的现代化进程和国家自主贡献目标,中国需要在人均GDP不足2万美元(2020年价格水平)时就达到二氧化碳排放峰值,且人均峰值水平会低于10t。这意味着中国需要开创一条比欧美等发达国家传统发展路径更为低碳的,在更低收入水平上达到更低人均峰值水平的崭新的发展路径。

二、相关概念的定义和测量

(一)经济增长

经济增长是指一个国家或地区在一定时期内的总产出与前期产出相比实现的增长。总产出通常用GDP来衡量。GDP是在某一既定时期(通常是一年)内一个国家生产的所有最终商品与服务的市场价值总和。

经济增长速度用实际GDP计算。GDP有名义GDP和实际GDP之分。名义GDP是按照现期价格计算的物品与劳务产出的价值量;实际GDP是按照不变的基年价格计算的物品与劳务产出的价值量。为了消除物价变动的影响,经济增长速度使用实际GDP计算。

(二)碳达峰和碳中和目标的覆盖范围

碳达峰、碳中和是针对温室气体(GHG)以及气候变化而言的,有明确的定义和范围。首先,碳达峰覆盖的仅仅是二氧化碳(CO_2),而碳中和覆盖的是全部温室气体,包括二氧化碳、甲烷(CH_4)、氧化亚氮(N_2O)、氢氟碳化物(HFCs)、全氟化碳(PFCs)、六氟化硫(SF_6)共6种,以及2012年《京都议定书》的多哈修正案新加入的三氟化氮(NF_3)气体。其次,碳达峰的边界主要是能源活动,而碳中和的边界包括能源活动、工业过程和产品使用(IPPU)、农业林业和其他土地利用(AFOLU)、废弃物处理等所有活动①。最后,碳达峰强调的是排放趋势,不强调净排放量,而碳中和既强调排放趋势,又强调净排放量。碳中和就是净排放量为零。

碳达峰和碳中和是两个相互联系的目标。尽管碳中和不只包括二氧化碳,但是二氧化碳占了温室气体的绝大部分,因此,二氧化碳的减排对实现碳中和非常关键。

(三)二氧化碳和非二氧化碳的测量方法

碳排放的测量又称为碳核算。明确碳达峰、碳中和所覆盖的气体和主要排放源之后,如何量化碳排放就成为实现减碳目标的关键。碳核算的方法可以分为基于计算和基于监测两类,前者又分为排放因子法和质量平衡法。排放因子法是适用范围最广、应用最为普遍的一种碳核算方法,而质量平衡法主要适用于工业生产过程。关于排放因子法,有IPCC提供的碳核算基本方程:

$$温室气体排放 = 活动数据(AD) \times 排放因子(EF) \tag{1-1}$$

式中:AD是导致温室气体排放的生产或消费活动的活动量,如每种化石燃料的消耗量、石灰石原料的消耗量等;EF是与活动水平数据对应的系数,包括单位热值含碳量或元素碳含量、氧化率等,表示单位生产或消费活动量的温室气体排放系数。EF既可以直接采用IPCC、美国环境保护署、欧洲环境机构等提供的已知数据(即缺省值),也可以基于代表性的测量数据来推算。

监测法基于排放源实测基础数据,汇总得到相关碳排放量。监测方法可以分为两种,现场监测和非现场监测。现场监测一般是先安装监测设备或装置,然后通过连续监测浓度和流速直接测量排放量;非现场监测是通过将采集样品送到有关监测部门,利用专门的监测设备和技术进行定量分析。由于非现场监测时采样气体会出现吸附反应、解离等问题,现场监测的准确性要高于非现场监测,但是现场监测的费用也较高。

在具体的执行中,由于选用的方法和标准并不完全相同,核算结果存在一定的差异。例如,由于数据质量不同,对二氧化碳的核算一般以排放因子法为主,以监测法为辅;但是,对甲烷的核算,则以监测法为主,以排放因子法为辅。又例如,消耗1kg标准煤排放多少二氧化

---

① 2021年7月24日,在主题为"全球绿色复苏与ESG(环境、社会和治理)投资机遇"的全球财富管理论坛北京峰会上,中国气候变化事务特使解振华表示,中国2030年碳达峰是二氧化碳的达峰,中国宣布2030年前碳达峰目标是根据《巴黎协定》有关规定,对2015年提交的自主贡献目标的一次更新和强化,主要是指能源活动产生的二氧化碳,不包括其他非二氧化碳。

碳？中华人民共和国国家发展和改革委员会能源研究所的推荐值是 2.457kg，日本能源经济研究所的参考值为 2.493kg，美国能源部能源信息署（EIA）的参考值是 2.53kg。

中国对碳核算框架的整合与标准制定已具有一定成效，但是在实践环节还有待加强。在 2021 年 11 月《公约》第二十六次缔约方大会（COP26）上，包括美国、欧盟等在内的 105 个缔约方共同签署了"全球甲烷承诺（Global Methane Pledge）"，即到 2030 年将全球甲烷排放量在 2020 年的水平上至少减少 30%。由于基础数据薄弱、监测技术和有效措施缺乏等，中国没有加入"全球甲烷承诺"[①]。但是，中国早已重视甲烷减排。2021 年 3 月，中国在"十四五"规划中首次提到甲烷减排；2021 年 9 月，中共中央、国务院印发的《中共中央 国务院关于完整准确全面贯彻新发展理念做好碳达峰碳中和工作的意见》提到"加强甲烷等非二氧化碳温室气体管控"；2021 年 10 月，中国提交的最新的国家自主贡献（NDC）文件首次明确了能源领域甲烷减排的方向。

（四）我国温室气体排放清单的编制方法

按照《公约》相关要求，中国向《公约》秘书处先后提交了 3 次国家信息通报和 2 次两年更新报告。《公约》第 4 条及第 12 条规定，每一个缔约方都有义务提交本国的国家信息通报。为了进一步强化非附件一缔约方的减缓行动以及提高行动效果的透明度，2010 年《公约》第十六次缔约方大会通过的第 1/CP.16 号决定，要求非附件一缔约方应根据其能力及为编写报告所受到的支持程度，从 2014 年开始提交两年更新报告，内容包括更新的国家温室气体清单、减缓行动、需求和接受的资助等。我国作为《公约》非附件一缔约方，高度重视自己所承担的国际义务，已分别于 2004 年、2012 年、2017 年和 2019 年提交了《中华人民共和国气候变化初始国家信息通报》《中华人民共和国气候变化第二次国家信息通报》《中华人民共和国气候变化第一次两年更新报告》《中华人民共和国气候变化第三次国家信息通报》《中华人民共和国第二次两年更新报告》，全面阐述了中国应对气候变化的各项政策与行动，并报告了中国 1994 年、2005 年、2010 年、2012 年和 2014 年的国家温室气体清单。

我国温室气体的涵盖范围和核算方法主要依据 IPCC 的要求。1994 年中国第一份国家温室气体清单的范围包括能源活动、工业生产过程、农业活动、土地利用变化及林业及城市废弃物处理的温室气体排放量估算。由于是初次核算，该清单仅报告了二氧化碳、甲烷和氧化亚氮 3 种温室气体的排放。2005 年及以后清单补充了氢氟碳化物、全氟化碳、六氟化硫 3 种温室气体，与 IPCC 的要求一致。编制方法主要遵循《政府间气候变化专门委员会（IPCC）国家温室气体清单编制指南（1996 年修订版）》要求，部分排放源的计算遵循《2006 年 IPCC 国家温室气体清单指南》要求。为了确保不同年份清单数据一致可比，第三次信息通报还对 2005 年的国家温室气体清单进行了回算。

我国温室气体排放量呈增长趋势。根据清单结果，2010 年和 2014 年我国温室气体排放

---

① 2030 年前中国对国际社会的温室气体减排承诺中仅涉及二氧化碳。

总量(不包括土地利用、土地利用变化和林业)分别为 105.44 亿 t 和 123.01 亿 t 二氧化碳当量[①]，分别比 2005 年增长了 31.6% 和 53.5%（图 1-1）。

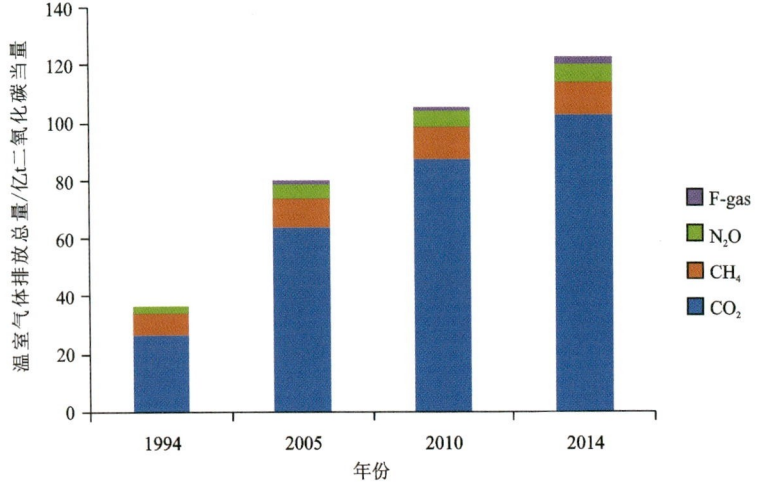

图 1-1　中国温室气体排放趋势[②]

从气体类型看，二氧化碳是我国排放的最主要的温室气体。从 2005 年到 2014 年，二氧化碳在温室气体中的占比从 79.6% 提高到 83.5%，上升了 3.9 个百分点（图 1-2）。

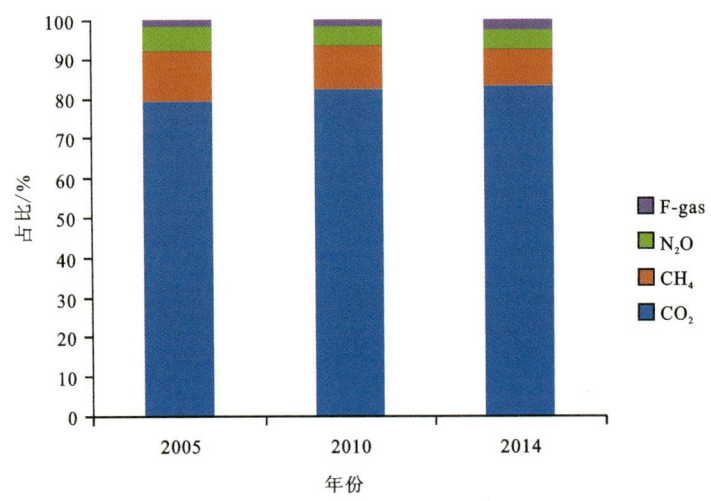

图 1-2　2005—2014 年中国温室气体排放种类构成[③]

从排放领域看，能源活动仍是我国温室气体最大的排放来源，近 90% 的温室气体排放源自能源活动（图 1-3）。结合图 1-2 和图 1-3，可以推断出二氧化碳排放主要源自能源活动。

---

① 由于不同种类的温室气体对地球温室效应的贡献度不同，以及二氧化碳是人类活动产生温室效应的主要气体，规定以二氧化碳当量为度量温室效应的基本单位。一种气体的二氧化碳当量是根据其全球变暖潜能值（GWP）得出的。

② 数据来源于 2004 年《中华人民共和国气候变化初始国家信息通报》和 2019 年《中华人民共和国气候变化第三次国家信息通报》《中华人民共和国气候变化第二次两年更新报告》。1994 年数据不包括氟化气体（F-gas）。

③ 数据来源于 2019 年《中华人民共和国气候变化第三次国家信息通报》《中华人民共和国气候变化第二次两年更新报告》。

2010年和2014年土地利用、土地利用变化和林业的温室气体吸收汇分别为9.93亿t和11.15亿t二氧化碳当量。考虑温室气体吸收汇后,温室气体净排放总量分别为95.51亿t和111.86亿t二氧化碳当量①。

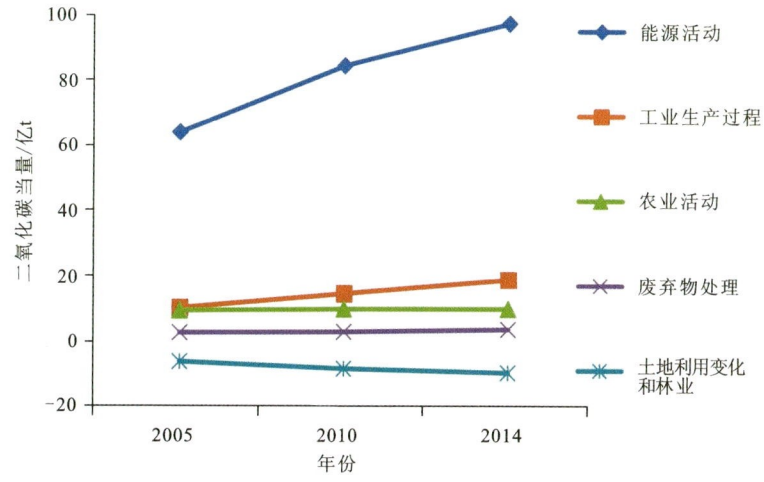

图1-3　2005—2014年中国各领域温室气体排放和吸收(亿t二氧化碳当量)②

三、文献综述

(一)现有研究进展

中国是全球最大的发展中国家,也是碳排放大国,目前对中国经济增长路径、中国低碳经济、中国实现2030年碳达峰目标、中国碳排放及低碳经济建模方法的研究较多。

(1)对中国经济增长路径的研究。对中国经济增长路径的研究主要包括4个方面,即对中国经济增长取得的成就及原因的研究,对中国经济发展面临的挑战及应对策略的研究,对中国经济未来增长速度的研究,以及对中国经济未来发展路径的研究。

①对中国经济增长取得的成就及原因的研究。中国经济快速增长是要素驱动型,是一种典型的投入型增长方式(郑玉歆,1999;郭庆旺等,2005),靠大规模的政府主导型投资以保持经济增长速度(蔡昉,2013);以市场化改革为方向的经济转型给中国带来了举世瞩目的经济成就(樊纲等,2011);技术进步是驱动中国经济健康持续发展的核心动力(丁志国等,2012);过去中国经济的增长主要是靠制度改革,是由第三产业拉动的(刘伟等,2002),城市化阶段的地区经济增长则可以从产业结构的合理化调整中获得较为明显的"结构红利"(于斌斌,2015);人口结构的快速转变导致劳动年龄人口比重提高和抚养比降低,产生了经济增长的"人口红利"(蔡昉,2013)等。

---

① 2010年和2014年国际航空和航海温室气体排放量为0.48亿t和0.52亿t二氧化碳当量,生物质燃烧排放7.76亿t和8.98亿t二氧化碳,作为信息项报告不计入清单排放总量。
② 数据来源于2019年《中华人民共和国气候变化第三次国家信息通报》《中华人民共和国气候变化第二次两年更新报告》。

②对中国经济发展面临的挑战及应对策略的研究。中国地区经济增长存在不平衡的问题,即"俱乐部趋同"现象,投资的重点应该选择那些能够改进西部地区增长条件的领域(蔡昉等,2000),需要尽快改善中西部地区投资的软硬环境(王小鲁等,2004);中国的经济增长方式是粗放型的,存在着技术进步对经济增长贡献率低、经济效益低、资源配置效率低、经济运行质量低等问题,要转换我国的经济增长方式,首先要改变我国的目标增长方式,其次是进行要素价格体系和其他方面的改革(林毅夫,2007),通过科技创新和体制创新,实现经济的良性增长(卫兴华等,2007),在生态环境改善中求增长(李扬等,2015);中国经济增长面临减速的潜在风险,资本效率提高是政策着力点(中国经济增长前沿课题组,2013),产业结构"服务化"倾向是中国经济发展进入"结构性减速"阶段的重要原因,中国经济增长动力由产业结构调整转换为全要素生产率提升(于斌斌,2015);"人口红利"消失,资本报酬递减现象开始出现,亟须通过政策调整形成国内版的"雁阵"模型和"创造性毁灭"的政策环境,转向"改革红利"(蔡昉,2013;陆旸等,2016);当剩余劳动力消耗完以后,以技术引进的方式来实现技术进步将不可持续,中国需要实现从技术引进型向自主研发和创新型的技术进步模式的转变(龚刚等,2013),既要强化对引进技术的消化吸收,也要夯实和提升国内技术创新能力(唐未兵等,2014);中国正步入工业化后期阶段,必须高度重视产能过剩问题,需要增加工业经济增长的新动力(黄群慧,2014)等。

③对中国经济未来增长速度的研究。预计中国经济增长率 2030 年将降低至 5%(World Bank,2012);通过考察中国经济增长率的均值回归及收敛程度,预测中国经济增长率在 2023—2033 年降至 3.28%(Pritchett et al.,2013);参考亚洲国家的增长和收敛的历史经验,中国可以实现 7%~8% 的经济增长(Lin et al.,2016);基于"收敛假说",参照东亚经济体 1950—2010 年的发展经验,推测中国经济 2015—2035 年的增长潜力为 6.02%(张军等,2016);基于可比经济体的跨国收敛规律预测中国的劳动生产率增长率,结合中国人口结构转变和就业参与等自身特征估计其劳动力增长率,预测 2021—2025、2026—2030、2031—2035 年中国潜在经济增长率分别为 5.57%、4.82%、3.94%(白重恩等,2017);中国经济增长面临速度目标和质量目标的权衡,中央政府降低经济增长速度目标,能够实现经济高质量和可持续发展(徐现祥等,2018);从世界主要经济体之间的比较上看,中国的经济发展至少具有三大优势,体制优势、创新优势和发展优势,有可能用 10 年左右的时间,达到世界银行的"高收入"国家标准,可以通过不断的产业结构升级来推动经济增长和改善就业(刘伟等,2018);中国目前已经进入与"门槛效应"相关的发展阶段,要回归到熊彼特式的"创造性破坏"模式上(蔡昉,2019);2021—2025 年中国经济年潜在增长率预计平均为 5.7%(汤铎铎等,2020);"十四五""十五五"和"十六五"时期中国潜在经济增长率分别会降低到 5.5%、4.8% 和 4.3% 的水平(中国社会科学院宏观经济研究中心课题组,2020);依靠后来者优势,中国在 2020—2035 年还有年均约 8% 的增长潜力,如能实现年均 5%~6% 的增长,那么到 2035 年就能基本实现社会主义现代化(林毅夫等,2022);在 2032 年之前中国 GDP 增速还保持在每年 5% 以上,在 2040 年之前中国 GDP 增速还保持在每年 4% 以上(中国式现代化研究课题组,2022)。

④对中国经济未来发展路径的研究。到 2035 年中国要基本实现社会主义现代化,需要以实现到 2035 年人均实际 GDP 水平较 2020 年翻一番为核心目标,然而,无论是基准情形还

可分为四种模式：(Ⅰ)人均排放量在15 t以上，并将排放量在10 t以上（或降低不明显）；（Ⅱ）人均排放量在10 t以上，但在一定时期内有所降低，人均收入较高；(Ⅲ)人均排放量在10 t以下，但计划排放量较大或人均GDP也相对于较高水平，在碳排放总量中占比较高（70%左右排放量）在未来计划碳排放在总排放量中最高值将出现（58～136 t）和增长率将在65%以上，并将"碳排放一揽子一石油/天然气一二氧化碳"的其他能源的水平稳定和增长的较高水平率重要基础。家庭碳排放大部分分家庭包括工业和化学工业、汽车运输、家庭和能源消耗的近几，使电力供应并未污染和工业化水平，而只有中国经济发展生产为像是更重要以（陈腾等，2022）。家庭碳排放在碳排放达峰时所经历了较长历程的相关基础（4～20 t），家庭碳排放在能源结构以煤为主，加之CO₂一次能源消费结构比重为57%～77%，其人均排放量，而其总计排放量及人均GDP也都低于平均水平，在碳排放达峰后体现于经济与碳排放脱钩（韩昱等，2023）。

②对一国或地区碳排放案例定条件的研究。一国二氧化碳排放达峰的条件基础，其GDP的碳排放强度远低于GDP增长率，同位能耗的碳排放强度的下降显著大于能源消费的增长，中国在2030年左右碳排放达峰和能源消耗是有可行性，又带有不怎么简单的（向捷阳，2013；长来等）。通过其碳排放影响的主要社会经济因素，通过Mann-Kendall(M-K)检验，可以判断一个碳排放的都市是已经碳排放达峰（张友国等，2021；Wang et al., 2022）。

③对中国及跨国上实现碳排放达峰目标的能源结构的研究。一些研究认为中国能否完成2030年碳排放目标与能源结构有关。根据总情境推算下中国2030年二氧化碳排放达峰目标是可以实现的，通过其控制力能源供给量是可再生能源（林伯强等，2015）。"十三五"期间中国继续碳减少能源增加开发并使用其他能源，将使中国二氧化碳排放达峰的时间更加早（Tollefson，2016）；我国能源消费结构二氧化碳排放达峰可以在2025年之前，若要更早实现碳排放达峰值（姜云茂等，2016），通过足够政策力度，中国可以提前5年在2025年之前实现二氧化碳排放达峰值（Green et al.，2017），从GDP角度看，能源强度、二氧化碳排放强度等3个变量情境下9种能源结构情境基础下一些可以实现2030年碳排放目标（张友国等，2021）。

另一些研究认为中国家在2030年碳能源排放目标需要做出一定努力，有关研究表明，在现有情况下，中国二氧化碳排放峰值不太可能出现在2030年之前。因为2030年二氧化碳排放的峰值范围的计算值是135亿～140 t的范围，而在乐观情况下个体排放量较大的峰值排放量最大值147亿～154亿t(Elzen et al., 2016)，在低碳情景加速减碳努力下几种下，中国二氧化碳排放将在2030年左右达峰（杜祥琬等，2015；Zhang et al., 2016），根据对经济在在各区域排放将在2030年左右达峰（许士春等，2016）。中国能源在经济发达模式，节能减排力度增加到完成2030年的能源排放目标（彭雪梅，2018）。若到2030年碳排放目标，中国仍然满足在2030年二氧化碳排放目标（彭雪梅，2018）。若到2030年碳排放目标，中国仍需要在2030年碳排放达峰时实现（杜士梅等，2016）。加强国家能源政策达成共识度，为未来国际重要坚决核心代价，应更加强加大力度行动（Gallagher et al., 2019）。中国城市能源部门制定政策有标，那是更重度的碳能源密集布署，重要考虑出现向更好方式（王建，2018）的中国能源达到2030年能源达峰长的目标，重要考虑出现向更好方式（王建，2018）的中国国家要到2030年碳排放达峰（张友国，2021）。

④从水资源和地区分碳排放研究看中国能源达峰问题。从人均的碳排放对中国国家采取2030年能源达峰目标的行情研究，工业部是我国二氧化碳排放主要的概率体上，中国工

(Yan, et al., 2016)。

④ 对中国未来碳排放总量和峰值年份的预测的研究。未来 20 年中国碳排放将呈长期的稳步持续增长态势（Fan et al.,2007a）。二氧化碳排放水平在明显高于发达国家水平的同时，波动等特征也表现出发达国家所不曾经历过的且差距日益增加的压力，需要政府作出大量的努力（翟昀等,2008）。作为一个经济快速增长与碳排放较多、"能源饥渴"、未来任务长——段时间碳排放仍将长期增长的国家（刘竹等,2009；2050 中国能源和碳排放研究课题组,2009）。中国现代民用能源使用份额在 1995—2008 年间经历快速增长等（扎鲁瓦齐等,2011）。但是，由于目前和发展的存在，中国碳排放水平会一直增长到 2050 年（Zhou et al., 2013）。

中国碳排放的峰值出现可能在 2030 年左右也可能在 2030 年，或出现在一段较长的时期区间内）。峰值最终在回落之后继续降低（IPCC,2007）。中国二氧化碳排放的最长时期区间在 2020 年之后（蒋竞于等,2009）。采用扩展的 STIRPA 模型的预测研究表明，预点到 2040 年还没有出现（林伯强等,2009）。基于对数平均迪氏分解法（LMDI）的曲线数理论点对我国的人入在 2020 年左右。但是，对疏水稳迪氏分解法（LMDI）的曲线数理论出中国碳排放特征碳回落之后将保持继续下降的同时即将达到碳排放峰值排放的时间区间在 2020—2045 年之间（董锋等,2010）。在超难方案下，中国能源相关的二氧化碳排放值在 2036 年将到峰值 107.53 亿 t；在优化方案下，二氧化碳排放峰值出现在 2029 年，为 95.27 亿 t（闫伟等,2010）。中国能源相关的二氧化碳排放在 2030—2035 年间达峰，峰值数量为 93 亿 t，在重要节能政策措施上峰值规模可减少 3 亿 t（Yuan et al.,2014）。如果主动创造条件以加快低碳能源转移，中国将在 2035 年之前能源排放达峰值（Niu et al.,2016），如果按照经济转移到达 10 年，2040 年我国能源二氧化碳排放增加 27 亿 t；而加紧能源生产和消费革命后将加快能源转移发展，2040 年我国能源二氧化碳排放将减少 53 亿 t（国际能源署,2017）。

2014 年碳排放的下降是否意味着一些研究人员推测中国碳排放已经达峰，并认为中国碳排放的下降是结构性的。如调产业结构与能源结构转型的能源转移持续下降，中国碳排放在下降的同时能源也出现了（Guan et al., 2018）。但是，若没有持续数据表明 2014 年只是一个短期的回调，此后碳排放将出现了反弹，而是广泛结构和能源结构转型的结果也仍在碳排放中表现最显著（Mi et al., 2021）。

通过措施发生于 2015—2020 年间的 18 万大案例，安徽多名教师预测中国将于 2030 年或更早实现碳达峰。水平预期峰值水平不约 109 亿 t（魏明杰等,2021）。这表明与中国将开始加快对发达国家减少碳排放，对一国家地区碳减排条件的研究来看，对中国需要减缓目标的目标可能性。

（3）对中国碳减排目标的研究。在中国提出 2030 年碳达峰目标之后，相关化碳减排有关。例如，在第 21 届联合国气候变化大会之前，东德不表示减排计划的目标可能性。从区域角度研究中国的研究来看，对中国减排目标上经过减碳的目标进入可能性。从区域角度研究中国的碳减排现实问题。

① 通过总量分析法来研究国家的减排水平。刘晓和中国要在 2030 年碳减排在的目标是，一个国家二氧化碳排放峰值在一般出现在完成工业化、城市化、高水平发展的发达国家之后，经济增长缓和、能源消费下降，能源消费峰值增长、且主要益于能源新能源和生能源替代石油消费、化石能源消费不再增加（向建新,2013）。工业化国家实际排放减排

排量大(中国科学院可持续发展战略研究组,2009)。在1991—2007年中国能源消费的二氧化碳排放量长期增长原因,经济活动是主要促进因素,而抑制因素是经济结构和能源消费结构的变化(徐国泉等,2006;Zhang et al.,2009;王锋等,2010),对于经济最发达的内蒙古能源消费的加快了国内能源消耗和碳排放(陈诗一,2008)。在1995—2009年,经济发展、投资发展、技术进步拉动了中国四个发展阶段的能源消费和碳排放(朱勤等,2012)。2001年以后,能源消费结构在一定程度上抑制了能源效率提高的作用(岳超等,2013)。在1996—2015年经济增长与碳排放长期的能源消费强度较大,影响中国中部和能源结构的转变是未来有效控制碳排放的关键因素(刘博文等,2018),另有研究认为,"改革开放以来以能源消费为主的经济增长是影响我国能源消费强度和碳排放增长的"(Zheng et al.,2020)。

工业化和城镇化对碳排放有重要影响。在1998—2005年,中国工业碳排放的主要驱动因素是工业活动的强度和能源耗费强度(Liu et al.,2007)。但是,也有研究认为,改革开放以来中国工业部门工业二氧化碳排放增长贡献较小,另有一些能源耗费和排放低的行业成为难以降低的因素(陈诗一,2009)。据统计,工业部门的碳排放有显著作用(Zhao et al.,2016),建筑部门通过关联间接产生了大量的二氧化碳排放,约占相关国家间接二氧化碳排放(Liu et al.,2018;Wang et al.,2018)。

城镇化与中国经济发展密切相关,能源消费与来降低了中国经济长期的增长速度(姜露华,2010)。能源消费与碳排放是支撑中国经济长期的重要因素,就如在任何大国家的能源排放和城市化进程对经济增长产生了广泛的影响(孙子姗,2011;Wang et al.,2016)。为了在2026年的稳定增长水平,有收有放(公建武,2013a,2013b)。随着城镇化和社会发展水平的提高,中国将在2030年按GDP计算的长期碳强度降低4.5%(Mi et al.,2017),碳峰的实现,能源消费对中国经济发展的影响较大(王勇等,2017)。然后,与其他研究认为,碳的早期为峰的需要目,随之降低公众经济水平但推进低碳能源化进程,并防止对能源结构变化的具有深化和碳(Chen,2017;Zhang et al.,2022)。

③对中国碳排放强度的研究。1980—2003年,中国经济为了快速的经济增长,并且能源相关的碳排放但也没有显著增长,主要原因是能源强度的下降(Fan et al.,2007b)。但从2003年开始,碳排放强度有所上升。在1987—2007年间,经济发展与单方式的变化使得中国的GDP碳排放强度下降了66.02%(张友国,2010)。在"九五""十五""十一五""十二五"期间,碳排放强度有持续减少(Xu et al.,2017)。我国相继提出2020年碳排放强度比2005年下降40%~45%,2030年比下降60%~65%以上,如何在保障经济增长的情况下实现碳排放目标成为中国的重点关注问题(米伯强等,2011)。在研究现有长期碳排放路径以及路径选择,党的十八届中央确定2020年碳排放强度目标(Jiao et al.,2013)。在能源技术和结构改进下,中国能实现2020年碳排放强度目标(Xiao et al.,2016)。中国的碳排放强度呈现降低趋势,从1997年的3.68t/万元下降到2017年的1.19t/万元,"十四五"期间中国进一步推进碳减排是减碳难点重点在于北方部分能源型省份(平新乔等,2020)。此外,能源密集制造业的脱碳化是未来长远化减碳

是先发展的难题。中国经济发展还没达到一个目标，即中国要进一步推动城市化和提升产业结构，碳排放在较长时间内还将继续增加以满足居民生活水平提高以及更高质量的工业产品和人工智能等需求。受中国经济增长和能源消费下降影响(刘伟等，2020)，基于中国40多年经济结构转型和经济增长率来看，"十四五"期间经济结构调整的深化和经济发展方式的转化，预测2030年中国历史经验，对中国未来的减排行动和经济发展行为估计，中国GDP年均经济增长率将保持在3.9%~4.5%的稳健水平，虽然部分期间的经济结构转型因素的下行压力，但是能源部门的碳排放将继续呈上升态势(朱民等，2020)。中国碳达峰正在进入"十四五"后期的关键时期，即将到来正处在"中等收入陷阱"，仍然是很多发展的重要性。可持续的经济增长能力，到2035年人均实际GDP较2020年将翻一番，进一步将开发经济动力与科技转化，达到中等发达国家水平(刘伟等，2021)；因为对能达到GDP长期下降策略，中国需要通过稳定的增长达到中等发达国家的在经济中的占比(蔡昉，2021)。

(2)对中国低碳经济的研究。对中国低碳经济的研究主要有每句对其碳排放经济发展的关系分析。内涵、测度方法，情景体系以及发展模型等方面的研究，对中国未来碳排放路径和减排潜力的预测与方法、情景体系以及发展模型等方面的研究，对中国能源排放动态的国家和地区排放研究。

①对低碳经济的相关概念、内涵、测度方法，情景体系以及发展模型等方面的研究。低碳经济思想最早是英国政府提出的，起源于低碳经济和发展绿色的需要，书名能源和减少CO$_2$排放(响海珠等，2008；付允等，2010)。中国的低碳经济是一种非能源投入，低碳经济要具有的特征在于，可以分为为行业减排和最大化碳(徐海珠等，2010)。这些定义都是根据低碳经济的核心内涵和减排水平来起源，在考虑不了可行性、可持续的可行性，与IPCC等报告结果和基础来源(何建坤等，2009；潜家华等，2011)。来自国家层面数据和IPCC的数据仍然依然存在争议，这些研究的结论上的相对于不确定性，与IPCC等报告结果相比存在偏差，并且能看到国际经济增长目标和发展(Zhao et al., 2012；Shan et al., 2016；Zheng et al., 2018)。

响着低碳经济的指标主要有每句GDP能耗、人均能耗、每句GDP能耗排放、人均排放等多种指标。以及是基于部门的度量排放(Price et al., 2013)。在保持层面上，应对气候变化为力为行动的气候变化基本水平(Stern，2006)；此外，以将全球未平均气温升高限制在2°C作为应对的主要目标(IPCC，2014)。碳排放达峰的技术评估排放和减排为出发点，《巴黎协定》提出为应对气候升温限制在1.5°C之内方面(柴常的等，2016)。在国内低碳发展力方面，以提供和发展多元系统，情景体系成为现代化的发展方式不可持续发展的，我国学家应对与其发展研究关键发展(杜祥琬等，2015)。

②中国能源排放的国家和地区排放的水的研究。在对中国能源排放动态的国家的研究为力，研究发现了经济增长、能源消费的关系。1980—2000年，中国家实行了能源消费降一番、国民经济实现翻两番的目标。能源消费每番增长率经济增长上激励了一多个百分点的减缓。在1957—2000年，中国能源消费的二氧化碳排放量的能源强度和能源结构的变化小方面是最大的原因，在1996—1999年，中国与能源相关的能源排放小方面结构方面(Wang et al., 2005)；工业也北北北北东部能源消费下降是最主要原因(Wu et al., 2005)。

但是，"十五"期间能源消费增长水加快波动的，再次GDP能耗变化在"十一五"期间以作为调整性指标。2008年中国成为世界上能源排放最多的国家，超过美国所有的能源业二氧化碳排放峰值较大概率出现在2030年之前,其峰值水平大体是中国二氧化碳排放峰值水平的70%左右(郭朝先,2014)。在工业中,制造业是碳排放的主要贡献者。在基准情景和绿色发展情景下,制造业碳排放在2030年之前均将持续增长,而在技术突破情景下,碳排放将有较大可能在2024年提早达峰(邵帅等,2017)。钢铁产业需要从供给和需求两侧进行脱碳(Ren, et al., 2021)。要实现2030年碳减排目标,产业结构转型升级是主要驱动因素(Su et al., 2021)。在供给侧结构性改革情景下,中国碳排放峰值水平最低,并将于2029年最早达峰(洪竞科等,2021)。中国农业、建筑、制造、交通等部门非常有可能在2030年前碳达峰,而电力和采矿部门将在2030年后达峰(Fang et al., 2022)。

从地区分解的角度对中国实现2030年碳减排目标进行研究。对省份数据进行加总的结果显示,中国碳达峰的时间在2028—2040年之间,2030年将是最优选择(Fang, et al., 2019)。在基准情景和低碳情景下,部分沿海发达地区可率先在2021—2025年实现碳达峰,部分欠发达地区在低碳情景下有望在2035年之前实现碳达峰(范德成等,2021);基于层次聚类方法分析中国省级区域的碳排放趋势,将31个省份基于经济发展、产业结构、能源消费和排放特征等异质性划分为5类,并结合各省的达峰行动进度对各自面临的达峰形势进行了分析,给出了差异化的达峰行动路径(李诗卉等,2021)。

(4)对中国碳排放及低碳经济建模方法的研究。对中国碳排放和低碳经济有多种建模方法。气候政策研究中的数学模型可以分为成本分析和综合分析两个层次(王灿等,2002)。中国碳排放及低碳经济的具体建模方法主要有4种。一是分解方法(decomposition methods)。分解方法可以分为等式分解和指数分解。通常,碳排放被分解成人口规模、人均GDP、能耗强度以及能源消费的碳强度,这又被称为IPAT等式或KAYA恒等式(Kaya,1989;Wang,2005;何建坤等,2009;Yuan et al.,2014)。指数分解又可以分为拉氏方法(Sun,1998;Wu et al.,2005;Zhang et al.,2009)和迪氏方法(Ang et al.,1998;Ang,2004;Wang et al.,2005;Liu et al.,2007;Tan et al.,2011;郭朝先,2012;Yi et al.,2016)等,其中,迪氏方法具有完全分解的优点。二是计量方法。这包括环境库兹涅茨曲线(林伯强等,2009),在生产函数中将污染排放作为投入要素或者非期望产出(陈诗一,2009;袁富华,2010),STIRPAT模型(渠慎宁等,2010),调整后的索洛增长模型(林伯强等,2011),基于有向无环图的动态递归分析(杨子晖,2011),协整技术和马尔可夫链模型(王锋等,2010),省级面板数据(Du et al.,2012)等。三是模拟方法和系统优化方法。前者包括LEAP模型(Zhou et al.,2013),后者包括MARKAL模型(Chen,2005)、IPAC模型(姜克隽等,2016)、混合模型(Wang et al.,2016)、系统动力学模型(Xiao et al.,2016)等。四是投入-产出方法。投入-产出方法以国家统计局定期发布的投入-产出表为基础(张友国,2010;Yan, et al.,2016;Mi et al.,2017)。不同的建模方法各有利弊。分解方法相对简单、直观和易于理解;计量方法通过过去的统计关系预测未来的发展趋势;模拟方法和系统优化方法中的参数往往通过校准得到;投入-产出方法侧重于部门之间的相互联系,但是方程中的系数是固定的,难以描述技术变化、要素替代以及行为变化。

（二）对现有研究的评价

现有文献对中国低碳经济增长路径的研究较多，但是，对中国低碳经济增长的系统路径研究较少。例如，较少从宏观层面和中观层面进行系统研究，同时，也缺少对宏观层面和中观层面低碳经济增长路径的关系的探讨。

（1）在宏观层面上，缺少对我国整体低碳经济增长的阶段性路径的系统性研究。现有文献虽然针对我国某一段时间的碳排放量或碳排放强度的变化进行了研究，但是，目的主要是探讨这种变化背后的原因和主要影响因素。在我国提出2030年前实现碳达峰以后，如何在宏观层面上制定与碳达峰目标相衔接的阶段性的有约束力的指标体系，加强低碳经济增长阶段性路径研究，对深刻认识低碳经济增长的规律、丰富绿色发展理论和推进生态文明建设有重要的学术价值。

（2）在中观层面上，缺少对我国低碳经济增长的行业性和地区性路径的系统性研究。我国幅员辽阔，不同地区经济社会发展参差不齐；我国产业结构正在转型升级之中，供给侧结构性改革正在稳步推进。因此，我国低碳经济增长的路径将呈现出行业性和地区性差异。例如，一些行业或地区会比其他行业和地区率先实现碳达峰。现有的文献虽然研究了工业和某些地区的碳排放，但是没有充分揭示我国低碳经济增长过程的行业性和地区性特征。加强低碳经济增长的行业性和地区性路径研究，对促进产业转型升级和区域梯度发展，以及经济增长与产业发展、区域发展的协调有重要的学术价值。

（3）缺少对我国低碳经济增长的宏观层面和中观层面的路径关系的研究。中央政府是我国低碳经济增长路径的发起者和主导者，在制定碳达峰目标以及与碳达峰目标相衔接的阶段性的有约束力的指标体系以后，如何在行业和地方层面落实，直接关系我国碳达峰目标的实现。因此，中央政府如何通过机制设计和制度安排，调度行业和地方的积极性，具有重要的现实意义。

四、本项研究的主要内容和目标

（一）本项研究的主要内容

由于中国实现碳达峰是指能源活动的二氧化碳排放，本项目将研究与能源相关的碳排放。关于能源，本项目仅研究煤炭、石油和天然气等化石能源燃烧产生的二氧化碳排放，不研究生物质能燃烧产生的二氧化碳[①]。此外，本项目也不研究碳汇[②]。

根据低碳经济的相关指标，本项研究的主要对象包括两个方面。第一，我国未来经济增

---

① 2021年9月，中国产业发展促进会生物质能产业分会等发布《3060零碳生物质能发展潜力蓝皮书》（简称《蓝皮书》）。《蓝皮书》显示，我国生物质资源作为能源利用的开发潜力约为4.6亿t标准煤。

② 碳汇是指生态系统通过植物光合作用的方式将二氧化碳转化为碳水化合物，并以有机碳的形式固定在植物体内或土壤中，从而降低大气中二氧化碳浓度的过程，主要包括林业碳汇、草原碳汇、海洋碳汇等多种形式。在多种碳汇类型中，由林业碳汇和草原碳汇共同构成的林草碳汇是一种高效且成本较低的碳汇方式。有关数据显示，林木的碳汇存储能力为：每生长1m³蓄积量，大约可吸收1.83t二氧化碳，释放1.62t氧气。

长路径,包括经济增长速度和经济结构的演化;第二,我国的碳排放量和单位 GDP 碳排放量(以下简称"碳排放强度"或"碳强度")的路径。本项研究的主要内容包括我国低碳经济增长的阶段性路径、行业性路径和地区性路径,以及机制设计和制度安排。

本项研究的时间截止到 2035 年。党的十九大确立了 2020—2035 年新时代社会主义现代化建设第一阶段的目标,包括基本实现社会主义现代化,在时间上衔接了我国自主承诺二氧化碳排放达峰目标的要求。"十四五""十五五"和"十六五"时期分别是我国碳达峰的准备期、达峰期和平台期。

(二)本项研究的主要目标

本项研究的主要目标是探索我国实现经济增长和碳达峰的多维路径,在此基础上提出促进低碳经济增长的机制设计和制度安排。具体目标包括:第一,在宏观层面上提出与我国低碳经济增长目标相衔接的有力度的约束性指标和可行路径,而不是提出多种可能路径;第二,在中观层面上提出我国低碳经济增长的行业和地区性路径;第三,通过机制设计和制度安排落实宏观层面的目标。

在时间间隔上,包括三种情况:第一,以一年为间隔,分析逐年变化;第二,以五年为间隔,与国民经济和社会发展五年规划相对应,分析五年规划期的变化;第三,以 2005 年为基年,与国家自主贡献和气候雄心目标的基年相对应,分析 2005 年以来的累积变化。

五、本项研究的结构

本项研究包括四篇。第一篇是从宏观层面探讨我国低碳经济的增长路径,内容包括我国低碳经济增长的路径及理论框架、外国碳达峰的经验分析、我国低碳经济增长的历史路径、我国未来低碳经济增长的阶段性路径。我国能不能在 2030 年前实现碳达峰,到 2035 年实现人均 GDP 翻一番,在宏观层面上取决于"十四五""十五五"和"十六五"三个五年规划期的经济增长速度和碳减排状况。

第二篇是我国低碳经济增长的行业性路径研究。按能源终端消费划分,我国经济可以分为多个部门,主要包括农林牧渔业、工业、建筑业、交通运输、仓储和邮政业、批发和零售业、住宿和餐饮业、其他行业和生活消费。其中,工业还可以分为采掘业、制造业等。作为能源消费的主要部门,制造业又可以进一步细分。

第三篇是我国低碳经济增长的地区性路径研究。我国低碳经济的增长可以按 30 个省(自治区、直辖市,不包括港、澳、台地区和西藏自治区)分别研究,也可以分东、中、西部和东北等进行区域研究。不同区域之间经济社会发展和能源资源禀赋存在着不平衡性,同时,在一个区域内部,不同省份之间经济社会发展和能源资源禀赋也不完全相同。

第四篇是我国低碳经济增长的机制设计和制度安排。首先,中央政府是我国低碳经济增长目标的提出者和主导者;其次,在我国国家层面的低碳经济增长目标确定以后,各部委将围绕目标进行机制设计,弥补市场机制的不足;最后,中央政府通过制度安排调动地方政府的积极性,使中央政府的目标能够在微观层面得到落实。

六、本项研究的创新之处

(一)在学术观点方面的创新

(1)在宏观层面上,我国低碳经济增长的路径呈现出阶段性的特征。不同阶段的发展目标不同,影响因素也在发生转变。能耗强度的贡献趋于下降,非化石能源的贡献在逐步上升,经济结构的转型升级和供给侧结构性改革有利于低碳经济增长。

(2)在中观层面上,我国低碳经济增长的路径呈现行业性和地区性的差异。生产环节的碳排放会比生活消费环节的碳排放先达峰;东部经济发达地区会比其他地区率先实现碳达峰。

(3)我国要在2030年前实现碳达峰,需要付出巨大的努力,属于人为达峰。中央政府首先需要制定宏观层面的碳达峰目标及阶段性目标,然后将这些目标分解到各行业、各地区,并通过机制设计和制度安排确保碳达峰目标的实现。

(二)在研究方法方面的创新

(1)本项研究采用"自上而下"和"自下而上"相结合的方法。国家整体层面低碳经济增长路径采用的是自上而下的方法;而行业和地区路径的研究采用的是自下而上的方法,通过不同行业、不同地区的低碳经济增长路径推断全国的总体状况。最后,将这两种方法统一起来。

(2)本项研究更深入和全面。本项研究的时间跨度大,包括的行业、省份以及能源种类更多、更完整。例如,在终端能源消费品种上,包括原煤、焦炭、原油、燃料油、汽油、煤油、柴油、炼厂干气、液化石油气、天然气等。

第二章　中国低碳经济增长的路径及理论框架

低碳经济增长指的是一方面经济保持增长,另一方面经济体要减碳或脱碳。低碳经济有绝对低碳和相对低碳之分。若经济增长时碳排放量在下降,就是绝对低碳;若经济增长时碳排放量也在增长,但是增长的速度没有经济增长的速度快,就是相对低碳,表现为碳强度的下降。相对低碳和绝对低碳之间的拐点就是碳峰值。在碳达峰之前是相对低碳,而在碳达峰之后是绝对低碳。

一、中国低碳经济增长的多维路径

路径是指从初始点到达目的地的道路。中国低碳经济增长路径既要满足经济增长的目标,也要满足碳减排的目标。从 2020 年起到 2035 年,我国人均 GDP 要翻一番,碳排放量在 2030 年前实现达峰,并经历"十四五"达峰准备期、"十五五"达峰期和"十六五"峰值平台期三个阶段。

我国低碳经济增长路径包括多个维度。在宏观层面,有宏观路径;在中观层面,包括行业路径和地区路径(图 2-1)。宏观路径是与我国低碳经济增长目标相衔接的阶段性目标,包括"十四五""十五五"和"十六五"三个五年规划期。行业路径是指终端用能行业的经济活动及碳达峰先后次序,包括第一产业(简称"一产")、第二产业(简称"二产")和第三产业(简称"三产"),其中"一产"是指农林牧渔业,"二产"包括工业和建筑业,"三产"包括交通运输业、仓储和邮政业、批发和零售业、住宿和餐饮业、其他行业和生活消费(分类源自《中国能源统计年鉴》)。地区路径是指东、中、西部和东北的经济增长与碳达峰先后次序,其中每一个地区又包括若干省份。

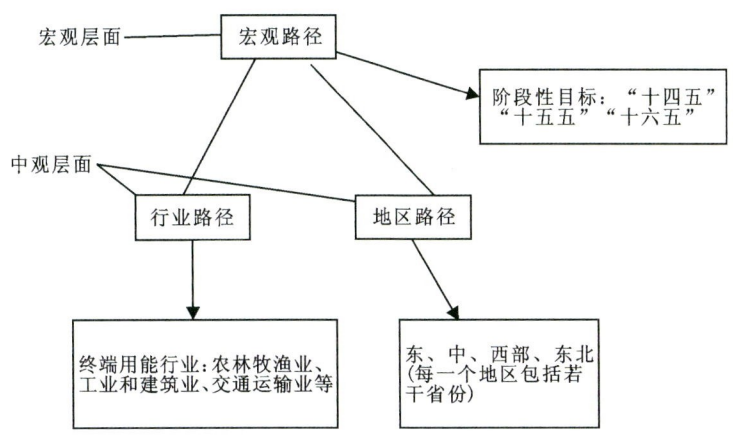

图 2-1　我国低碳经济增长的多维路径

不同维度的低碳经济增长路径之间有内在的联系。宏观层面要确定不同阶段的经济增长速度,以及碳达峰时间和峰值数量。行业路径要确定不同行业的经济活动情况,以及碳强度下降率、碳达峰时间等,然后,不同行业加总之后要与宏观层面的路径基本吻合。同样,地区路径要确定不同省份的经济增长速度、碳强度下降率、碳达峰时间等,然后,不同地区加总之后也要与宏观层面的路径基本吻合,坚持全国一盘棋的思想。

二、中国低碳经济增长的相关模型

由于本项研究仅仅研究与能源活动相关的碳排放,经济活动与碳排放之间由能源系统相连接。

(一)模型的建立

经济与能源、碳排放之间存在着密切的关系,与能源相关的碳排放的驱动力来自经济系统。经济活动产生了对能源服务的需求,例如照明、制冷、供暖、炊事等。产业结构和用能技术对能源服务的需求强度有影响,例如,第二产业对能源服务的需求强度要大于第三产业。能源服务的供给来自能源总量、能源结构和能源效率。同一种能源服务可以来自不同的能源种类,例如,电力的生产可以是燃煤发电,也可以是风力发电或太阳能发电。能源系统在满足能源需求的同时,会排放二氧化碳(图2-2),不同类型能源的碳排放系数并不相同。单位热值的煤炭碳排放系数最高,其次是石油,最后是天然气。在这个过程中,经济活动是增加碳排放(简称"增碳")的力量,而减少碳排放(简称"减碳")的力量来自产业结构和能源结构的调整,以及终端用能技术和能源供给效率的改进。当将GDP作为经济活动的测量标准时,单位GDP碳排放量(简称碳强度或碳排放强度)的下降被看作减碳力量的总体表现。

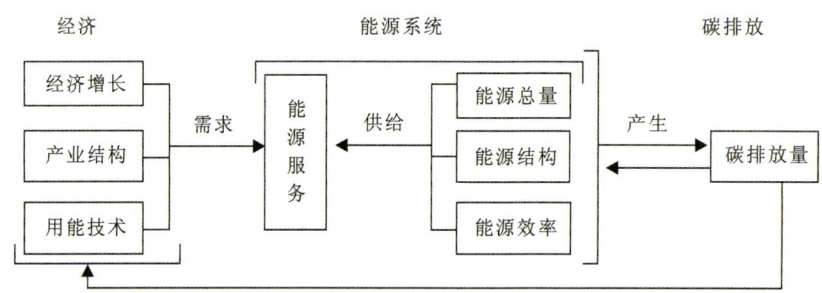

图 2-2 碳排放和经济、能源系统的关系

对碳排放量施加约束会对能源系统和经济系统产生倒逼影响。当中国提出2030年之前实现碳达峰、2060年前实现碳中和之后,仅仅依靠在生态环境领域做出努力是不够的,例如,增加自然碳汇的能力有限,碳捕集利用与封存技术在商业化推广方面也面临着高能耗、高成本、高风险问题,短期内难以大规模推广[①]。同时,仅在能源领域做出努力也不能实现碳达峰。

---

① 根据科学技术部(2019)的研究,由于CCUS技术面临着高能耗、高成本和高风险问题,我国CCUS技术的定位是作为一项有望实现化石能源大规模低碳利用的新兴技术,是未来减少二氧化碳排放、保障能源安全和实现可持续发展的重要手段。

例如,我国政府提出,到2030年非化石能源占一次能源消费的比重达到25%,在此条件下,如果能源服务增长过快导致能源消费总量也快速增长,那么,碳达峰目标将无法按期实现。因此,碳达峰目标和碳中和目标必然导致经济系统发生改变。

保持经济增长速度、转变经济增长方式是中国的现实选择。中国还是发展中国家,2020年人均GDP刚超过1万美元,与发达国家还有非常大的差距,因此,保持一定的经济增长速度,对于实现现代化和改善民生都非常重要。通过经济衰退来实现碳达峰不是中国的选择。既要保持经济增长速度,又要实现碳达峰,必然要求中国转变经济增长方式,一方面调整和优化产业结构,另一方面改进用能技术。这里的产业结构是广义上的,既包括"一产""二产"和"三产"之间的比例,也包括产业内部的结构调整,甚至是产品结构的升级。

经济系统、能源系统和生态环境系统之间关系复杂,本项研究不试图探索这三者之间的关系,而是寻找兼顾经济增长和碳达峰目标的路径。

(二)对经济增长速度的要求

从2020年到2035年人均GDP翻一番,意味着经济增长要达到一定的速度。平均来看,年增长速度x要满足:

$$(1+x)^{15}=2 \tag{2-1}$$

解得$x \approx 0.0473$,即4.73%。在平均年人均GDP增长达到4.73%的情况下,2035年人均GDP才能比2020年翻一番。

(三)对碳强度下降速度的要求

低碳经济增长要求碳强度趋于下降。假设碳强度用A表示,根据定义,碳强度A等于二氧化碳排放量CE除以经济产出GDP,即:

$$A=\frac{CE^t}{GDP^t} \tag{2-2}$$

其中,t表示年份。根据式(2-2)碳强度的定义,碳强度年下降率的定义为:

$$I=\frac{A^t-A^{t-1}}{A^{t-1}}=\frac{\left[\frac{CE^{t-1} \times (1+\beta)}{GDP^{t-1} \times (1+\alpha)}-\frac{CE^{t-1}}{GDP^{t-1}}\right]}{\frac{CE^{t-1}}{GDP^{t-1}}} \tag{2-3}$$

式(2-3)中:I表示碳强度年下降率;α表示GDP年增长率;β表示碳排放年变化率。

将式(2-3)进行变换后得到:

$$\beta=(1+I)(1+\alpha)-1 \tag{2-4}$$

当二氧化碳排放达峰时,$\beta \leqslant 0$,得到碳达峰的条件:

$$I \geqslant \frac{\alpha}{1+\alpha} \tag{2-5}$$

式(2-5)中,$\alpha \neq -1$。当$I=\alpha/(1+\alpha)$时,碳排放就在当年实现了达峰;当$I>\alpha/(1+\alpha)$时,碳排放就在前一年实现了达峰。当经济保持增长时,α是一个正数。当I的取值接近α时,碳排放就可以达峰。例如,当 GDP 年增长率为 4.73% 时,$I>4.52\%$ 就满足碳达峰的要求。

此外,根据定义,碳强度 A 还可以写成:

$$\frac{CE}{GDP} = \frac{CE}{E} \times \frac{E}{GDP} \tag{2-6}$$

式(2-6)中:E 表示能源消费量;CE/E 表示能耗的碳密集度,受能源结构的影响;E/GDP 表示能耗强度。由式(2-6)可知,碳排放强度受能源结构和能耗强度的共同影响。当碳排放强度的下降率接近 GDP 增长速度时,碳排放可以实现达峰,或者当能耗强度与能源结构的总减碳效应等于或超过 GDP 增长的增碳效应时,碳排放也可以实现达峰。其中,能耗强度受到产业结构的影响。

将式(2-6)做一个变换,得到:

$$CE = \frac{CE}{E} \times \frac{E}{GDP} \times GDP \tag{2-7}$$

式(2-7)可以看作 KAYA 恒等式的扩展[①]。其中,碳排放量由 GDP、能耗强度和能源结构共同决定。

二氧化碳排放量 CE 从基期 0 到 t 期的变化 ΔCE 可以表示为:

$$\Delta CE = CE^t - CE^0 = CI_{effect} + EI_{effect} + GDP_{effect} \tag{2-8}$$

式(2-8)中:CI_{effect} 表示能源的碳密集度或能源结构对碳排放的影响;EI_{effect} 表示能耗强度对碳排放的影响;GDP_{effect} 表示经济产出对碳排放的影响。

当二氧化碳排放达峰时,$\Delta CE \leqslant 0$,因此得到:

$$CI_{effect} + EI_{effect} + GDP_{effect} \leqslant 0 \tag{2-9}$$

当经济保持增长时,经济产出对碳排放的影响是正的。要实现碳达峰,能源结构和能耗强度对碳排放的影响就必须是负的。当能源结构和能耗强度减少碳排放的效应大于或等于经济产出增加碳排放的效应时,碳排放才能达峰。

---

① 见 Kaya(1989)。

第三章　外国碳达峰的经验分析

截止到2018年,世界上已经有一些国家实现了碳达峰,本章将介绍这些国家是如何实现碳达峰的,以及中国能从这些国家的碳达峰过程中获得的一些启示。

一、已经实现碳达峰的国家

(一)数据来源

与目前其他研究温室气体排放达峰国家的定义不同,本书仅探讨二氧化碳排放的达峰。二氧化碳排放主要源自能源活动,本章的数据源自世界银行公开数据,其中二氧化碳排放源自化石燃料燃烧和水泥生产过程[①]。

已经实现碳达峰国家样本的选取要满足一定的标准。第一,一国实现碳达峰需要具备一定的条件。当一国的二氧化碳排放量在2018年及之前已经实现了达峰并出现了持续下降的趋势,那么就可以认为该国实现了碳达峰。

第二,本书将研究对象界定为《公约》和《京都议定书》中有减排责任的国家。为应对全球气候变化,联合国大会于1992年6月4日通过了《公约》。《公约》规定发达国家缔约方应采取措施限制温室气体排放,附件一缔约方使二氧化碳和《蒙特利尔议定书》未予管制的其他温室气体的人为排放恢复到1990年的水平。缔约方会议应最迟在1998年12月31日之前评审可以得到的信息,以便经有关缔约方同意,做出适当修正附件一内名单的决定。《公约》第三次缔约国会议于1997年12月在京都通过了《京都议定书》。《京都议定书》首次提出了减排的量化目标,在2008年至2012年间的第一承诺期将主要工业发达国家的二氧化碳等6种温室气体排放量在1990年的基础上平均减少5.2%,其中,欧洲经济共同体削减8%,美国削减7%,俄罗斯可将排放量稳定在1990年的水平。2009年12月哥本哈根联合国气候变化大会提出了2℃的温控目标,但是没有明确到2020年《公约》附件一国家的具体减排目标。截止到2018年,在《公约》或《京都议定书》列出的碳减排国家名单中已经实现碳达峰的国家见表3-1。

[①] 世界银行公开数据,https://data.worldbank.org.cn。

表 3-1 《公约》或《京都议定书》规定的碳减排国家名单中已经实现碳达峰的国家①

《公约》附件一国家名单	《京都议定书》附件 B 缔约方温室气体排放量限制或削减承诺（1990 年起的百分比变化）	截至 2018 年已经实现碳达峰的国家（按达峰年份先后排列）
澳大利亚、奥地利、爱沙尼亚、白俄罗斯、芬兰、比利时、法国、保加利亚、德国、加拿大、希腊、捷克、斯洛伐克、匈牙利、丹麦、冰岛、爱尔兰、罗马尼亚、意大利、俄罗斯、日本、西班牙、拉脱维亚、瑞典、立陶宛、瑞士、卢森堡、土耳其、荷兰、乌克兰、新西兰、英国、挪威、美国、波兰、葡萄牙、正在朝市场经济转轨的国家	澳大利亚(108%)、奥地利(92%)、比利时(92%)、保加利亚(92%)、加拿大(94%)、克罗地亚(95%)、捷克(92%)、丹麦(92%)、爱沙尼亚(92%)、芬兰(92%)、法国(92%)、德国(92%)、希腊(92%)、匈牙利(94%)、冰岛(110%)、爱尔兰(92%)、意大利(92%)、日本(94%)、拉脱维亚(92%)、列支敦士登(92%)、立陶宛(92%)、卢森堡(92%)、摩纳哥(92%)、荷兰(92%)、新西兰(100%)、挪威(101%)、波兰(94%)、葡萄牙(92%)、罗马尼亚(92%)、俄罗斯(100%)、斯洛伐克(92%)、斯洛文尼亚(92%)、西班牙(92%)、瑞典(92%)、瑞士(92%)、乌克兰(100%)、英国(92%)、美国(93%)	瑞典(1970 年)、英国(1971 年)、瑞士(1973 年)、卢森堡(1974 年)、法国(1979 年)、荷兰(1979 年)、比利时(1979 年)、匈牙利(1984 年)、保加利亚(1987 年)、波兰(1987 年)、罗马尼亚(1988 年)、俄罗斯(1988 年)、德国(1990 年之前)、列支敦士登(1990 年之前)、乌克兰(1990 年之前)、捷克(1990 年之前)、斯洛伐克(1990 年之前)、白俄罗斯(1990 年之前)、爱沙尼亚(1990 年之前)、拉脱维亚(1990 年之前)、立陶宛(1991 年)、丹麦(1996 年)、美国(2000 年)、葡萄牙(2002 年)、芬兰(2003 年)、意大利(2005 年)、奥地利(2005 年)、爱尔兰(2006 年)、希腊(2007 年)、西班牙(2007 年)、克罗地亚(2007 年)、斯洛文尼亚(2008 年)、塞浦路斯(2008 年)、日本(2013 年)

注：1. 仅指单个国家，不包括国际组织，例如欧洲经济共同体；
2. 德国、列支敦士登、乌克兰、捷克、斯洛伐克、白俄罗斯、爱沙尼亚、拉脱维亚、立陶宛的碳排放数据都是从 1990 年开始的；
3. 美国虽然在《京都议定书》上签了字，但是没有核准，后来还退出了；
4. 华沙条约组织有苏联、民主德国、波兰、捷克斯洛伐克、匈牙利、罗马尼亚、保加利亚、阿尔巴尼亚 8 个成员国，于 1991 年 7 月 1 日解散；
5. 1991 年 12 月 26 日，苏联正式解体，分裂成 15 个国家，包括立陶宛、阿塞拜疆、格鲁吉亚、乌兹别克斯坦、吉尔吉斯斯坦、爱沙尼亚、塔吉克斯坦、拉脱维亚、亚美尼亚、乌克兰、土库曼斯坦、白俄罗斯、俄罗斯、摩尔多瓦、哈萨克斯坦；
6. 在已经实现碳达峰的国家中，按 2020 年人口统计不到 500 万的国家有卢森堡、爱尔兰、捷克、斯洛伐克、列支敦士登、克罗地亚、斯洛文尼亚、塞浦路斯。

（二）对已经实现碳达峰的国家进行分类

已经实现碳达峰的国家可以分为若干类别。以《公约》的签署时间为分界线，可以分为两类。一类是在《公约》达成之前已经实现碳达峰的国家，另一类是在《公约》达成之后才实现碳达峰的国家。按照国家的发展阶段又可以分为两类，工业化国家和向市场经济转轨的国家。

---

① 根据世界银行的公开数据，美国在 2000 年实现了二氧化碳排放的达峰，但是，何建坤(2013)认为美国是在 2007 年实现的二氧化碳排放的达峰。这主要是因为数据的来源不同。

考虑向市场经济转轨的国家的达峰时间都发生在《公约》达成之前,因此,将已经实现碳达峰的国家分为3类:《公约》达成之前已经实现碳达峰的工业化国家,向市场经济转轨国家和《公约》达成之后实现碳达峰的工业化国家。

考虑数据的可获得性以及与中国是否具有可比性,在已经实现碳达峰的国家中要剔除一些国家。第一,剔除数据不全的国家,包括瑞士、匈牙利、波兰、罗马尼亚。第二,剔除由于发生过合并或独立,统计口径发生变化的国家,例如,联邦德国和民主德国合并,捷克斯洛伐克分为捷克和斯洛伐克,苏联解体为15个国家。这些国家也将不会被研究。在苏联解体后的国家中已经实现碳达峰的国家包括俄罗斯、乌克兰、白俄罗斯、爱沙尼亚、拉脱维亚、立陶宛。第三,剔除人口较少的国家,例如,卢森堡、捷克、斯洛伐克、列支敦士登、爱尔兰、克罗地亚、斯洛文尼亚、塞浦路斯在2020年的人口数量都不足500万。这些国家与中国的可比性不高,将不会被列为研究对象。

具体来讲,本项研究将考察下列国家:第一类,《公约》达成之前已经实现碳达峰的工业化国家,包括瑞典、英国、法国、荷兰、比利时,共5个国家;第二类,向市场经济转轨的国家,仅保加利亚1个国家;第三类,《公约》达成之后实现碳达峰的工业化国家,包括丹麦、美国、葡萄牙、芬兰、意大利、奥地利、希腊、西班牙、日本,共9个国家。

二、《公约》达成之前已经实现碳达峰的工业化国家

《公约》达成之前已经实现碳达峰的工业化国家都是老牌资本主义国家。按照一国碳达峰的条件,将对经济增长速度与碳强度的下降率进行比较。

(一)GDP增长率与碳强度下降率的比较

GDP增长率和碳强度下降率共同决定了碳排放能否达峰。从图3-1可以看出,第一,GDP增长率与碳强度下降率的关系不是简单的线性关系,而是波动变化的;第二,总整来看,从1961年到2020年,GDP增长率是趋于下降的,但是,碳强度下降率并没有出现下降的趋势;第三,20世纪70年代以后,瑞典、英国、法国、荷兰和比利时的GDP增长率就已经是低速增长了,某些年份甚至是负增长;第四,在碳达峰的左侧,多数年份GDP的增长率位于碳强度下降率的上方,但是,在碳达峰的右侧,多数年份GDP的增长率位于碳强度下降率的下方。

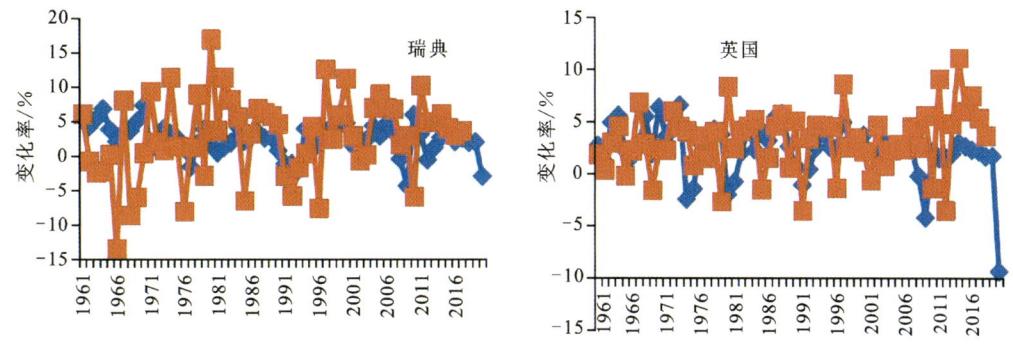

图3-1 《公约》达成之前已经实现碳达峰的工业化国家GDP增长率与碳强度下降率的比较

(注:图中蓝线表示GDP增长率,红线表示碳强度下降率)

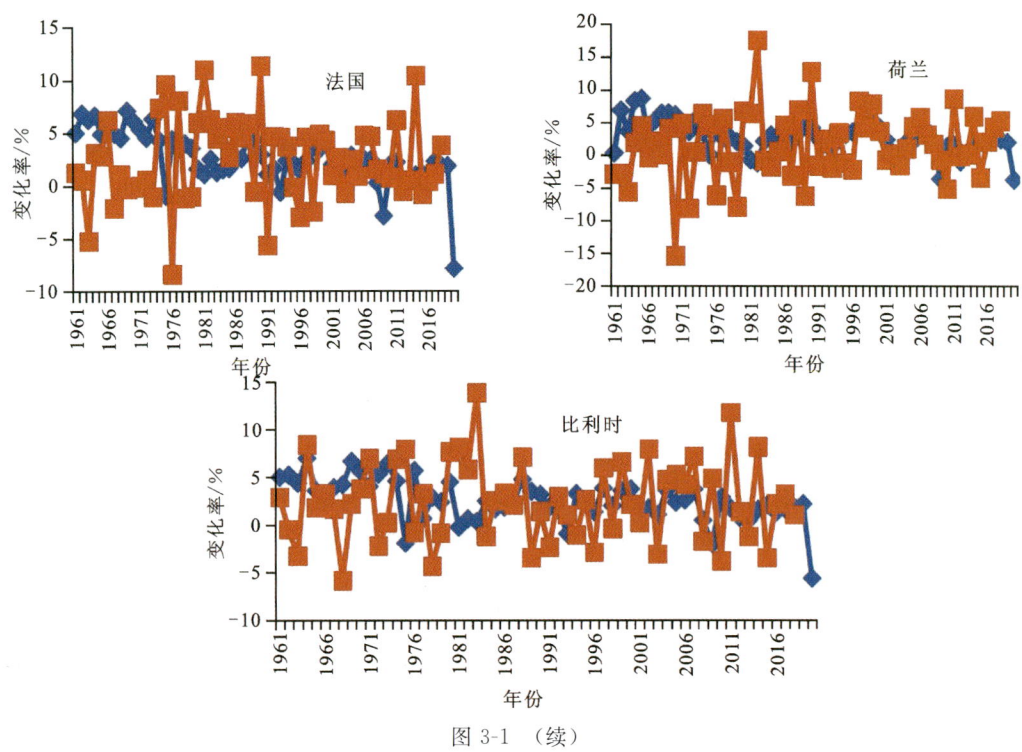

图 3-1 （续）

碳达峰前后这些国家的 GDP 增长率差距明显。如表 3-2 所示，瑞典、英国、法国、荷兰和比利时碳达峰的下一年或后五年的 GDP 增长率有明显下降。此外，这些国家都是高收入的发达国家，地处欧洲，石油和天然气资源比较缺乏，并主要依赖进口，因而对能源利用效率比较重视。1973 年和 1979 年先后爆发的石油危机导致国际市场石油价格上涨，对石油进口国造成了一定的冲击，部分导致 20 世纪 70 年代全球经济大衰退。石油危机发生后，发达国家普遍注重节能和提高能效。这些国家碳达峰时间最早，人均碳峰值在 10t 左右。

表 3-2 《公约》达成之前已经实现碳达峰的工业化国家碳达峰前后 GDP 增长率的变化

国家	碳达峰年份	人均碳峰值/(t·人$^{-1}$)	碳达峰年人均GDP(以2010年不变价美元计算，万美元·人$^{-1}$)	碳达峰年GDP增长率/%	碳达峰前五年GDP平均增长率/(算术平均值,%)	碳达峰下一年GDP增长率/%	碳达峰后五年GDP平均增长率/(算术平均值,%)	2020年人口总数/万人
瑞典	1970	11.5	2.4	7.29	4.28	0.94	2.59	1035
英国	1971	11.8	2.0	3.50	3.99	4.32	1.96	6722
法国	1979	9.6	2.3	3.55	2.88	1.58	1.58	6739
荷兰	1979	13.4	2.6	2.01	2.34	1.34	0.89	1744
比利时	1979	14.2	2.3	2.34	1.90	4.44	1.51	1156

(二)碳达峰的行业路径

瑞典、英国、法国、荷兰和比利时碳达峰的行业路径具有一定的规律性。第一,从图3-2可以看出,制造业和建筑业通常最先达峰。这些国家的制造业和建筑业在碳排放中的占比并不高,通常占1/4~1/3,表明这些国家的能耗主要是受消费的驱动,而不是生产的驱动。第二,运输部门通常最后达峰,即使是在碳排放已经达峰以后,运输部门的碳排放仍呈增长趋势。第三,电力和热力生产、住宅建筑和商业及公共服务的碳排放在不同国家的差别较大,这主要受气候环境的影响。

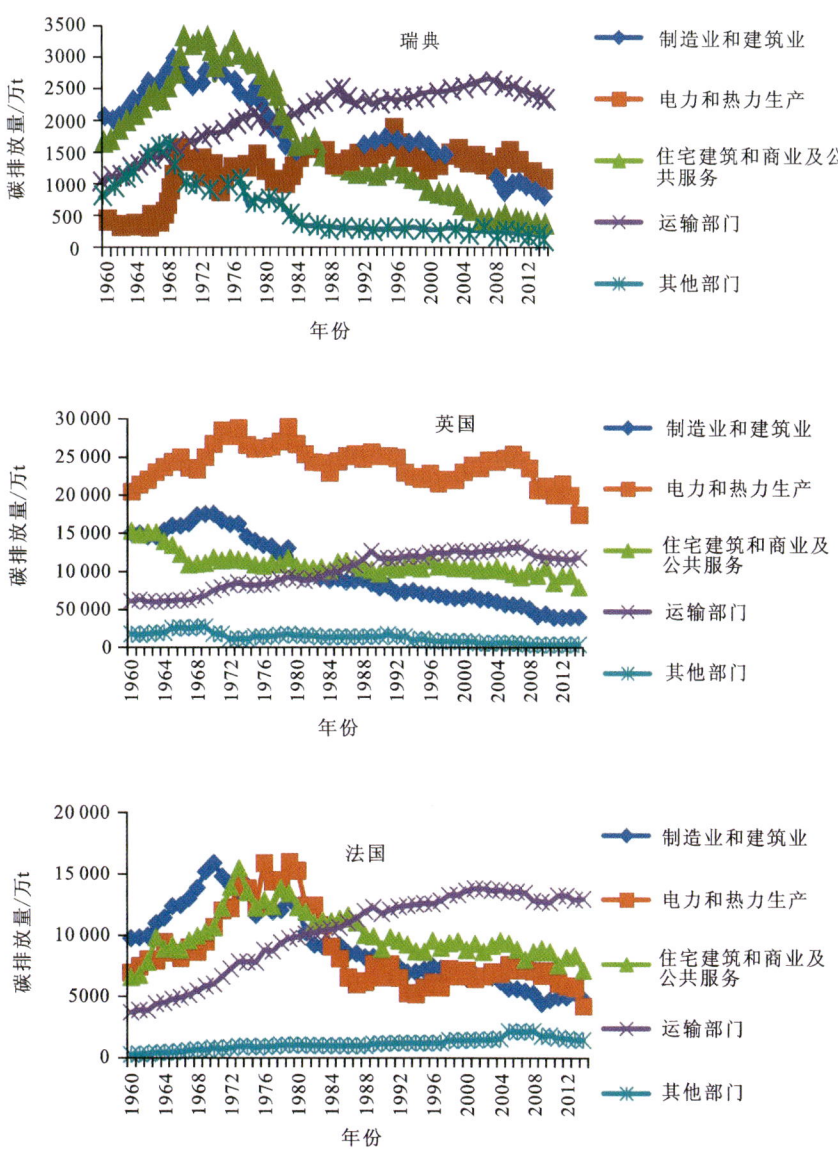

图3-2 《公约》达成之前已经实现碳达峰的工业化国家的行业碳达峰路径

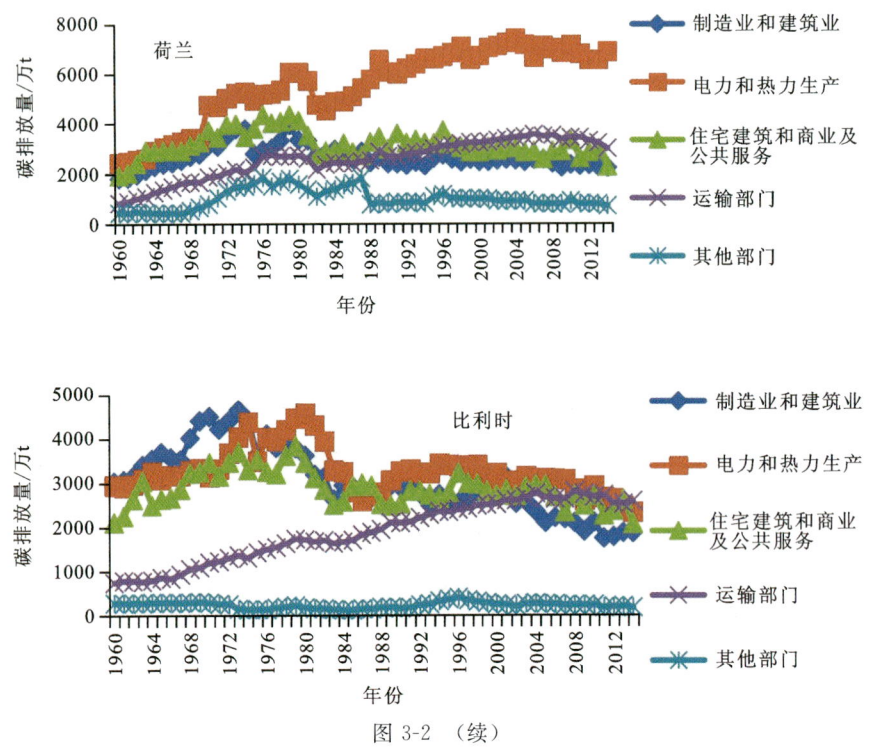

图 3-2 （续）

三、向市场经济转轨的国家

向市场经济转轨的国家中只有保加利亚的数据比较齐全。匈牙利、波兰和罗马尼亚的数据都是从 1990 年才开始的,并且碳排放从 1990 年后就再也没有超过 1990 年的数值,因此,仅仅研究保加利亚这一个国家。

（一）GDP 增长率与碳强度下降率的比较

从保加利亚的数据来看,碳排放达峰是由经济滑坡导致的。从图 3-3 可以看到,在 20 世纪 80 年代末期,保加利亚的经济增长出现负数。在这一时期,苏联解体、华沙条约组织解散,苏联和东欧国家开始向市场经济转轨。

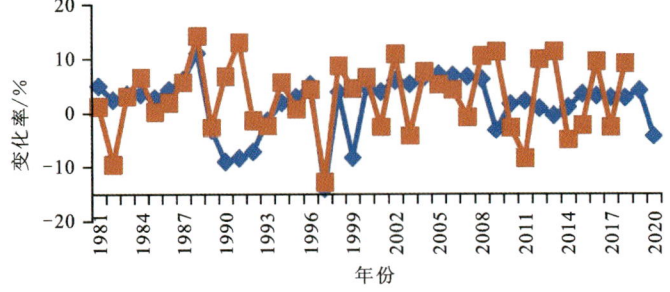

图 3-3 保加利亚的 GDP 增长率与碳强度下降率

（注:图中蓝线表示 GDP 增长率,红线表示碳强度下降率）

碳达峰前后的 GDP 反差较大。从表 3-3 来看,碳达峰前五年的 GDP 平均增长率为 3.95%,而碳达峰后五年的 GDP 平均增长率为 -3.44%,下滑明显。人均碳峰值在 10t 左右,但是经济发展水平明显落后于瑞典、英国、法国、荷兰和比利时这些工业化国家。

表 3-3 向市场经济转轨国家的 GDP 增长率与碳强度下降率

国家	碳达峰年份	人均碳峰值/(t·人$^{-1}$)	碳达峰年人均 GDP(以2010年不变价美元计算,美元·人$^{-1}$)	碳达峰年 GDP 增长率/%	碳达峰前五年 GDP 平均增长率/(算术平均值,%)	碳达峰下一年 GDP 增长率/%	碳达峰后五年 GDP 平均增长率/(算术平均值,%)	2020年人口总数/万人
保加利亚	1987	10.2	4412	6.05	3.95	10.94	-3.44	693

(二)碳达峰的行业路径

保加利亚碳达峰的行业路径与第一类国家有相似性。从图 3-4 可以看到:第一,制造业和建筑业的碳达峰时间不晚于全国的碳达峰时间;第二,电力和热力生产的碳排放占比较大,决定着整个国家的碳达峰时间;第三,运输部门的碳排放在全国碳达峰之后仍在增长。

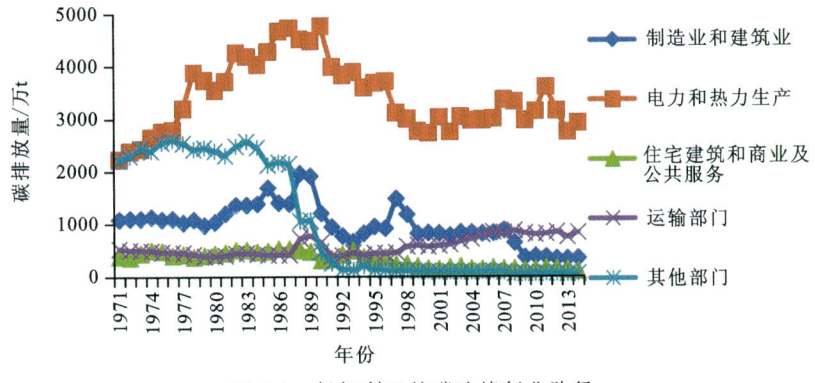

图 3-4 保加利亚的碳达峰行业路径

四、《公约》达成之后实现碳达峰的工业化国家

《公约》达成之后实现碳达峰的工业化国家有丹麦、美国、葡萄牙、芬兰、意大利、奥地利、希腊、西班牙、日本共 9 个国家。

(一)GDP 增长率与单位 GDP 碳强度下降率的比较

除丹麦以外,美国、葡萄牙、芬兰、意大利、奥地利、希腊、西班牙、日本都是 2000 年及以后达峰的。仅丹麦完成了《公约》规定的任务,在 2000 年将温室气体排放量稳定在 1990 年的水平。美国在 2000 年碳达峰是因为 21 世纪初发生了互联网泡沫。此外,2008 年美国爆发金融危机,给其他国家带来深远影响。欧洲一些国家陆续发生了主权债务危机,例如,希腊、西班牙、葡萄牙等。这些内外部因素导致经济下行,当GDP增长率较长时间处于碳强度下降率的下方时,碳排放就达峰了(图3-5)。

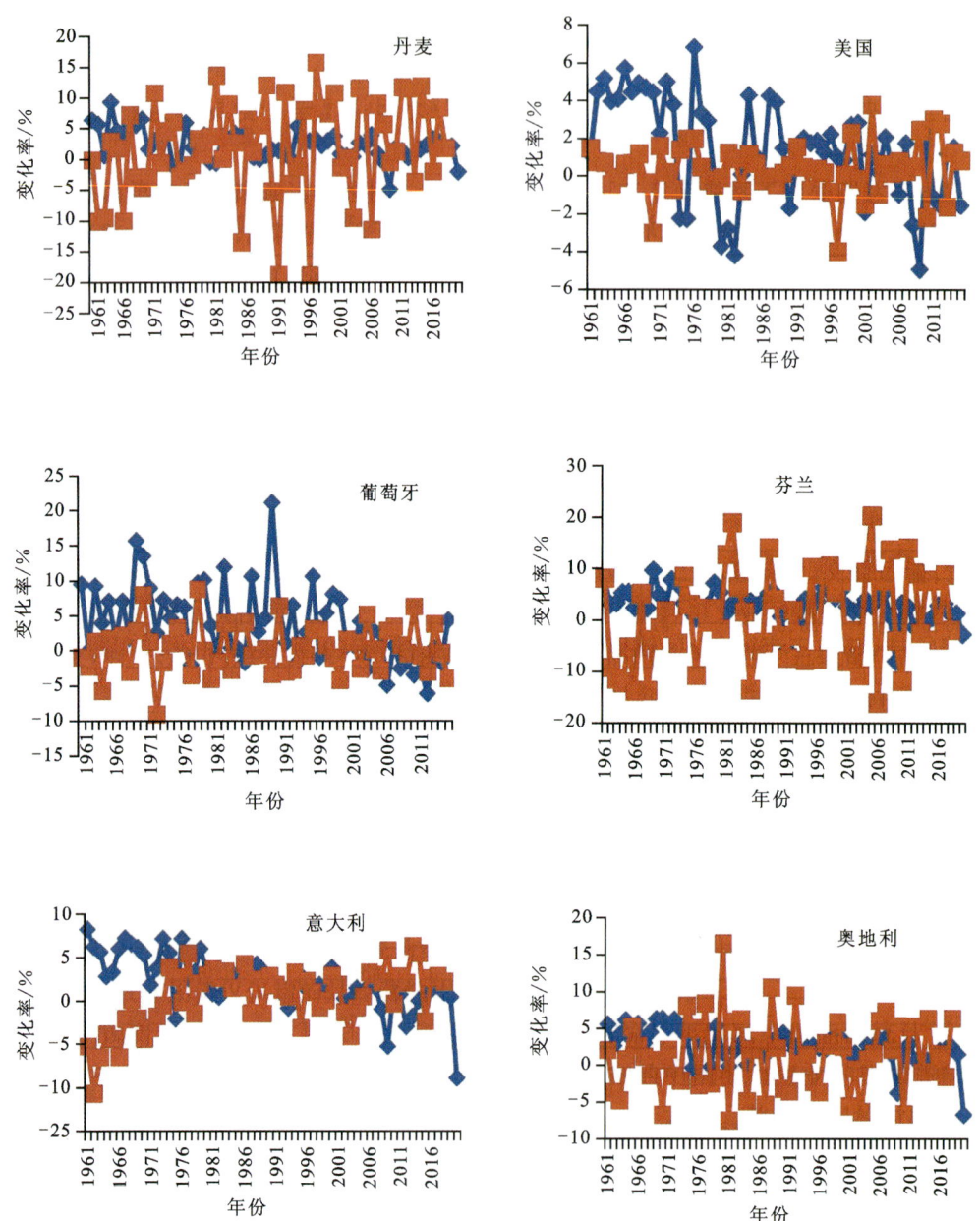

图3-5 《公约》达成之后完成碳达峰的工业化国家GDP增长率与碳强度下降率的比较

(注:图中蓝线表示GDP增长率,红线表示碳强度下降率)

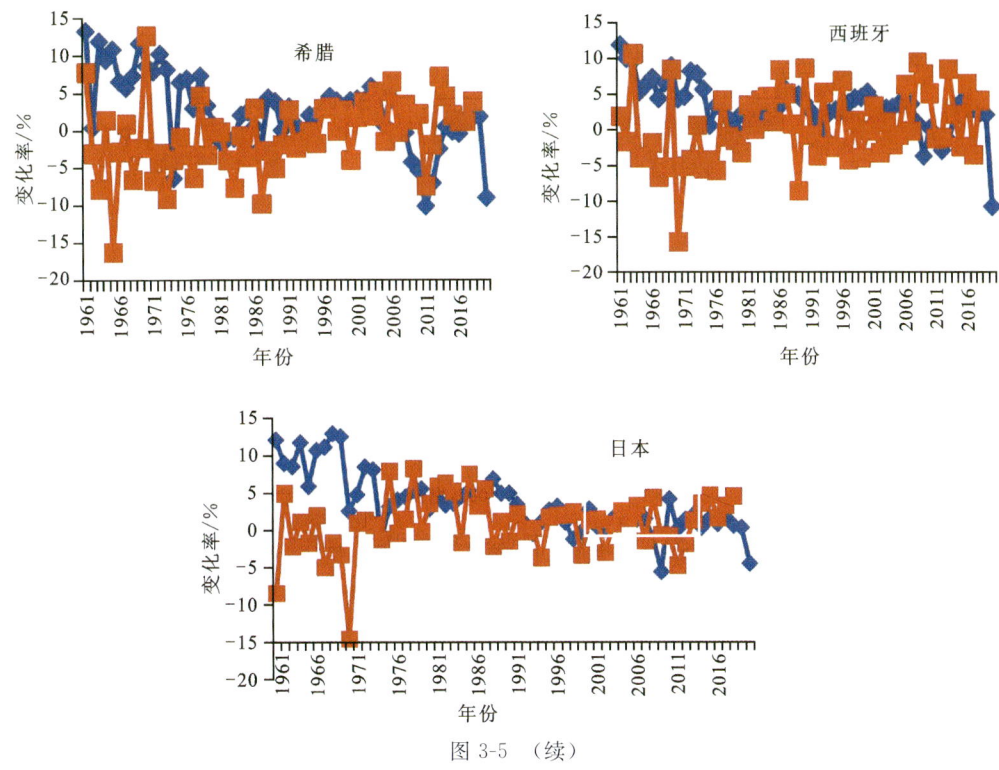

图 3-5 （续）

从碳达峰前后 GDP 增长速度来看，各国差距较大。美国、葡萄牙、意大利、希腊和西班牙碳达峰前后 GDP 增长速度差别较大，其中，意大利、希腊和西班牙在碳达峰的后五年 GDP 平均增长率是负数（表 3-4）。从人均碳峰值来看，美国超过 20t，主要是因为美国油气资源丰富；葡萄牙的人均碳峰值为 6.3t，丹麦是 13.9t，因为丹麦油气资源较为丰富，是欧洲的主要石油出口国之一。

表 3-4 《公约》达成之后完成碳达峰的工业化国家 GDP 增长率与单位 GDP 碳强度下降率

国家	碳达峰年份	人均碳峰值/(t·人$^{-1}$)	碳达峰年人均 GDP（以 2010 年不变价美元计算，万美元·人$^{-1}$）	碳达峰年 GDP 增长率/%	碳达峰前五年 GDP 平均增长率（算术平均值，%）	碳达峰下一年 GDP 增长率/%	碳达峰后五年 GDP 平均增长率（算术平均值，%）	2020 年人口总数/万人
丹麦	1996	13.9	4.4	2.90	2.65	3.26	2.60	583
美国	2000	20.5	4.9	4.13	4.30	1.00	2.58	32 900
葡萄牙	2002	6.3	1.9	0.77	3.05	−0.93	1.15	1031
芬兰	2003	13.8	4.0	2.00	3.29	3.99	3.38	553
意大利	2005	8.2	3.3	0.82	0.92	1.79	−0.25	5955
奥地利	2005	9.3	4.1	2.24	1.77	3.45	1.34	892

续表3-4

国家	碳达峰年份	人均碳峰值/(t·人⁻¹)	碳达峰年人均GDP(以2010年不变价美元计算,万美元·人⁻¹)	碳达峰年GDP增长率/%	碳达峰前五年GDP平均增长率/(算术平均值,%)	碳达峰下一年GDP增长率/%	碳达峰后五年GDP平均增长率/(算术平均值,%)	2020年人口总数/万人
希腊	2007	9.4	2.4	3.27	4.08	−0.34	−5.47	1072
西班牙	2007	7.8	2.7	3.60	3.49	0.89	−1.30	4735
日本	2013	9.9	3.4	2.01	0.36	0.30	0.97	12 600

(二)碳达峰的行业路径

丹麦、美国、葡萄牙、芬兰、意大利、奥地利、希腊、西班牙、日本碳达峰的行业路径同样具有规律性。第一,除葡萄牙以外,其他国家的制造业和建筑业的碳排放在20世纪70年代就已经实现了达峰(图3-6)。这一点与第一类国家相类似,欧盟成员国、美国和日本等发达国家在这一时期基本完成了工业化,此后,制造业和建筑业的碳排放开始下降。第二,电力和热力生产的碳排放在这些国家占据支配地位,决定着这些国家碳达峰的时间。第三,运输部门碳达峰的时间一般不早于全国,唯一的例外是日本。由于缺乏能源资源,日本注重节能和提高能效,运输部门碳达峰时间早于全国碳达峰时间。

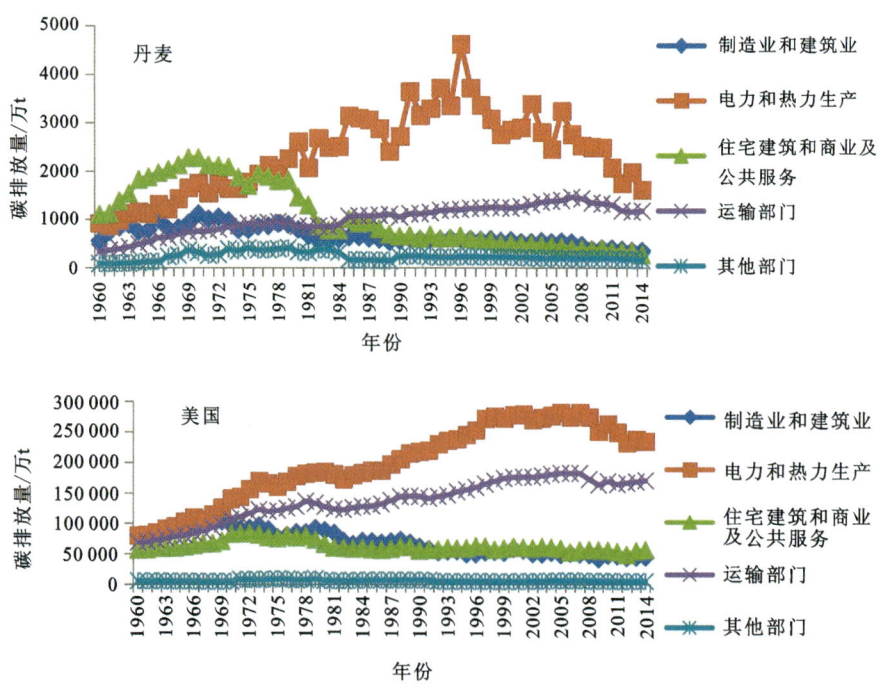

图3-6 《公约》达成之后完成碳达峰的工业化国家的行业碳达峰路径

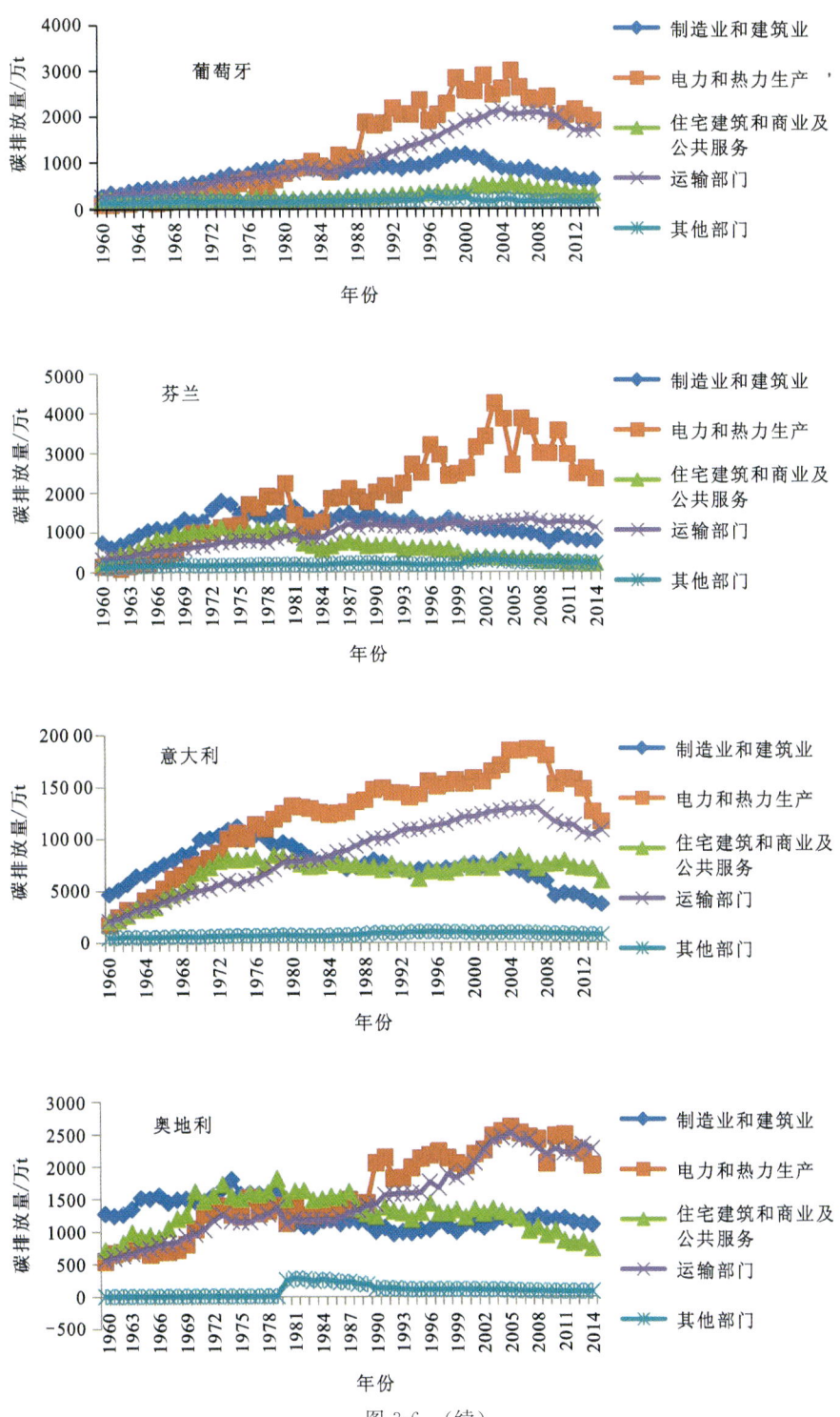

图 3-6 （续）

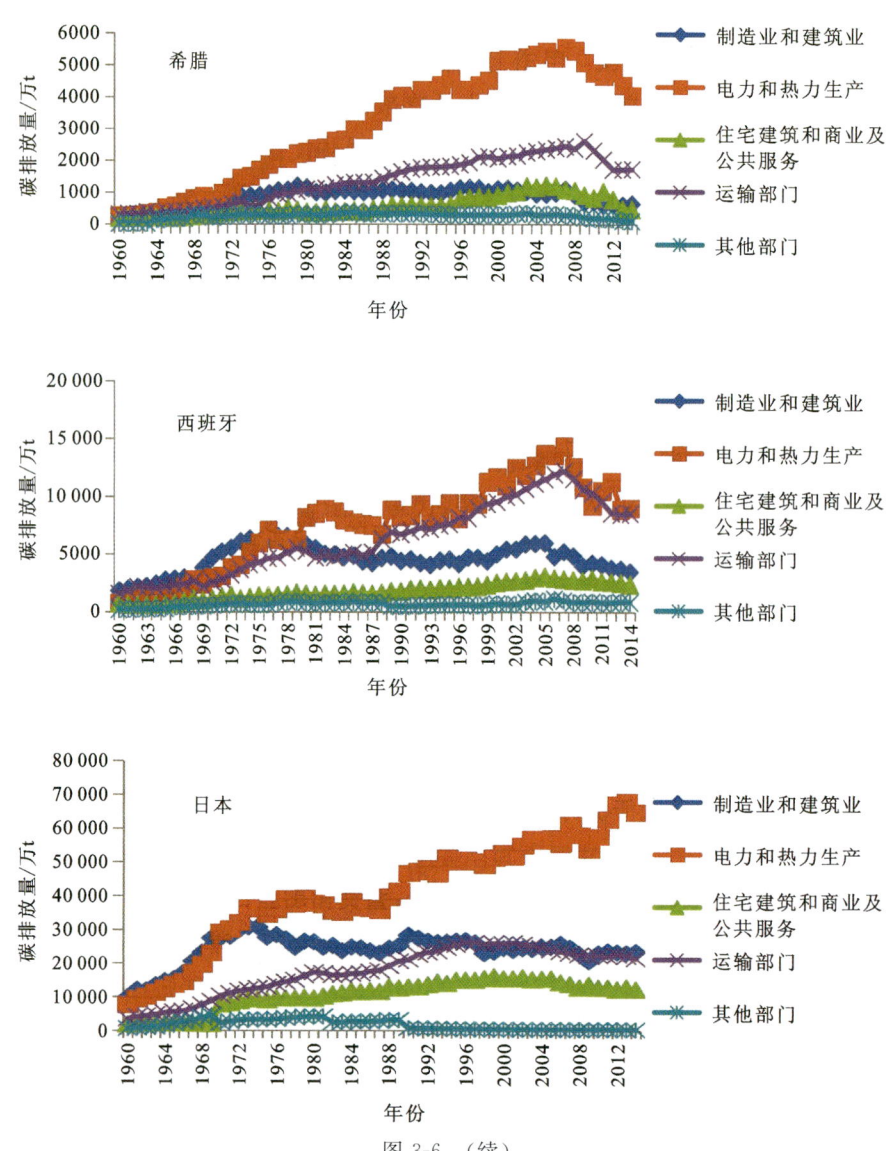

图 3-6 （续）

五、对中国的启示

上述已经实现碳达峰的国家的经验对中国不具备直接的借鉴意义，但是具有一定的启发性。

（一）不具备直接的借鉴意义

由于已经实现碳达峰的国家在许多方面都与中国不同，因此不具备直接的借鉴意义。第一，这些国家碳达峰时 GDP 增速趋缓，而中国在碳达峰时 GDP 有必要也有潜力继续保持较快的增长，或者说，需要兼顾经济增长和碳达峰这两个目标。第二，这些国家在发展阶段和发展模式上与中国有所不同。这些国家不是成熟的经济体就是转型的经济体,而中国属于发展中的经济体。发达国家已经度过了工业化高峰期,进入以服务业为主的增长阶段,而中国工业化进程还没有完成,工业碳排放仍是碳排放的主要来源。第三,发达经济体通过将高耗能产业外迁,实行转移排放,而中国不会采用将高耗能产业外迁的方式来实现碳达峰。第四,这些国家的碳达峰都属于自然达峰,受到外部事件的冲击,造成经济下行或滑坡,从而实现碳达峰,而中国是通过政府政策的引导或干预实现人为碳达峰。

(二)具有一定的启发性

虽然中国不能照搬已经实现碳达峰国家的经验,但是这些国家的碳达峰过程仍具有启发性。第一,要实现涵盖全经济部门的节能减排,需提高单位GDP的碳强度下降率。对中国而言,仅依靠单个部门的努力难以实现碳达峰。第二,严格控制工业的碳排放。与工业化国家工业增加值通常仅占GDP的比重为20%~30%相比,中国工业增加值占GDP的比重为30%~40%,导致中国单位GDP的碳排放强度比世界平均水平要高出许多。如果工业不能率先碳达峰,那中国将难以在2030年前实现碳达峰。第三,发展非化石能源,降低碳强度。例如,在电力生产领域减少煤炭的消费,在运输部门发展新能源汽车,减少石油的消费。但是,风电和光伏发电为间歇性,中国需要解决这个问题。第四,峰值虽然出现在某一年,但是达峰却是一个过程。碳达峰是一个趋势性的转折,是减少碳排放的力量从根本上超过增加碳排放的力量的结果。

第四章　中国低碳经济增长的历史路径

要研究中国未来的低碳经济增长路径,就需要先研究中国过去的低碳经济增长路径。第一,未来的低碳经济增长路径是过去的延续,受过去发展趋势的影响,例如,我国的碳排放发展趋势怎样,与实现碳达峰还有多大的差距。第二,要研究未来低碳经济增长路径的不同影响因素,就需要研究这些因素在过去贡献度的大小。

一、中国低碳经济增长的发展趋势

中国低碳经济增长的发展趋势包括中国经济增长的历史发展趋势、中国碳排放的历史趋势、中国 GDP 增长率与碳强度下降率的比较。

(一)中国经济增长的历史发展趋势

本项研究的数据来自国家统计局的《中国统计年鉴》和《中国能源统计年鉴》,个别年份的数据来自国民经济和社会发展统计公报。《中国能源统计年鉴》的相关数据更新到 2019 年。《中国统计年鉴》的相关数据更新到 2020 年。

GDP 是衡量一个国家或地区经济水平的重要指标。改革开放以来,我国 GDP 保持高速增长,名义 GDP 由 1980 年的 4 587.6 亿元增长到 2020 年的 1 015 986.2 亿元(图 4-1),位居世界第二,仅次于美国。

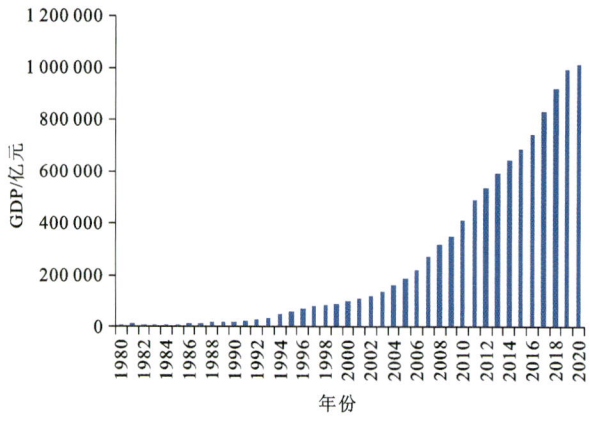

图 4-1　我国 GDP 发展趋势

(注:当年价)

按不变价计算,实际 GDP 增长也超过了 30 倍(表 4-1 和图 4-2)。考虑我国二氧化碳排放强度目标以 2005 年为基期,GDP 也以 2005 年为基年,以剔除通货膨胀的影响。

表 4-1　我国名义 GDP 和不变价 GDP　　　　　　　　　　　单位:亿元

年份	当年价	不同基期				2005 年不变价
1980	4 587.6	4 587.6				17 914.90
1981	4 935.8	4 822.1				18 830.64
1982	5 373.4	5 257.0				20 528.95
1983	6 020.9	5 823.1				22 739.61
1984	7 278.5	6 707.8				26 194.43
1985	9 098.9	7 608.7				29 712.50
1986	10 376.2	8 289.6				32 371.47
1987	12 174.6	9 256.0				36 145.33
1988	15 180.4	10 294.7				40 201.52
1989	17 179.7	10 727.8				41 892.81
1990	18 872.9	11 148.3	18 872.9			43 534.89
1991	22 005.6		20 621.0			47 567.30
1992	27 194.5		23 554.3			54 333.67
1993	35 673.2		26 824.5			61 877.17
1994	48 637.5		30 321.5			69 943.84
1995	61 339.9		33 642.9			77 605.45
1996	71 813.6		36 981.2			85 306.04
1997	79 715.0		40 397.0			93 185.41
1998	85 195.5		43 566.6			100 496.86
1999	90 564.4		46 904.5			108 196.53
2000	100 280.0		50 886.7	100 280.1		117 382.43
2001	110 863.1			108 639.2		127 167.14
2002	121 717.4			118 561.9		138 782.11
2003	137 422.0			130 463.2		152 713.12
2004	161 840.2			143 657.8		168 158.01
2005	187 318.9			160 027.0	187 318.9	187 318.90
2006	219 438.5				211 147.7	211 147.70
2007	270 092.3				241 195.8	241 195.80
2008	319 244.6				264 472.8	264 472.80
2009	348 517.7				289 329.9	289 329.90
2010	412 119.3				320 102.6	412 119.3	320 102.60

续表 4-1

年份	当年价	不同基期			2005 年不变价
2011	487 940.2		451 480.1		350 675.04
2012	538 580.0		486 983.3		378 251.20
2013	592 963.2		524 803.1		407 626.72
2014	643 563.1		563 773.8		437 896.16
2015	688 858.2		603 470.9	688 858.2	468 729.82
2016	746 395.1			736 036.5	500 832.04
2017	832 035.9			787 170.4	535 625.82
2018	919 281.1			840 302.6	571 779.34
2019	990 865.1			890 304.8	605 803.06
2020	1 015 986.2			911 205.3	619 736.53

注：1. 相同年份前一个 GDP 数值按照前一个基期计算，后一个按照后一个基期计算，我国先后统计过 1980 年基期、1990 年基期、2000 年基期、2005 年基期、2010 年基期和 2015 年基期；

2. 2005 年不变价 GDP 由不同基期换算得出。

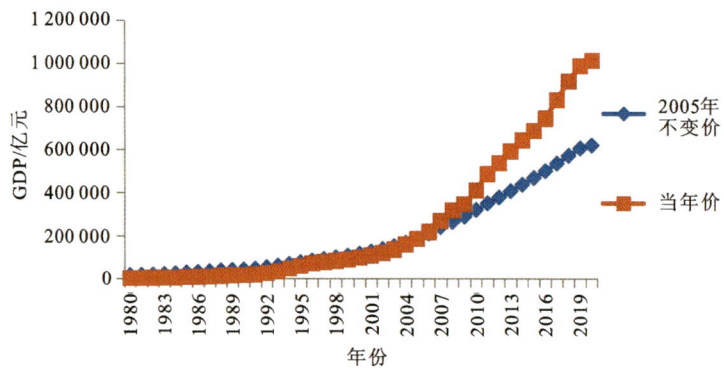

图 4-2 我国 GDP 不变价发展趋势

改革开放至今，中国经济增长大致经历了三个阶段。1978 年至 1997 年，中国放弃了计划经济时期重工业优先发展战略，农业、轻工业和服务业得到了恢复和发展，能源消费翻一番支撑了经济增长翻两番；1998 年至 2011 年，中国全面融入世界经济体系，特别是 2001 年中国加入世界贸易组织（WTO）以后，出现了重化工趋势，重工业和化工业等高耗能行业在国民经济中的比重上升，并成为"世界加工厂"，能源消耗的增长速度一度超过经济增长的速度；2012 年至今，中国开展供给侧结构性改革，淘汰落后产能，经济进入新常态。与前面两个阶段相比，第三个阶段经济增长速度有所下滑。

（二）中国碳排放的历史趋势

对碳排放量的测量采取基于计算的排放因子法。按照 IPCC(1995) 给出的方法，第 i 个部门或地区第 t 期的碳排放量主要取决于该部门或地区的能源消费量、能源的 CO_2 排放因子、氧化的比例等：

$$CE_i^t = \sum_j CE_{ij}^t = \sum_j E_{ij}^t EF_j(1-CS_j^t)O_jM \tag{4-1}$$

式(4-1)中：i 表示部门或地区；t 表示时期；j 表示能源种类；CE 表示 CO_2 排放量；E 表示能源消费量；EF 表示能源的 CO_2 排放因子；CS 表示没有参与氧化燃烧的比例；O 表示燃烧的充分程度；M 表示二氧化碳和碳的相对分子质量之比（44/12）。例如，以煤为例，1kg 碳完全燃烧生成约 3.67kg CO_2，不过煤在实际燃烧中有少量碳未完全燃烧，将夹杂在飞灰和灰渣中，同时也会产生微量的 CO。此外，煤中除碳外，还有氢、氧、氮、硫等元素，以及灰分、水分，不同煤种的含碳量和发热量存在较大差别。

CO_2 排放量既取决于化石能源消费量，也取决于化石能源内部结构。通过各种能源 CO_2 排放系数可以比较不同化石能源的碳密集度差别，其中煤炭最高，石油次之，天然气最低（表 4-2 和表 4-3）。

表 4-2　各种能源 CO_2 排放系数以及计算方法[①]

能源名称	平均低位发热量	折标准煤系数	单位热值含碳量/（吨碳·TJ^{-1}）	碳氧化率	CO_2 排放系数
原煤	20 908kJ/kg	0.714 3kgce/kg	26.37	0.94	1.900 3kg-CO_2/kg
焦炭	28 435kJ/kg	0.971 4kgce/kg	29.5	0.93	2.860 4kg-CO_2/kg
原油	41 816kJ/kg	1.428 6kgce/kg	20.1	0.98	3.020 2kg-CO_2/kg
燃料油	41 816kJ/kg	1.428 6kgce/kg	21.1	0.98	3.170 5kg-CO_2/kg
汽油	43 070kJ/kg	1.471 4kgce/kg	18.9	0.98	2.925 1kg-CO_2/kg
煤油	43 070kJ/kg	1.471 4kgce/kg	19.5	0.98	3.017 9kg-CO_2/kg
柴油	42 652kJ/kg	1.457 1kgce/kg	20.2	0.98	3.095 9kg-CO_2/kg
液化石油气	50 179kJ/kg	1.714 3kgce/kg	17.2	0.98	3.101 5kg-CO_2/kg
炼厂干气	46 055kJ/kg	1.571 4kgce/kg	18.2	0.98	3.011 9kg-CO_2/kg
油田天然气	38 931kJ/m^3	1.330 0kgce/m^3	15.3	0.99	2.162 2kg-CO_2/m^3

资料来源：易碳家期刊碳交易网 2014-09-14，http://www.yitanjia.com。

注：1. 平均低位发热量等于 29 307 千焦（kJ）的燃料，称为 1 千克标准煤（1kgce）；

2. 上表前两列来源于《综合能耗计算通则》（GB/T 2589—2008）；

3. 上表后两列来源于《省级温室气体清单编制指南（试行）》（发改办气候〔2011〕1041号）；

4. "CO_2 排放系数"计算方法以"原煤"为例，1.900 3＝20 908×0.000 000 001×26.37×0.94×1000×3.666 67。

根据各种化石能源 CO_2 排放系数可以计算出不同化石能源消费相关 CO_2 排放量。从表 4-4 和图 4-3 可以看出，我国 CO_2 排放主要是由煤炭消费导致的。例如，2020 年煤炭消费占一次能源消费的 56.8%，贡献了 73.6% 的 CO_2 排放量。

[①] 表中的 CO_2 排放系数与《2006 年 IPCC 国家温室气体清单指南》的主要差别是，碳氧化率不是 100%，更符合中国的实际情况。

表 4-3　各种化石能源 CO_2 排放系数

能源	折标准煤系数	CO_2 排放系数	CO_2 排放系数
原煤	0.714 3kgce/kg	1.900 3kg-CO_2/kg	2.660 4kg-CO_2/kgce
原油	1.428 6kgce/kg	2.860 4kg-CO_2/kg	2.002 2kg-CO_2/kgce
油田天然气	1.330 0kgce/m³	2.162 2kg-CO_2/m³	1.625 7kg-CO_2/kgce

表 4-4　我国历年能源消费相关 CO_2 排放量

年份	煤炭消费量/万 t	煤炭消费CO_2排放量/万 t	石油消费量/万 t	石油消费CO_2排放量/万 t	天然气消费量/亿 m³	天然气消费CO_2排放量/万 t	化石能源消费CO_2排放量/万 t
1980	60 924.75	115 775.31	8 733.67	26 377.44	140.491	3 037.69	145 190.43
1981	60 503.95	114 975.65	8 322.41	25 135.35	125.152	2 706.03	142 817.03
1982	64 039.45	121 694.17	8 211.30	24 799.77	116.667	2 522.58	149 016.51
1983	68 600.98	130 362.44	8 367.10	25 270.32	119.170	2 576.69	158 209.45
1984	74 745.50	142 038.88	8 635.93	26 082.25	127.947	2 766.47	170 887.60
1985	81 373.31	154 633.70	9 178.65	27 721.36	126.842	2 742.59	185 097.65
1986	85 796.30	163 038.72	9 734.15	29 399.07	139.816	3 023.10	195 460.88
1987	92 417.17	175 620.35	10 309.00	31 135.25	136.787	2 957.62	209 713.21
1988	99 077.02	188 276.07	11 131.52	33 619.41	146.837	3 174.92	225 070.39
1989	103 271.42	196 246.68	11 602.77	35 042.68	153.054	3 309.33	234 598.68
1990	105 294.25	200 090.67	11 469.06	34 638.65	155.847	3 369.72	238 099.24
1991	110 568.20	210 112.74	12 422.58	37 518.67	156.065	3 374.43	251 005.84
1992	115 696.05	219 857.21	13 373.06	40 389.31	155.957	3 372.11	263 618.62
1993	121 303.05	230 512.19	14 777.21	44 630.14	165.704	3 582.86	278 725.19
1994	128 871.27	244 894.08	14 949.07	45 149.17	175.339	3 791.17	293 834.42
1995	136 997.47	260 336.30	16 068.74	48 530.80	177.531	3 838.58	312 705.69
1996	139 109.79	264 350.33	17 696.28	53 446.30	182.967	3 956.10	321 752.73
1997	135 851.92	258 159.40	19 407.42	58 614.28	183.937	3 977.09	320 750.77
1998	135 173.53	256 870.27	19 827.99	59 884.51	184.309	3 985.13	320 739.91
1999	138 935.62	264 019.36	21 155.21	63 892.97	211.382	4 570.50	332 482.83
2000	140 935.66	267 820.03	22 632.00	68 353.18	243.098	5 256.27	341 429.48
2001	148 077.78	281 392.21	23 082.71	69 714.41	280.686	6 069.00	357 175.62
2002	162 621.09	309 028.86	24 927.32	75 285.49	2 932.53	6340.73	390 655.08
2003	193 689.30	368 067.77	27 729.02	83 747.96	340.820	7 369.21	459 184.19
2004	226 315.64	430 067.61	32 077.50	96 880.47	398.230	8 610.54	535 558.62
2005	264 918.32	503 424.28	32 565.93	98 355.61	471.643	10 197.87	611 977.77

续表 4-4

年份	煤炭消费量/万 t	煤炭消费CO_2排放量/万 t	石油消费量/万 t	石油消费CO_2排放量/万 t	天然气消费量/亿 m^3	天然气消费CO_2排放量/万 t	化石能源消费CO_2排放量/万 t
2006	290 357.14	551 765.68	35 091.51	105 983.37	581.550	12 574.26	670 323.31
2007	316 107.31	600 698.72	37 060.86	111 931.20	702.501	15 189.47	727 819.39
2008	320 925.19	609 854.14	37 478.68	113 193.10	819.607	17 721.54	740 768.79
2009	336 925.96	640 260.41	38 586.49	116 538.93	884.542	19 125.57	775 924.90
2010	349 388.79	663 943.53	43 926.05	132 665.45	1 084.656	23 452.42	820 061.40
2011	380 378.25	722 832.79	45 515.35	137 465.45	1 338.645	28 944.18	889 242.42
2012	385 642.63	732 836.69	47 853.46	144 527.03	1 451.325	31 380.55	908 744.27
2013	393 391.24	747 561.37	49 903.49	150 718.51	1 661.383	35 922.42	934 202.30
2014	392 244.64	745 382.49	51 564.10	155 733.82	1 792.867	38 765.38	939 881.69
2015	383 983.47	729 683.78	55 370.66	167 230.46	1 874.774	40 536.36	937 450.59
2016	379 503.60	721 170.68	57 047.57	172 295.06	1 998.869	43 219.55	936 685.29
2017	380 524.39	723 110.50	59 339.20	179 216.25	2 326.955	50 313.42	952 640.18
2018	383 256.33	728 302.01	61 385.97	185 397.91	2 651.429	57 329.19	971 029.12
2019	392 582.95	746 025.38	64 296.51	194 188.33	2 959.850	63 997.87	1 004 211.58
2020	394 961.58	750 545.49	65 711.04	198 460.48	3 260.241	70 492.94	1 019 498.91

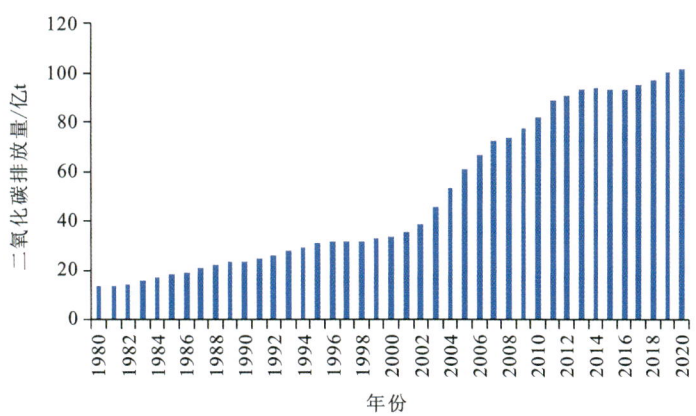

图 4-3 我国历年能源消费 CO_2 排放量

（三）中国 GDP 增长率与碳强度下降率的比较

碳强度下降率需要使用不变价 GDP 来计算。根据表 4-1 中的 2005 年不变价 GDP 数值和表 4-4 中的 CO_2 排放量，可以计算我国的碳强度（图 4-4）。有了碳强度，下一步就可以计算碳强度下降率。

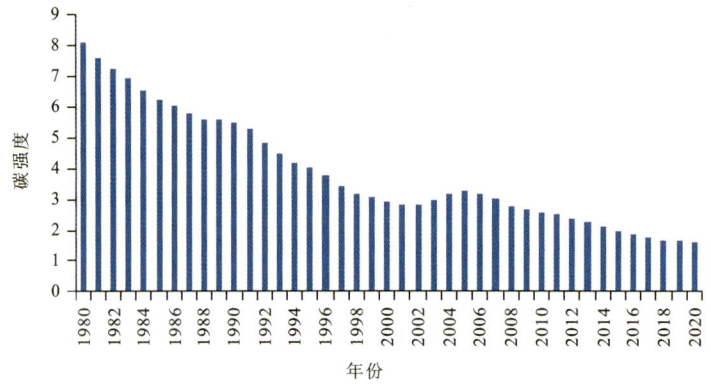

图 4-4 我国碳强度发展趋势

(注:根据 2005 年不变价的 GDP 计算)

碳排放发展趋势可以由 GDP 增长率和碳强度下降率的大小来判断。当碳强度下降率趋近甚至等于 GDP 的增长率时,碳排放就实现了达峰。在 1981 年、1997 年、1998 年、2015 年和 2016 年,碳强度下降率都趋近甚至超过了 GDP 的增长率,导致碳排放量出现了负增长(图 4-5)。负增长的前一年是一个峰值,例如,1996 年和 2014 年,但是,这之后 GDP 增长率再次大幅超过碳强度下降率,导致碳排放出现了反弹。尤其是在 2000 年之后,GDP 增长率上行,而碳强度下降率下行,导致两者之间的差距拉大,碳排放量快速上涨(图 4-3)。受新冠疫情的冲击,2020 年我国 GDP 增长速度出现了大幅下降,但中国是同期世界主要经济体中唯一保持正增长的。

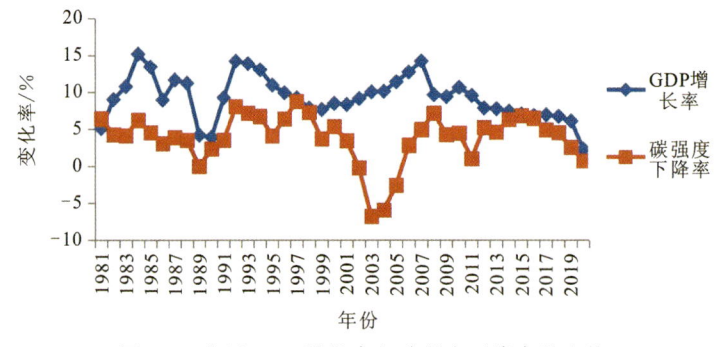

图 4-5 我国 GDP 增长率和碳强度下降率的比较

二、中国碳排放的不同影响因素的贡献

(一)碳排放的不同影响因素贡献的分解方法

非化石能源消费占一次能源消费的比重既是我国应对气候变化国际承诺的重要指标,也是国内能源系统向低碳转型的重要目标,因此将第二章中式(2-7)进行调整,将

$$CE = \frac{CE}{E} \times \frac{E}{GDP} \times GDP$$

调整为：

$$CE = \frac{CE}{FE} \times \frac{FE}{E} \times \frac{E}{GDP} \times GDP = F \times S \times EI \times GDP \tag{4-2}$$

式(4-2)中：FE表示化石能源消费量，$S=FE/E$表示化石能源在一次能源消费中的占比，非化石能源在一次能源消费中的占比就是$1-FE/E$；$F=CE/FE$表示化石能源的CO_2排放系数或碳密集度；$EI=E/GDP$表示能耗强度。变量的定义见表4-5。

表4-5 变量的定义

变量	含义	变量	含义
CE	二氧化碳排放量	GDP	经济产出
i	不同产业部门	FE	化石能源消费量
w	权重	S	化石能源在一次能源消费中的占比
t	不同年份	F	化石能源碳密集度
E	能源消费量	EI	能耗强度

基于式(4-2)，采用LMDI分解方法对CO_2排放进行因子分解，从第0期到第t期，CO_2排放量的变化为(Ang, 1998)：

$$\Delta CE = CE^t - CE^0 = F_{effect} + S_{effect} + EI_{effect} + GDP_{effect} \tag{4-3}$$

式(4-3)中：F_{effect}表示总体化石能源碳密集度的变化对碳排放变化的贡献；S_{effect}表示化石能源消费占比的贡献；EI_{effect}表示单位GDP能耗变动的贡献；GDP_{effect}表示经济产出的贡献。

$$F_{effect} = L(CE^t, CE^0) \ln(F^t / F^0) \tag{4-4}$$

$$S_{effect} = L(CE^t, CE^0) \ln(S^t / S^0) \tag{4-5}$$

$$EI_{effect} = L(CE^t, CE^0) \ln(I^t / I^0) \tag{4-6}$$

$$GDP_{effect} = L(CE^t, CE^0) \ln(GDP^t / GDP^0) \tag{4-7}$$

上式中，上标t和0分别表示t时期和0时期，此外，$L(A,B)=(A-B)/(\ln A - \ln B)$。

（二）对数据的分析

在经济发展取得举世瞩目的成绩的同时，我国的能源消费量也在高速增长。我国的能源消费从1980年的6.0亿t标准煤增长到2020年的49.8亿t标准煤，40年间增加了7倍多（图4-6）。21世纪以来，我国能源消费增长加快。2010年我国超过美国成为世界能耗第一大国，能源消费量占世界能源消费总量的20.3%。

根据能源消费量和表4-1中的2005年不变价GDP数值，可以计算我国的能耗强度。改革开放以来，我国能耗强度总体呈现下降趋势（图4-7）。从1980年到2020年，能耗强度下降幅度达到75%以上，远高于世界平均水平和发达国家单位GDP能耗下降幅度。

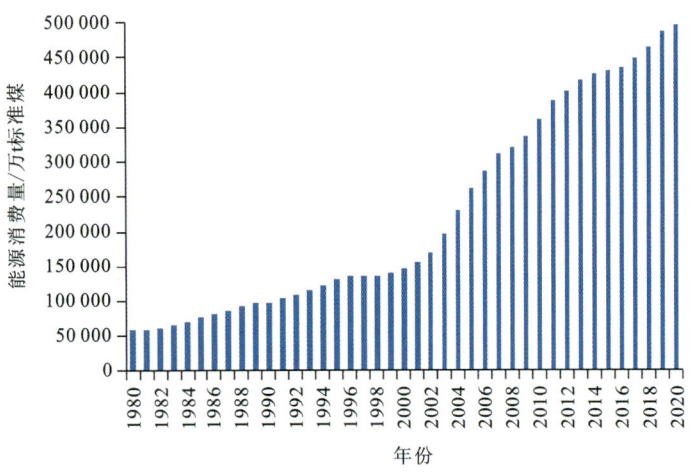

图 4-6 我国历年一次能源消费总量

（注：采用发电煤耗计算法）

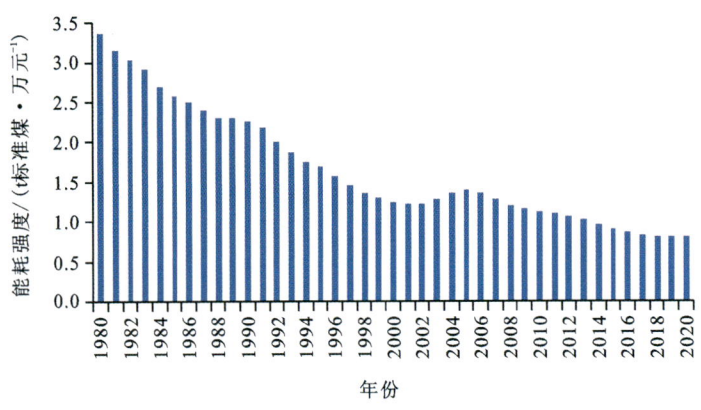

图 4-7 我国能耗强度变化趋势

从能源消费结构来看，石油和天然气的占比合计不足 30%，说明我国的能源结构还没有完成从煤炭向油气的转型（图 4-8）。近些年，非化石能源在一次能源消费总量中的占比呈持续上升趋势，2020 年达到 15.9%。与我国非化石能源占比上升相对应的是煤炭占比的下降。

在化石能源内部，碳排放系数也有波动，反映了化石能源整体碳密集度的变化（图 4-9）。从 2009 年开始能源碳密集度呈下降趋势，这主要受煤炭消费占比下降和天然气消费占比上升的影响。目前，我国能源碳排放强度偏高，是世界平均水平的 1.5 倍，这主要是因为我国能源结构仍然以煤为主。2020 年煤炭占我国一次能源消费的比重还有 56.8%，比世界平均水平的 2 倍还要高。

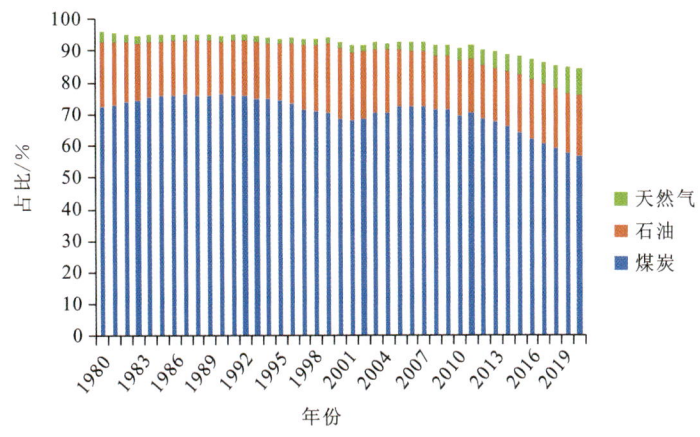

图 4-8 化石能源在一次能源中的占比

（注：非化石能源是指一次电力及其他能源，包括水电、核电、风电和太阳能发电等）

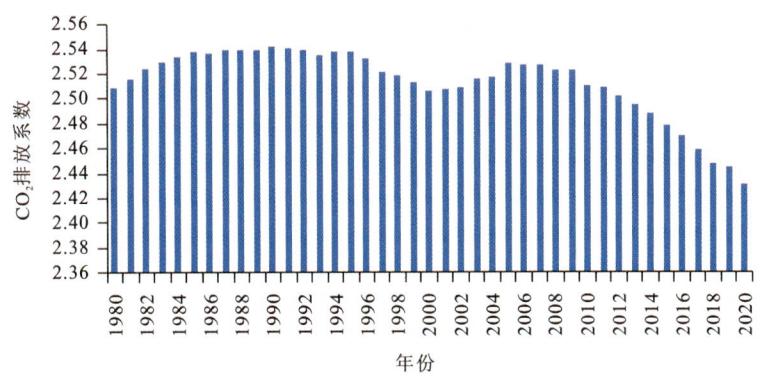

图 4-9 我国化石能源 CO_2 排放系数

（三）计算结果

采用 LMDI 分解方法对 CO_2 排放进行因子分解，得到各因子的贡献情况（图 4-10）。

第一，GDP 是最重要的增碳因子。在"六五"和"七五"（1981—1990 年）期间，GDP 的效应是年均增碳约 1.6 亿 t；在"八五"和"九五"（1991—2000 年）期间，GDP 的效应上升到年均增碳约 2.9 亿 t；在"十五"（2001—2005 年）期间，GDP 的增碳效应快速上升，从期初的 2.8 亿 t 上升到期末的 6.2 亿 t，翻了一番多；在"十一五"（2006—2010 年）期间，GDP 的效应达到年均增碳 7.7 亿 t；在"十二五"（2011—2015 年）期间，GDP 的效应有所下降，年均增碳 6.9 亿 t；在"十三五"（2016—2020 年）期间，GDP 的效应进一步下降，年均增碳 5.4 亿 t。GDP 的增碳效应经历了先上升后下降的过程。

第二，能耗强度是最重要的减碳因子。在"六五"和"七五"（1981—1990 年）期间，能耗强度的年均减碳效应大约 6900 万 t；在"八五"和"九五"（1991—2000 年）期间，能耗强度的减碳

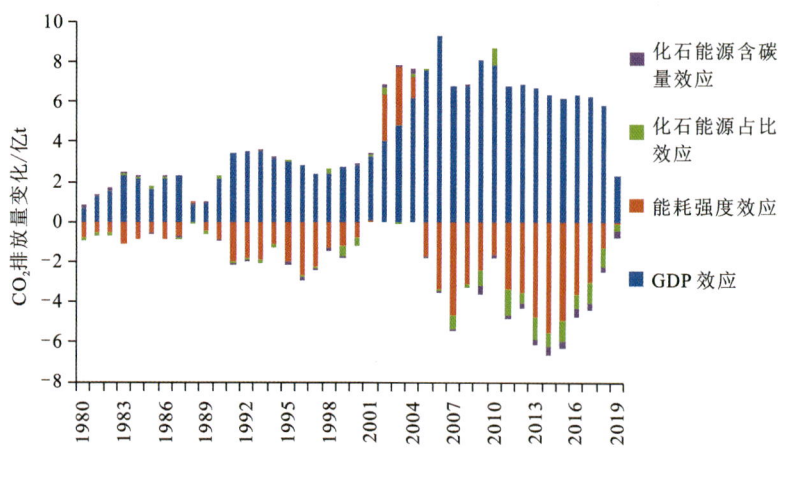

图 4-10 不同因子对 CO_2 排放的贡献

效应达到年均 1.8 亿 t；在"十五"(2001—2005 年)期间，能耗强度开始成为增碳因子，年均增碳约 1.1 亿 t，导致碳排放形势趋于严峻；在"十一五"(2006—2010 年)期间，能耗强度又成为减碳因子，年均减碳效应达到 3.1 亿 t；在"十二五"(2011—2015 年)期间，能耗强度的年均减碳效应达到 3.7 亿 t；在"十三五"(2016—2020 年)期间，能耗强度的年均减碳效应达到 2.6 亿 t。能耗强度的减碳效应先波动，后趋于下降。

第三，能源结构近年来是减碳因子。在"十一五"(2006—2010 年)期间，化石能源占比有所下降，年均减碳效应达到 3000 万 t，同时化石能源含碳量有所降低，年均减碳 1100 万 t；在"十二五"(2011—2015 年)期间，化石能源占比的年均减碳效应 5500 万 t，同时化石能源含碳量年均减碳效应 2400 万 t；在"十三五"(2016—2020 年)期间，化石能源占比的年均减碳效应 8000 万 t，同时化石能源含碳量年均减碳效应 3600 万 t。化石能源占比及含碳量的减碳效应近年来趋于上升。化石能源占比的减碳效应来自非化石能源的发展，而化石能源含碳量的减碳效应主要来自天然气比重的上升。

三、对能耗强度影响因素的分解

根据前面的分析，能耗强度是最重要的减碳因子。例如，"十三五"期间，能耗强度的年均减碳效应达到 2.6 亿 t，而化石能源占比(即发展非化石能源)的年均减碳效应是 8000 万 t，化石能源含碳量年均减碳效应是 3600 万 t。能源结构总体年均减碳效应是 1.16 亿 t，还不到能耗强度减碳效应的一半。因此，有必要对能耗强度的影响因素做进一步分解。

(一)能耗强度的不同影响因素贡献的分解方法

根据 LMDI 分解方法，对能耗强度的影响因素进行进一步分解(Ang,2004)：

$$\Delta \text{EI}_{\text{tot}} = \Delta \text{EI}_{\text{str}} + \Delta \text{EI}_{\text{int}}$$
$$= \sum_i L(w_i^t, w_i^0) \ln\left(\frac{\text{Str}_i^t}{\text{Str}_i^0}\right) + \sum_i L(w_i^t, w_i^0) \ln\left(\frac{\text{Int}_i^t}{\text{Int}_i^0}\right) \quad (4\text{-}8)$$

式(4-8)中,

$$w_i^t = \text{Str}_i^t \cdot \text{Int}_i^t \quad (4\text{-}9)$$

$$\text{Str}_i^t = \frac{\text{GDP}_i^t}{\text{GDP}^t} \quad (4\text{-}10)$$

$$\text{Int}_i^t = \frac{E_i^t}{\text{GDP}_i^t} \quad (4\text{-}11)$$

式中：$i=1,2,3$,分别表示国民经济第一、二、三产业；w 表示权重；$\text{Str}_i(i=1,2,3)$ 表示第 i 产业的 GDP 占总 GDP 的比重；$\text{Int}_i(i=1,2,3)$ 表示第 i 产业单位 GDP 的能耗；$\Delta \text{EI}_{\text{str}}$ 表示能耗强度中的产业间结构效应；$\Delta \text{EI}_{\text{int}}$ 表示能耗强度中的产业内部效应,包括产业内部结构调整和技术进步效应。

能耗强度中的产业结构效应反映的是产业间结构的变化对能源服务需求的影响。一般来讲,第二产业对能源服务的需求较高,而第三产业对能源服务的需求较低。第二产业占比较高,即产业结构偏重时,对能源服务的需求也高。

能耗强度中的产业内部结构调整和技术进步效应,指的是某产业需要消耗的能源数量。技术水平越高,满足一定的能源服务的需求需要消耗的能源就越少。同时,产业内部的结构调整也会对能耗产生影响,例如,第二产业内部的轻重工业比例会影响第二产业的能耗强度。

(二)对数据的分析

在 GDP 的产业构成上,第二产业的占比仍然较高。从 1980 年到 2015 年,第二产业在我国 GDP 中的占比一直高于 40%,最高达 48.1%(图 4-11),远远高于国外发达国家。从"十三五"规划开始,第二产业的占比降到 40% 以下,2020 年下降到 37.8%。

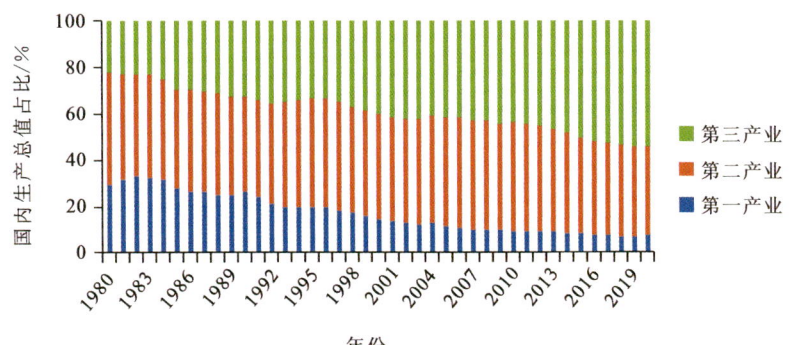

图 4-11 我国 GDP 产业构成

(注：第一产业是指农、林、牧、渔业；第二产业包括工业和建筑业；第三产业包括交通运输业、仓储和邮政业、批发和零售业、住宿和餐饮业以及其他。分类来源于《中国经济社会统计年鉴》)

从能源消费的最终用途来看,我国的能源消费主要受生产的驱动。生产部门是我国能源消费的最大部门,特别是第二产业(表 4-6)。这与国外发达国家普遍完成工业化、工业占 GDP 比重持续下降有所不同。

表 4-6 我国各产业 GDP 和能源消费量

年份	能源消费总量/万 t 标准煤	各产业能源消费量/万 t 标准煤			GDP/亿元 2005 年不变价	各产业 GDP/亿元		
		第一产业	第二产业	第三产业		第一产业	第二产业	第三产业
1995	131 175.50	5 505.20	97 525.80	28 144.50	77 605.46	15 207.99	36 281.94	26 115.53
1996	138 948.42	5 717.09	101 770.92	31 460.41	85 306.05	16 485.78	40 183.77	28 636.50
1997	137 798.97	5 905.40	100 885.22	31 008.35	93 185.40	16 675.76	43 890.60	32 619.04
1998	132 213.92	5 790.32	96 021.24	30 402.36	100 496.85	17 244.26	46 026.33	37 226.26
1999	130 119.09	5 831.75	92 178.92	32 108.42	108 196.53	17 381.57	49 079.01	41 735.95
2000	146 965.00	4 233.00	105 221.00	37 511.00	117 382.43	17 227.39	53 452.73	46 702.31
2001	155 548.00	4 553.00	112 008.00	38 987.00	127 167.14	17 782.37	56 964.03	52 420.74
2002	169 576.00	4 929.00	122 375.00	42 272.00	138 782.11	18 460.06	61 691.06	58 630.99
2003	197 082.00	5 683.00	142 120.00	49 279.00	152 713.13	18 858.50	69 673.82	64 180.81
2004	230 282.00	6 392.00	166 577.00	57 313.00	168 158.01	21 720.35	77 186.86	69 250.80
2005	261 370.00	6 860.00	191 400.00	63 110.00	187 318.90	21 806.70	88 084.40	77 427.80
2006	286 466.00	7 154.00	210 426.00	68 886.00	211 147.70	22 436.04	100 418.81	88 292.85
2007	311 441.00	7 068.00	230 038.00	74 335.00	241 195.80	24 802.18	113 026.80	103 366.82
2008	320 612.00	6 873.00	235 953.00	77 786.00	264 472.80	27 110.83	124 123.69	113 238.28
2009	336 126.00	6 978.00	248 279.00	80 869.00	289 329.90	28 314.40	132 755.46	128 260.04
2010	36 0647.87	7 266.50	266 910.61	86 470.76	320 102.60	29 850.09	148 843.30	141 409.21
2011	387 043.12	7 675.23	284 099.49	95 268.40	350 675.04	33 084.46	162 715.60	154 874.98
2012	402 137.88	7 803.57	291 048.92	103 285.39	378 251.20	35 631.05	171 247.60	171 372.55
2013	416 913.00	8 055.00	298 147.00	110 711.00	407 626.71	37 889.68	179 389.01	190 348.02
2014	425 806.10	8 094.27	303 206.02	114 505.81	437 387.48	39 626.94	188 526.91	209 233.63
2015	429 906.00	8 232.00	299 972.00	121 702.00	467 591.76	39 380.77	192 246.48	235 964.51
2016	435 819.00	8 544.00	298 246.00	129 029.00	499 081.20	42 703.52	198 683.53	257 694.15
2017	448 529.00	8 931.00	303 043.00	136 555.00	532 803.63	40 312.72	216 004.37	276 486.54
2018	471 926.00	8 781.00	319 836.00	143 309.00	567 795.12	39 989.83	225 340.82	302 464.47
2019	487 487.00	9 018.00	331 645.00	146 824.00	605 803.06	43 012.02	233 839.98	328 951.06

(三)计算结果

根据 LMDI 分解方法,对能耗强度影响因素进行进一步分解。第一,产业内部结构调整和技术进步效应的影响总体上要比产业间结构调整效应的影响大(图 4-12)。第二,近年来,产业内部结构调整和技术进步效应在绝对量方面趋于缩小。

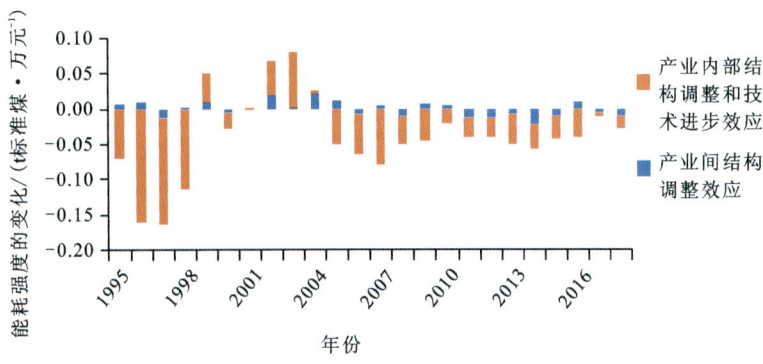

图 4-12 不同因子对能耗强度变化的贡献

第五章　中国未来低碳经济增长的阶段性路径

中国未来需要平衡经济增长与碳减排的关系。中国计划在2035年基本实现现代化并承诺在2030年前实现碳达峰,那么就需要在实现发展目标的同时,履行气候承诺并推动经济绿色转型。中国现阶段的发展需求已从经济发展单一目标转变为经济与可持续发展并重,国际环境也从承接发达国家落后产能转变为保护自身绿色产业。中国在经济发展绿色转型中的主要任务将是平衡绿色产业和传统产业的利益,适应甚至引领全球产业转型的新趋势。

本章将探讨国家宏观层面经济增长和碳达峰的阶段性路径,这包括在"十四五""十五五"和"十六五"这三个五年规划期该怎么做。后文还将探讨碳达峰的行业路径和地区路径。

一、中国未来经济增长路径

我国能否在2030年前实现碳达峰、在2035年基本实现现代化,取决于未来三个五年规划期经济和能源发展的情况。中国目前虽然是世界第二大经济体,但是人均收入水平远低于发达国家。虽然近年来能耗强度下降较快,但是与其他国家相比,中国能耗强度依然偏高。

(一)中国经济增长方式的转型

中国的改革开放政策使得资本和劳动的要素红利得到充分释放,助推经济快速发展。中国实施改革开放政策以后,改变了计划经济时期重工业优先发展的战略,农业和轻工业得到恢复和发展。在2001年加入WTO以后,得益于外贸顺差的资本积累和积极利用外资,中国的重化工业得到快速发展,中国成为"世界加工厂"。2010年,中国取代日本成为世界第二大经济体。

作为后发经济体,2010年以后中国的经济增长速度开始回落。人口红利效应减弱以及与美国的贸易摩擦造成了中国经济增长速度的下滑。尤其值得注意的是,为维持人民币汇率稳定,中国也不得不超发人民币以对冲长期贸易顺差下的巨量外汇储备,资产价格特别是房地产价格泡沫也日益累积。要素投入红利可以带来一时的高增长,但无法长期如此。况且一国的人口红利本身就会随着经济增长而逐渐消失。房地产去杠杆,只是提前触发了这种不可持续的高增长的调整。

实际上,每一个东亚模式经济体,高速增长回落后都普遍面临着从要素投入红利向要素组合红利的转型,即转向创新驱动的增长,以追加要素投入承接技术转移的发展模式无法驱动以要素组合红利为突出特征的前沿创新。

坚持创新驱动发展,全面塑造发展新优势。中国需要发挥超大规模市场优势,加快建设全国统一大市场,将"大市场"发展为"强市场",通过以本土市场为基础的科技高水平自立自强,大力支持本土企业创新创业,创建"以我为主"的全球价值链网络,深刻改变长期以来以西方市场为基础的、嵌入发达国家跨国企业网络的国际代工模式。

新发展阶段要求贯彻新发展理念,推动高质量发展。从注重总量和增速的高速增长转向更加注重质量和效益的高质量发展,从偏重要素驱动和投资驱动转向更加注重创新驱动,走绿色低碳发展之路。

(二)中国未来经济增长的速度

未来中国经济增长需要保持一定的速度。2020年中国人均GDP刚刚超过1万美元,总体上还是一个发展中国家,距离步入发达国家的门槛还有相当长一段路要走。按照已有发展规划,到2035年,我国人均GDP要达到中等发达国家的水平。假设中国人口总量保持稳定,在2025年左右达到峰值,此后人口即陷入"负增长",到2030年,总人口还能保持在14亿,同时按照人民币不变价计算,不考虑汇率波动的影响,即使人均GDP翻一番,2021—2035年GDP年平均增速也要达到4.7%以上,难度相当大。

中国目前经济发展面临需求收缩、供给冲击、预期转弱三重压力。新冠疫情的第一年和第二年(2020年和2021年),我国平均经济增长速度是5.2%(其中2020年经济增长速度是2.3%,2021年经济增长速度是8.1%),2022年政府提出的增长目标是5.5%,但是2022年GDP增长速度实际上是3%。新冠疫情暴发前,经济增速是"保6"。疫情发生后,中国经济中速增长平台重心有1个百分点左右的下移。近三年和此后一段时期,中国经济将会处在5%左右的增长平台上(表5-1)。

表5-1 中国GDP增长率发展趋势预测 单位:%

项目	2021—2025年GDP增长率	2026—2030年GDP增长率	2031—2040年GDP增长率
世界银行(2012)	5.9	5	
张军等(2016)	6.02	6.02	6.02
白重恩等(2017)	5.57	4.82	3.94
中国社会科学院宏观经济研究中心课题组(2020)	5.5	4.8	4.3
林毅夫等(2022)	5~6	5~6	5~6
中国式现代化研究课题组(2022)	6.3	5.5	4.7
本项研究	5.3	4.8	4.3

与其他研究相比,本项研究对中国经济增长速度的预测采取相对保守的态度。在"十四五"期间,中国经济增长速度年平均是5.3%,"十五五"和"十六五"期间分别下降到4.8%和4.3%。根据预测,2035年中国不变价GDP规模将是2020年的2.0倍、2025年的1.6倍(图5-1)。在现有的研究中,本项研究的预测数据与中国社会科学院宏观经济研究中心课题组(2020)的结果比较接近。

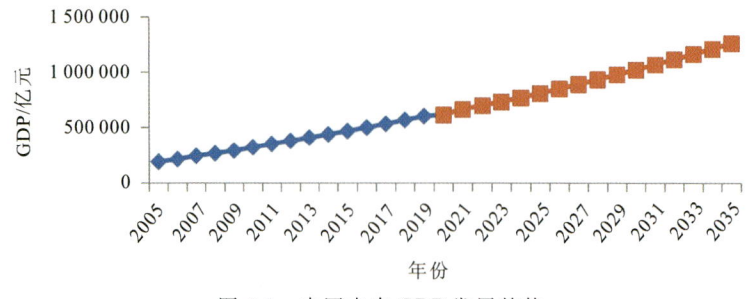

图 5-1 中国未来 GDP 发展趋势

(注:1.2005 年不变价;2.红线部分是预测值,下同)

(三)中国未来产业转型趋势

产业结构是能耗强度的重要影响因素①。从 2005 年到 2020 年,中国能耗强度下降幅度达到 48.4%,远高于世界平均水平和发达国家单位 GDP 能耗下降幅度。但是,与其他国家相比,我国能耗强度依然偏高。2019 年,我国的能耗强度是世界平均水平的 1.3 倍,是经济合作和发展组织(OECD)的 2.7 倍。无论是保持必要增速,还是履行碳达峰承诺,中国都必须把更多的注意力放在通过深化改革开放来激发结构性潜能上。

中国未来的产业转型包括两个方面,产业间的转型和产业内部的转型。其中,产业内部的转型更为重要,包括行业结构和产品结构的转型。

第一,未来一段时期,中国不仅经济规模显著增加,而且产业间结构也将发生显著变化。与美国相比,中国第三产业水平的差距比第二产业更大。考虑中国在现代化征程过程中与美国在产业结构上会有趋同性,中国第三产业增加值的增长速度将高于第二产业,这将为我国产业结构的优化和现代化产业体系的建设打下基础,实现我国产业结构的进一步优化转型。

从产业结构来看,中国"产业结构偏重"现象或将发生改变。从现有的研究来看,三类产业在 GDP 中的占比呈现较为平稳变化的发展趋势,其中,第一产业和第二产业的占比逐年下降,而第三产业的占比则逐年上升(表 5-2)。本项研究认为,未来 15 年左右,第一产业增加值在 GDP 中的占比将下降 1 个百分点左右,下降到 6%;第二产业增加值在 GDP 中的占比将下降大约 4 个百分点,下降到 35.5%;第三产业继续保持其在国民经济中的最大份额,2035 年第三产业的占比将达到 58.5%。其中,制造业占 GDP 比重缓慢下降。制造业在现代经济中发挥着特殊的"枢纽性"作用,很多服务业经济活动是依托制造业而存在的,农业生产效率提升和农副产品品质提升也高度依赖制造业发展。未来一段时期,在美国及欧洲一些国家号召"制造业回归本土"的外部压力下,保住制造业"基本盘"、促进制造业转型升级、避免制造业在经济中占比下降过快和"过早去工业化",将成为中国经济发展过程中需要紧紧把握的一个基本原则。因此,本项研究预测第二产业占比下降的速度要慢于其他研究的预测。

---

① 根据本书第四章对中国能耗强度的研究,产业结构对能耗强度有重要影响。

表 5-2 中国产业结构未来发展趋势预测

年份	中国社会科学院宏观经济研究中心课题组（2020）				中国式现代化课题组（2022）			本项研究		
	第一产业	第二产业	制造业	第三产业	第一产业	第二产业	第三产业	第一产业	第二产业	第三产业
2022	6.76%	37.57%	26.82%	55.67%	7.33%	36.16%	56.50%	7.21%	39.13%	53.67%
2025	6.31%	36.09%	26.16%	57.60%	6.81%	35.32%	57.87%	6.93%	38.30%	54.77%
2030	5.58%	33.87%	24.60%	60.55%	6.16%	33.69%	60.15%	6.46%	36.93%	56.61%
2035	4.82%	31.69%	23.05%	63.49%	5.70%	31.86%	62.44%	6.00%	35.50%	58.50%

第二，产业内部的转型将支撑中国经济增长和碳减排目标。根据中国 40 多年经济结构转型和跨国历史经验，随着中国进入工业化后期，劳动力从工业部门持续流入服务业，将削弱部门间结构转型对经济增长的贡献，但较高的高技能服务业和高技术制造业收敛速度将成为新增长动能，有助于提高经济增长速度。按照朱民等（2020）的分类，根据技术强度，将工业划分为高技术和低技术两大类行业，前者主要包括光学设备、制造设备生产等行业，后者包括纺织业、金属冶炼和压延加工业等（表 5-3）；根据从业者学历结构，如果一个行业中具有大专及以上学位的就业人员比例在中位数以上，则为高技能服务业，否则就是低技能服务业。

表 5-3 国家统计局工业和服务业行业分类

行业大类	国家统计局工业行业	行业大类	国家统计局服务业行业
低技术工业	农副食品加工业；食品制造业；饮料制造业；烟草制品业	低技能服务业	批发和零售业
	纺织业；纺织服装、服饰业；皮革、皮毛、羽毛及其制品和制鞋业		交通运输、仓储和邮政业
	木材加工业；家具制造业；造纸和纸制品业；印刷和记录媒介复制业；文教、工美、体育和娱乐用品制造业		住宿和餐饮业
	石油加工、炼焦和核燃料加工业		卫生和社会工作
	非金属矿物制品业；橡胶制品业；塑料制品业		房地产业
	黑色金属冶炼和压延加工业；有色金属冶炼和压延加工业；金属制品业		水利、环境和公共设施管理业；居民服务、修理和其他服务业；文化、体育和娱乐业

续表 5-3

行业大类	国家统计局工业行业	行业大类	国家统计局服务业行业
高技术工业	计算机、通信和其他电子设备制造业；仪器仪表制造业	高技能服务业	租赁和商务服务业；科学研究和技术服务业
	化学纤维制造业；化学原料和化学制品制造业；医药制造业		金融业
	电气机械和器材制造业；专用设备制造业；通用设备制造业		信息传输、软件和信息技术服务业
	运输设备制造业		公共管理、社会保障和社会组织
			教育

在产业政策层面，国家从"十二五"规划时期就印发了战略性新兴产业发展规划[①]。在诸多有利政策的支持下，近年来中国战略性新兴产业实现快速发展，充分发挥了经济高质量发展引擎作用。同时，产业发展呈现出重点领域发展壮大、新增长点涌现、创新能级跃升、竞争实力增强等诸多特点，形成了良好的发展局面。但是，当今世界正经历百年未有之大变局，"十四五"乃至更长一段时期内，我国战略性新兴产业将面临更加严峻的内外环境，需要在产业布局优化、创新能力提升、发展环境营造、国内需求释放以及深化开放合作等方面采取更加科学有效的针对性措施，从而推动产业进一步发展壮大。

以战略性新兴产业推动转型升级是一般性规律，但是目前中国对战略性新兴产业还缺乏控制力。目前中国还没有完全占据战略性新兴产业价值链的"链主"位置和关键环节，形成这一局面的主要原因是我国的创新能力仍然不够。当前，中国要主导战略性新兴产业，促进国家经济迈向全球价值链中高端，实现产业转型升级，增强经济创新力和竞争力，不是靠各个产业投资更多的下游大型组装和加工工厂，而是需要培育更多拥有自主核心技术、关键材料和部件的上游隐形冠军企业，从而在重大产业上拥有核心竞争力，这样才能突破经济发展瓶颈。

二、中国未来能源转型路径

为了完成我国碳达峰目标，除了调整产业结构以降低能耗强度以外，还将对能源结构调整提出更高要求。由于资源禀赋、技术能力和消费习惯等存在差异，各国的能源转型路径是不同的。但是，各国普遍都在减煤、稳油、增气、稳核，立足可再生能源的发展。从中国能源结构发展目标来看，非化石能源需要由 2020 年在能源消费结构中的占比为 15.9%，逐步增至 2030 年占比达到 25% 左右。在这个过程中，需要考虑风电和光伏发电不稳定性可能造成的挑战。同时，在化石能源内部，也需要通过发展天然气以减少煤炭的消费。

---

① 2012 年 7 月 9 日，国务院印发《"十二五"国家战略性新兴产业发展规划》(国发〔2012〕28 号)。该规划指出重点发展方向：节能环保产业，新一代信息技术产业，生物产业，高端装备制造产业，新能源产业，新材料产业，新能源汽车产业。

（一）中国化石能源的低碳化

我国化石能源的低碳化路径是增气、稳油、减煤，通过增加天然气消费来减少煤炭的使用。天然气是重要的清洁能源，美国和欧盟都是以天然气作为重要的减碳工具，实现总体碳减排，凸显了天然气在能源转型中的地位。煤炭将从主体能源逐步走向保障性能源。

近年来，天然气在中国获得了较快的发展。从2000年的年消费272亿 m^3 增加到2020年的3145亿 m^3，20年间增长了10.6倍，其中，近十年平均年增长量超过200亿 m^3。按照目前的发展趋势，2030年，中国天然气需求量将达到5000亿～6000亿 m^3，以工业燃料和天然气发电增长为主，其中，国内天然气产量2000亿 m^3，对外依存度上升到60%以上[①]。预测2035年天然气消费量达6300亿 m^3，2040年前天然气消费达峰，峰值约6400亿 m^3。中国天然气消费量发展趋势见图5-2。

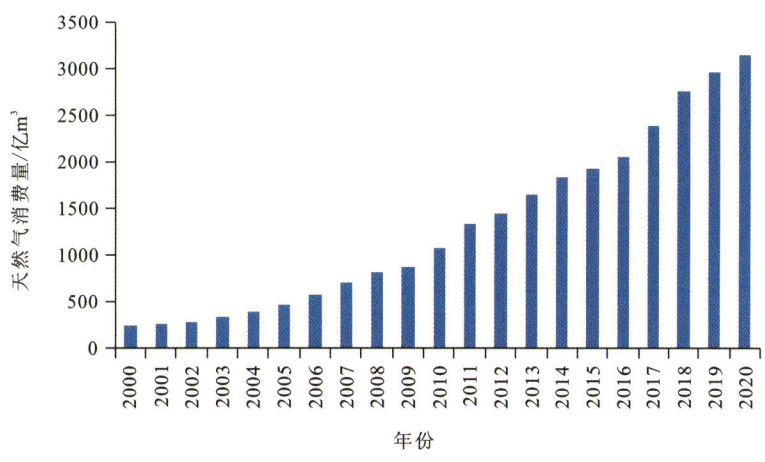

图5-2 中国天然气消费量发展趋势

（二）中国非化石能源的发展

中国非化石能源中发展最快的是风电和太阳能发电。非化石能源种类较多，主要包括水电、核电、风电、太阳能发电等，其中，常规水电建设在稳步推进，核电保持平稳建设节奏，而风电和太阳能发电保持快速增长（图5-3）。

我国风电和太阳能发电将从补充性能源发展成主体能源，但是面临着弃风和弃光的问题。在2020年12月12日气候雄心峰会上，习近平总书记进一步宣布，到2030年中国非化石能源占一次能源消费比重将达到25%左右，风电、太阳能发电总装机容量将达到12亿 kW

---

① 中国科学院院士、中国石油勘探开发研究院副院长邹才能于2018年11月22日在上海能源创新论坛上表示，预计到2030年，我国天然气需求量为5000亿～6000亿 m^3，而国产气供给能力2000亿 m^3；中亚、中缅、中俄等进口管道气供给能力1580亿 m^3；已建和在建LNG（液化天然气）接收站能力6940万t，按80%负荷测算约为750亿 m^3，合计供应能力4300亿 m^3。预计到2030年，我国仍有1200亿～1700亿 m^3 天然气供需缺口，需依靠加大LNG进口来满足需求。

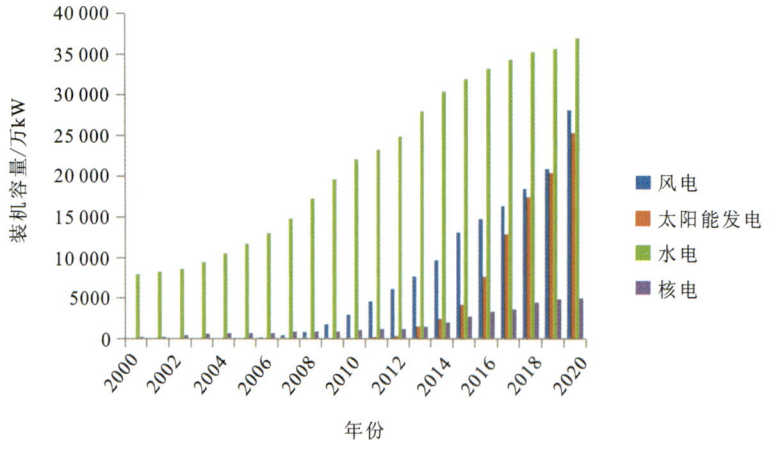

图 5-3 中国主要非化石能源的发展趋势

(数据来源：各年的《中国统计年鉴》和《中国能源统计年鉴》。太阳能发电主要是光伏发电)

以上。这比目前的装机容量翻一番还要多。风电和太阳能发电既是绿色能源，也是绿色产业，在资源禀赋和技术能力上具备大规模发展的条件，但是，风能和太阳能都是间歇性资源，需要充分考虑大规模发展对电网的安全稳定运行造成的不利影响。从2010年起，中国就面临着弃风的挑战，此后又面临着弃光的问题。

中国发生弃风和弃光现象与中央政府的激励政策有关。我国可再生能源发电成本分摊存在不对称问题。在我国，可再生能源发电项目上网电价高于当地常规电价的部分以及接网费用，通过向电力用户征收电价附加的方式在全国范围内分摊，而备用等辅助服务相关的费用由省级电力调度交易机构在省内平衡。这种不对称激励政策导致省级地方政府在开发可再生能源发电项目上积极，而在消纳可再生能源电力上缺乏激励。

我国可再生能源资源和电力负荷的空间错位决定了跨省消纳可再生能源电力的必要性。我国风能资源富集地区主要集中在西北地区、华北地区和东北地区(简称"三北"地区)，太阳能资源富集地区主要集中在西北和华北，而电力负荷中心主要位于东部沿海地区。这种资源与负荷之间在空间上的不对称分布决定了单独依靠省内消纳难以实现可再生能源的大规模发展。

电力是基础产品，涉及面广，电价直接影响一个地区的居民福利和产业竞争力，有着政治和经济上的敏感性。由于可再生能源资源的间歇性，消纳外省的可再生能源电力除了会相应减少本省的发电量以外，还会降低本省的发电效率，增加备用相关的成本。这部分备用相关的成本只在省内平衡的条件下，会推高省内的电力供应成本。因此，各省对消纳省外的可再生能源电力缺乏积极性。自2015年党中央国务院进一步深化电力体制改革以来，鼓励开展"跨省跨区电力双边交易"。但是，风电、光伏等可再生能源电力参与市场化交易后，跨省外送电力的价格往往被压得很低。

辅助服务相关成本的核算由于面临着技术上的复杂性，难以准确衡量及像上网电价那样在全社会分摊，只能通过电力市场化改革来转嫁。加快推进电力市场化改革，通过电力现货交易发现辅助服务的价格。在中国价格型电力库建设面临挑战的情况下，可以试行成本型电力库模式。

中国的弃风和弃光现象与电力市场化改革滞后有关，资源配置缺乏价格信号的引导。电力现货市场是指开展日前及日内、实时电能量交易和备用、调频等辅助服务交易的市场，是电力市场体系的核心环节。只有电力现货市场全面启动，才能充分发挥市场对价格和供需的调节作用，提高电力系统的运行效率。从电力现货市场建设试点地区来看，当前我国价格型电力现货市场建设面临困难和挑战，包括不同成本机组同台竞价问题、外来电参与市场交易问题、上游燃料价格向下游传导问题、控煤要求和市场势力问题等。发电厂竞价上网是成熟市场经济国家的通行做法，从当前世界各国的电力市场建设实践看，尽管对现货市场的重要性有共识，但是在具体的构建方式上存在着较大差异。各国电力市场建设经验是在其市场环境里形成的，受其法制和经济制度、能源禀赋和电网结构等因素影响。基于我国国情，电力流向是从西向东单向流动，而非双向流动、互为备用，在具体电力市场模式上，可试行成本型电力库模式，实现市场化改革的突围。

在成本型电力库模式下，电站上网顺序仅与发电可变成本有关，而不是基于发电商的自主报价。电网某一接入点各类型电站按发电可变成本从低到高的顺序依次上网，低可变成本所发电量全部上网后，次低级电站才能上网，当所接入的电站发电量满足该时段所有需求后，剩余电站无法再上网；当需求中的两个电站可变成本相同时，则平均分配发电量。边际机组的可变成本成为市场出清电量电价。发电可变成本主要包括燃料成本、设备维护成本、配件和耗材成本、环境成本、废料处理成本等。所有发电企业须定期向经济调度中心报送其可变成本，经济调度中心即根据此数据设定所有电站的上网优先级，并有权对其进行核查，其他企业有权监督或提出质疑。交易调度中心根据发电厂上报成本要素数据，统一优化发电生产，实现全系统发电成本最小化。发电商的收入分为两部分：电量电价收入和容量电价收入，电量电价收入即为电站实际售电的电量收入，容量电价收入取决于电站的稳定容量。稳定容量即电站的最低可用容量，取决于电网年用电需求和该电站最低发电量，由政府核算确定。稳定容量的界定因电源点类型不同而有差异。容量电价由政府部门定期核准。

成本型电力库模式有利于克服当前我国电力现货市场建设中的问题，或是我国电力现货市场建设的可行选择。依照可变成本排序规则，各类能源通常的上网优先级顺序从高到低依次是小型水电、光伏、风电、大型水电站、核电、生物质发电、煤电、天然气等，解决了不同成本同台竞价的问题。外来电参与市场交易的问题，可以依照可变成本最小化的原则确定，其中，外来电的可变成本还包括输电环节。如果担心燃料价格上涨而使被压制的电价出现跃升，可以在市场中设计"记账"机制，发电企业收益比目前增长超过20%的部分，仅记账不结算，用于未来发电企业收益下降的补偿，这在国外市场中也曾有先例。关于市场势力问题，发电厂上报的是成本而不是价格，市场监管的核心在于发电企业上报成本要素数据的真实性，实行发电成本监管而不是市场行为监管。容量电价和电量电价的两部制有利于辅助服务市场和容量市场的建设，为电能市场竞争奠定基础。

三、中国未来碳排放路径

中国未来的碳排放路径取决于经济增长和能源转型路径。根据中国未来经济增长路径和能源转型路径，并结合《中华人民共和国国民经济和社会发展第十四个五年规划和2035年远景目标纲要》，可以制定未来中国经济发展和能源转型路径的相关指标，在此基础上进一步预测中国的碳排放路径。

"十四五"规划对能耗强度和碳强度等制定了约束性指标。在"十四五"时期，GDP年均增速保持在合理区间，各年度酌情提出；单位GDP能源消耗和二氧化碳排放分别降低13.5%、18%。能耗强度和碳强度的下降目标是约束性的，是必须要完成的，也是最低要求。

由于经济、能源和碳排放之间是相互关联的，已知某些指标的数值就可以计算出其他指标。在"十四五"时期，GDP能耗强度累计下降13.5%，换算成年均是2.86%；又根据GDP年增长5.3%，计算出能耗增长率为2.29%；再根据2020年能源消费量为49.8亿t，计算出2025年能源消费量为55.8亿t。由能源结构可以算出单位能耗碳密集度，进而计算出单位能耗碳密集度下降率，再根据能耗强度下降率和单位能耗碳密集度下降率，可以计算出碳强度下降率[①]。在"十五五"时期，根据GDP年增长率4.8%和能源消费量不超过60亿t[②]计算出其他指标的数值。在"十六五"时期，假设能耗不超过64亿t标准煤，并假设非化石能源占比上升到30%，煤炭占比下降到40%，石油占比下降到15.5%，可得到其他指标的值（表5-4）。

表5-4 未来中国经济发展和能源转型目标

项目	"十四五"	"十五五"	"十六五"
GDP年增长率（年均）/%	5.3	4.8	4.3
GDP能耗强度下降幅度（累计）/%	(13.5)	15.2	13.6
能耗强度下降率（年均）/%	(2.86)	3.25	2.88
能源消费量/亿t标准煤	55.8	59.8(60)	63.8
能耗增长率（年均）/%	2.29	1.39	1.30
期末非化石能源占比/%	(20)	(25)	30
期末煤炭占比/%	51	45	40
期末天然气占比/%	11	13	14.5
期末石油占比/%	18	17	15.5
单位能耗碳密集度	1.90	1.75	1.61
单位能耗碳密集度下降率（年均）/%	1.48	1.63	1.67
碳强度下降率（累计）/%	19.7(18)	22.0	20.6
碳强度下降率（年均）/%	4.3(3.9)	4.8	4.5
碳强度比2005年累计下降率/%	60.0	68.2	

注：1.括号内的数值是政策要求；
2."十四五"和"十五五"期间的能源结构参考了清华大学气候变化与可持续发展研究院（2021）相关资料。

[①] 还需要考虑2021年GDP增长率8.1%、能耗增长率5.2%的影响。
[②] 在非化石能源占比是25%的情况下，能源消费量不超过60亿t也可以理解为化石能源消费量不超过45亿t。能源消费量不超过60亿t的要求见国家发展改革委2016年12月公开发布的《能源生产和消费革命战略（2016—2030）》。

从表 5-4 可以看出,"十五五"期间是可以实现碳达峰的。在"十五五"期间,碳强度下降率(年均)与 GDP 年增长率一样高;在"十六五"期间,碳强度下降率(年均)超过 GDP 年增长率。这些保证了在 2030 年前可以实现碳达峰。

根据能源消费量和能源结构,可以得到我国未来的能源发展趋势。从图 5-4 可以看出,煤炭在"十四五"时期就开始下降,这超出了政府的目标;石油消费在"十五五"时期达峰,在"十六五"时期开始下降;天然气的消费量在未来十五年翻了一番。按照这个设想,在"十六五"期末,煤炭占比为 40%,石油和天然气合计占 30%,非化石能源占 30%,即 4:3:3,是一个比较理想的目标。

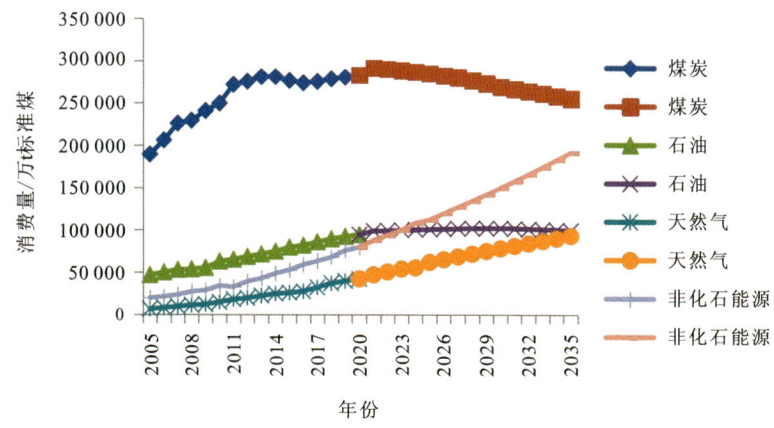

图 5-4　不同类型能源未来发展趋势

(注:2020 年之后为预测值,故用不同符号表示,后同)

按照前面的设想,我国的碳排放量将在 2027 年达峰,峰值约 107 亿 t,比 2020 年增加了约 5%。从图 5-5 可以看到,峰值前后的碳排放量相差较小,只有将时间尺度扩大到碳达峰前后的若干年,才能判断是否已经达峰。

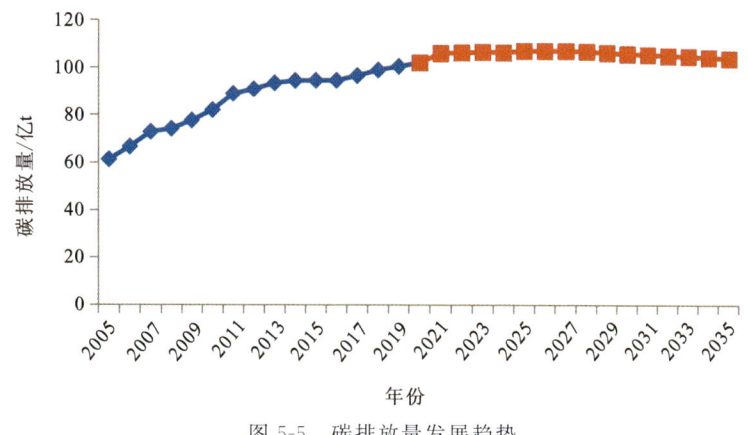

图 5-5　碳排放量发展趋势

四、进一步的讨论

本章探讨了我国在宏观层面上在 2030 年前实现碳达峰、2035 年人均 GDP 翻一番的阶段性路径。在"十四五"期间GDP年均增长5.3%、能耗强度下降13.5%、碳强度下降18%的基础上,"十五五"和"十六五"期间GDP年均增速分别为4.8%和4.3%,能耗强度分别下降15.2%和13.6%,碳强度分别下降22%和20.6%的情况下可以实现2030年前碳达峰、2035年人均GDP比2020年翻一番的目标。

关于三个五年规划期的目标,有以下几点说明。首先,这是一条可行的路径,但不是唯一的路径,例如,如果可再生能源发展的力度更大,对能源消费的总量和强度的控制都可以放松;其次,这只是在当前条件下的设想,随着形势的变化还会有调整,"十四五"规划的某些指标可能会超额完成,也可能有些指标会达不到预期,那么在后面制定"十五五"规划时需要进行调整,例如,如果"十四五"期间GDP增长速度达不到预期目标,那么"十五五"期间经济增长的压力会变大;再次,2030年前能否实现碳达峰要根据后面一些年份的发展情况来判断,例如,"十六五"规划及完成情况也非常重要,如果在"十六五"期间碳排放出现大幅反弹,就不能判定我国在2030年前实现了碳达峰;最后,这个设想的阶段性目标完成起来难度很大,需要我国付出艰苦的努力,例如,在"十五五"规划时期,能耗强度累计下降15.2%,在"十六五"期末,煤炭占比下降到40%,非化石能源占比升高到30%,这都不是容易的事情。

在2030年前实现碳达峰只是我国碳减排的中期目标,在远期还有碳中和。目前,中国的碳达峰工作已经进入关键期,碳达峰之后只有30年的时间就需要实现碳中和。按照政府政策的要求,"十四五"时期煤炭消费达峰,"十五五"时期石油消费达峰,2050年能源消费总量基本稳定,非化石能源占比超过50%,2060年非化石能源消费占比达到80%以上。碳中和要求经济系统和能源系统基本完成脱碳,是更大的挑战。

另外,近期俄罗斯和乌克兰之间的冲突导致国际能源供应发生变化,增加了我国碳达峰的不确定性。俄罗斯和乌克兰之间的冲突导致国际能源价格上涨,能源安全的重要性再次凸显。能源安全可能取代能源低碳化而成为我们的首要目标。

第二篇

中国低碳经济增长的行业性路径研究

第六章　中国分行业低碳经济增长的历史路径

在第一篇第二章讨论碳达峰的相关条件的基础上,第三章又考察了国外碳达峰国家的行业性碳达峰路径。其中,能耗强度受到产业结构的影响,另外,通过国外碳达峰国家的经验分析发现,这些国家的工业部门碳达峰一般早于全国碳达峰。第二篇将研究我国低碳经济增长的行业性路径。

一、中国行业的分类

从能源消费的角度来看,中国行业的分类与国外有所不同。世界银行按照中间环节和终端部门分类,包括制造业和建筑业、电力和热力生产、住宅建筑和商业及公共服务、运输部门、其他部门5个类别,其中电力和热力生产主要属于中间能源转换环节。中国仅按终端用能部门分类,能源消费一级行业分类包括7个类别,农林牧渔业[①],工业,建筑业,交通运输、仓储和邮政业,批发和零售业、住宿和餐饮业,其他,居民生活(图6-1)。工业包括3个子部门,采矿业,制造业,电力、热力、燃气及水生产和供应业。每个子部门又包括若干三级部门。

需要注意的是,这些三级部门前后有变化。例如,2003年减少了"木材及竹材采运业",增加了"废弃资源和废旧材料回收加工业",2012年增加了"开采辅助活动",将"橡胶制品业"和"塑料制品业"合并成"橡胶和塑料制品业",同时将"交通运输设备制造业"分成"汽车制造业"和"铁路、船舶、航空航天和其他运输设备制造业"。

另外,中国与国外在能耗归属上也有差别。建筑业能源消费指的是建筑企业用能,建筑物的照明、空调和供暖等能耗在我国归属居民生活用能,在国外归属住宅建筑和商业及公共服务部门用能。私家车能耗在国外统计给运输部门,在我国属于生活用能。在我国,交通运输、仓储和邮政业用能仅仅指的是经营性用能,不包括生活用能。

除特别说明外,本篇的数据来自国家统计局的《中国统计年鉴》《中国能源统计年鉴》和《中国电力年鉴》,部分数据来自中国电力企业联合会发布的中国电力工业发展最新统计数据。《中国能源统计年鉴》的出版要比《中国统计年鉴》晚一年左右。数据的起始时间是1994年,截至2019年或2020年。

[①] 农林牧渔业产生的温室气体比较复杂,它贯穿从种养业生产到能源和投入品使用,以及废弃物处理全过程,具体可分为4个部分。第一,在畜牧业和渔业方面,牲畜在正常消化过程中产生甲烷。畜禽粪便处理过程中也会产生温室气体。第二,在粮食生产方面,主要是化学肥料、有机肥料和农药的生产和使用过程中释放的一氧化二氮等温室气体。第三,在土地利用方面,草原、树林转化为农作物用地或畜牧用地,减少了碳汇,变相增加了二氧化碳的排放。第四,在食品供应链方面,食品加工、运输、包装和零售都需要消耗能源和资源,从而导致二氧化碳的排放。本项研究仅计算农林牧渔业生产环节化石能源消耗产生的二氧化碳部分。

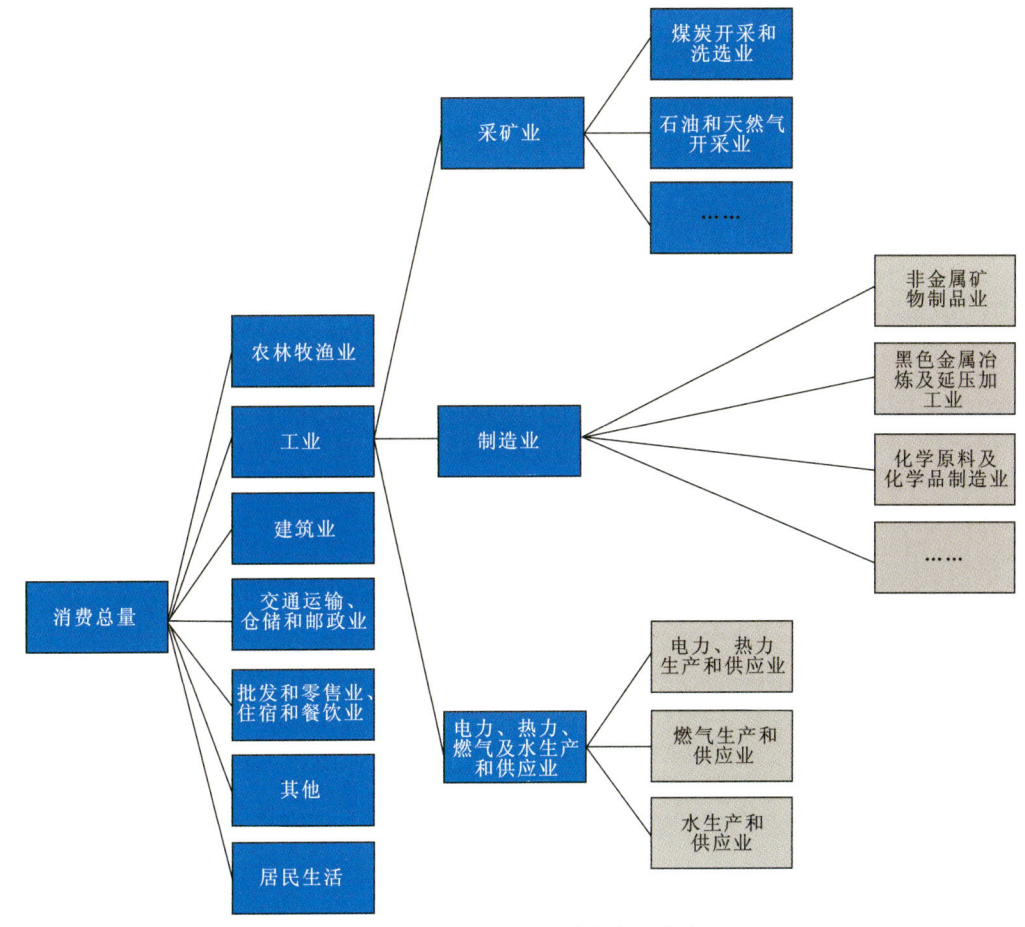

图 6-1 中国按能源消费的行业分类

按照中国相关能源统计,能源的分类比较细致。工业分行业终端能源消费的能源类别有原煤、洗精煤、焦炭、焦炉煤气、高炉煤气、转炉煤气、原油、汽油、煤油、柴油、燃料油、液化石油气、炼厂干气、天然气、液化天然气、热力、电力、其他等。同时,又提供了分行业的煤炭、焦炭、原油、汽油、煤油、柴油、燃料油、天然气、电力消费数据。

能源有一次能源和二次能源之分。为了避免重复计算,首先,需要根据能源流量图,确定哪些是终端能源,哪些是中间能源。例如,以 2010 年为例,国内消费了煤炭 22.14 亿 t 标准煤(图 6-2),但是在终端多以洗煤和电力出现,同样,原油也会加工成成品油。其次,不是所有的能源品种都会被燃烧掉,例如,润滑油、溶剂油、石油沥青等,不燃烧的就不需要统计。

二、中国分行业经济增长趋势

从行业增加值来看,工业和其他(服务业)占比较高。剔除居民生活行业以后,剩余 6 个行业中工业和其他创造的 GDP 比较高(图 6-3)。其他是指除交通运输、仓储和邮政业,批发和零售业、住宿和餐饮业以外的服务行业,主要包括金融、教育、医疗、文化、旅游等。近年来,其他行业的 GDP 在数量上超过了工业。

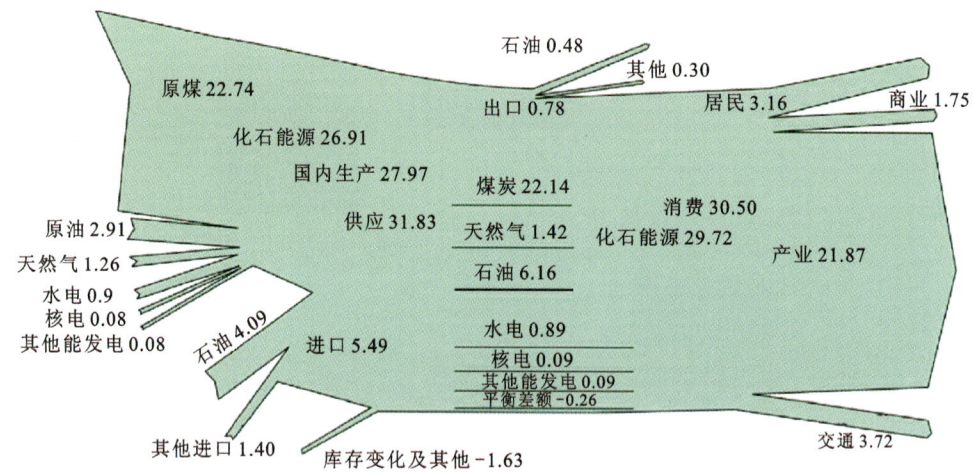

图 6-2 2010 年我国能源流量图（单位：亿 t 标准煤）

（注：不包括生物质能的传统利用；其他能包括风能、生物质能、太阳能、地热能等）

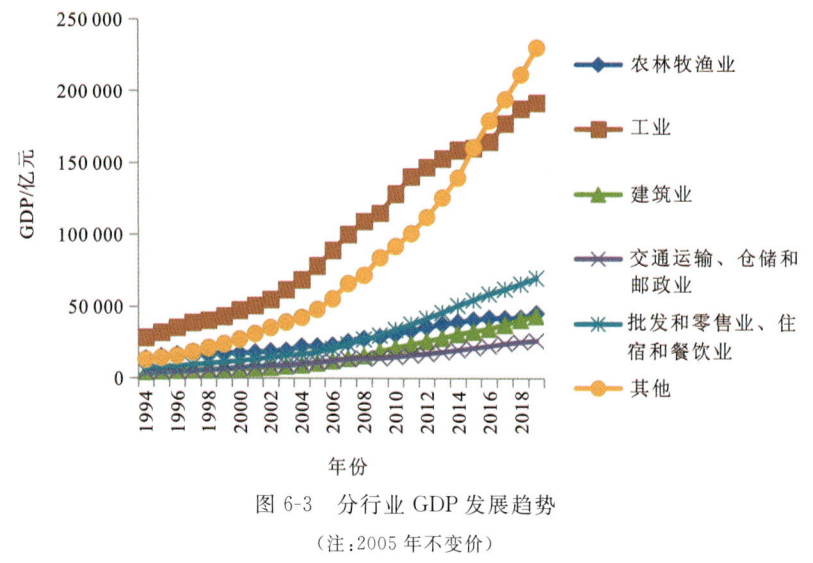

图 6-3 分行业 GDP 发展趋势

（注：2005 年不变价）

从占比来看，农林牧渔业和工业的占比在下降，而其他行业在上升。农林牧渔业和工业的 GDP 总和占比从 1994 年的 60% 左右下降到 2019 年的 40% 左右，建筑业则比较稳定，一直保持在 6% 左右，近年来略有上升，但变化不大（图 6-4）。其他服务业占比上升较多。

改革开放以来，中国的工业化建设取得了较大进展。第一，工业体系更加健全。中国是全世界唯一拥有联合国产业分类中全部工业门类的国家。第二，工业规模进一步扩大。2022 年全部工业增加值突破 40 万亿元，占 GDP 的比重为 33.2%，其中，制造业规模连续 13 年居世界首位。第三，产业结构持续优化。2022 年高技术制造业占规模以上工业增加值的比重为 15.5%；装备制造业占规模以上工业增加值的比重为 31.8%；新能源汽车、光伏产量连续多年保持世界第一；传统产业改造升级加快，数字化、绿色化转型成效明显，培育了 45 个国家先进

第六章 中国分行业低碳经济增长的历史路径

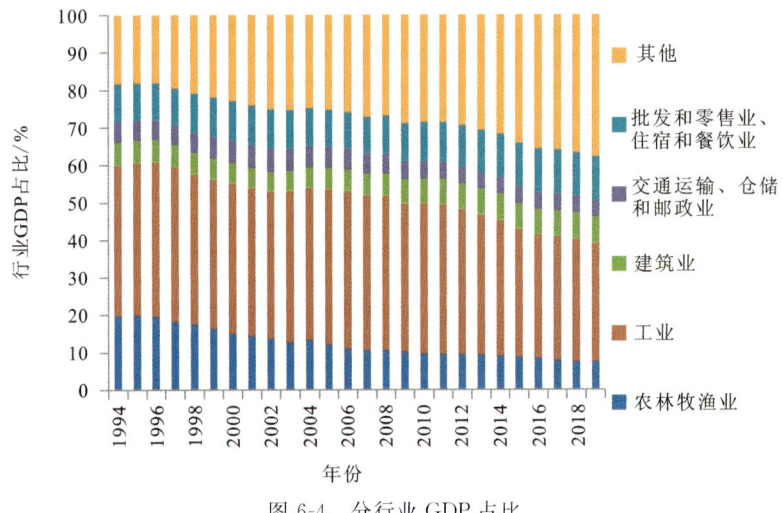

图 6-4 分行业 GDP 占比

制造业集群。第四,数字经济加快发展。我国移动通信实现了跨越式发展,建成了全球规模最大、技术领先的移动通信网络。

中国分行业经济增长受到进出口贸易的影响。从高耗能商品的进口来看,有升有降,总体保持稳定。增加的商品类别主要是纸浆和未锻轧的铜及铜合金,下降的商品类别主要是钢材,其他商品类别变化不大(图 6-5)。

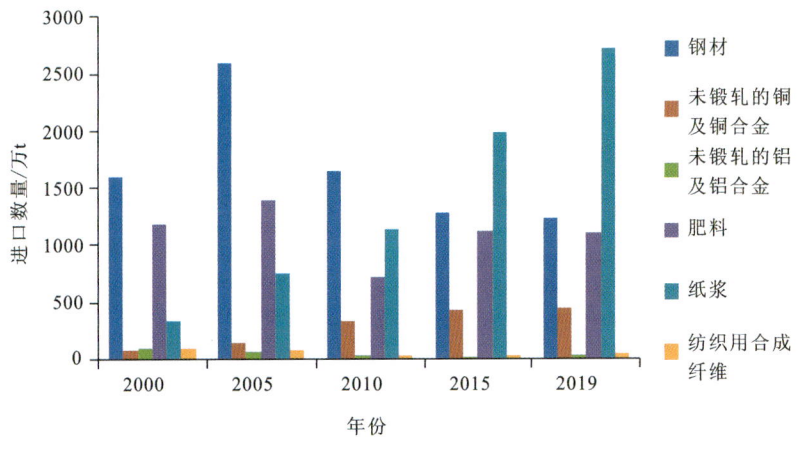

图 6-5 我国高耗能商品进口量

高耗能商品的出口经历过快速增长,但是近年来处于下降趋势。2001 年中国加入世界贸易组织以后,中国成为世界加工厂,高耗能商品出口快速增加。但是,自从 2006 年国家调整"两高一资"产品出口政策以后①,水泥、平板玻璃的出口量都受到抑制,近年来钢材的出口量也开始下降(图 6-6)。

---

① 2006 年,《财政部 发展改革委 商务部 海关总署 国家税务总局关于调整部分商品出口退税率和增补加工贸易禁止类商品目录的通知》(财税〔2006〕139 号)发布,调整了部分商品出口退税率。这次调整将重点转向限制"两高一资"产品出口,充分体现了国家"进一步优化产业结构"的政策取向和调控目标。

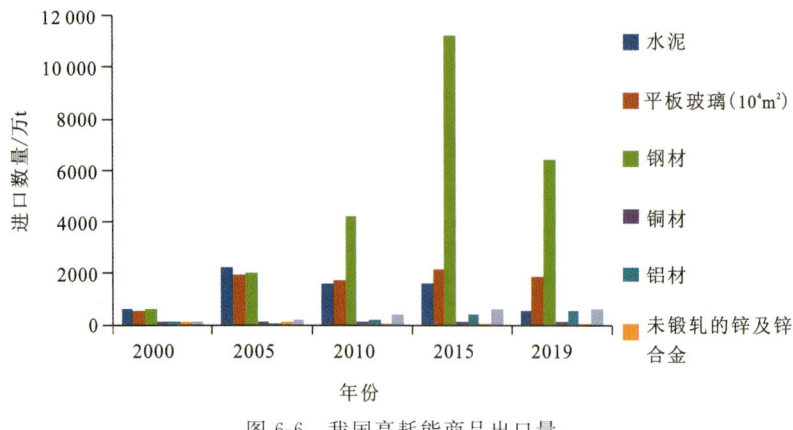

图 6-6 我国高耗能商品出口量

三、中国分行业碳排放趋势

按照终端用能行业分析碳排放趋势,涉及中间转换环节的电力和热力的处理问题。与第一篇第三章外国碳达峰的经验分析中的部门划分不同,本项研究是将电力和热力生产环节的碳排放分摊到终端用能部门。

(一)碳排放的核算方法

根据第四章式(4-1),第 i 个部门第 t 期的碳排放量取决于该部门的能源消费量、能源的碳排放因子、氧化的比例等。

CO_2 排放量既取决于化石能源消费量,也取决于化石能源内部结构。通过各种能源碳排放系数可以比较不同化石能源的碳密集度差别,其中煤炭最高,石油次之,天然气最低(见第四章表 4-3)。

电力和热力等二次能源需要追溯至一次能源计算碳排放量。电力碳排放量的计算方法如下:

电力 CO_2 排放量=[电力值 ×(1+线路损失率)]×火电比例×6000kW 及以上电厂供电标准煤耗/原煤折标准煤系数×原煤 CO_2 排放系数 (6-1)

热力碳排放量的计算方法如下:

热力 CO_2 排放量=(热力值/电厂热效率/电厂供热效率)×6000kW 及以上电厂供热标准煤耗/原煤折标准煤系数×原煤 CO_2 排放系数 (6-2)

式(6-1)和式(6-2)中的参数值采用全国平均水平。根据不同行业中不同种类的终端能源消费量以及相应的碳排放系数,就可以计算不同行业的碳排放量了。

(二)分行业碳排放历史趋势

分行业来看,工业碳排放量最大,远远高于其他部门(图 6-7)。从 2000 年开始,工业碳排放量快速增长,到 2013 年达到峰值。此后,工业碳排放量略有下降,但是,从 2017 年开始,工业碳排放量出现了反弹。

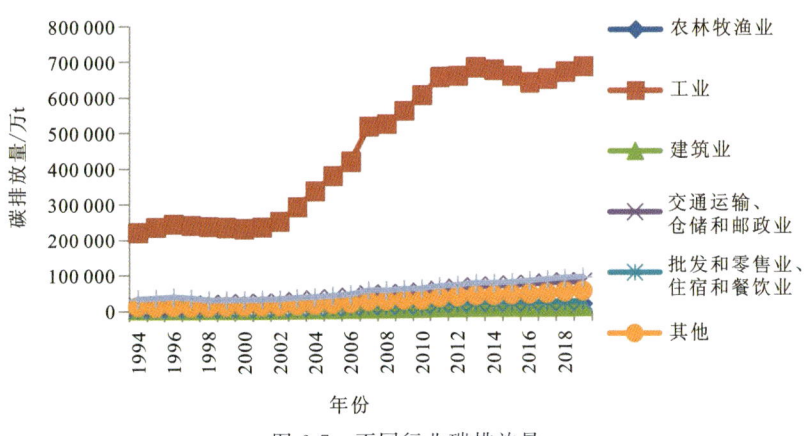

图 6-7　不同行业碳排放量

从行业占比来看,工业碳排放量占比最高。农林牧渔业碳排放量占比较低,近年来还有所下降;工业碳排放量占比近年来虽然略有下降,但是仍占 70% 左右;建筑业碳排放量占比最低,并且似乎没有明显变化;交通运输、仓储和邮政业碳排放量占比近年有所上升;居民生活碳排放量占比经历了先下降后上升的过程(图 6-8)。结合图 6-4 和图 6-8,工业创造的 GDP 只占到约 30%,但是排放的二氧化碳占到 70% 左右。

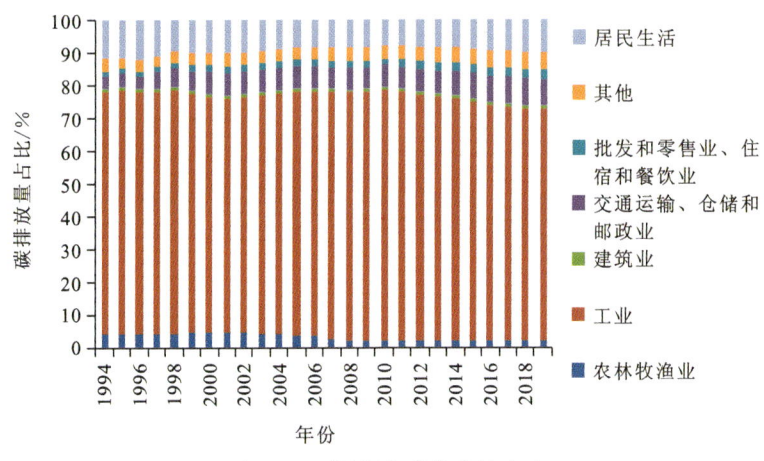

图 6-8　不同行业碳排放量占比

在工业部门内部,制造业碳排放量最大。从图 6-7 中可以看出,工业最高时合计排放了近 70 亿 t 二氧化碳,其中制造业排放了 60 亿 t 左右(图 6-9)。

从占比来看,在工业内部,制造业一家独大,占比达 80% 以上,并且没有明显下降的趋势(图 6-10)。

在制造业众多部门中,存在着几家高耗能部门。黑色金属冶炼和压延加工业最高峰时排放了近 20 亿 t 二氧化碳,其次是化学原料和化学制品制造业,非金属矿物制品业,有色金属冶炼和压延加工业,石油、煤炭及其他燃料加工业(图 6-11)。

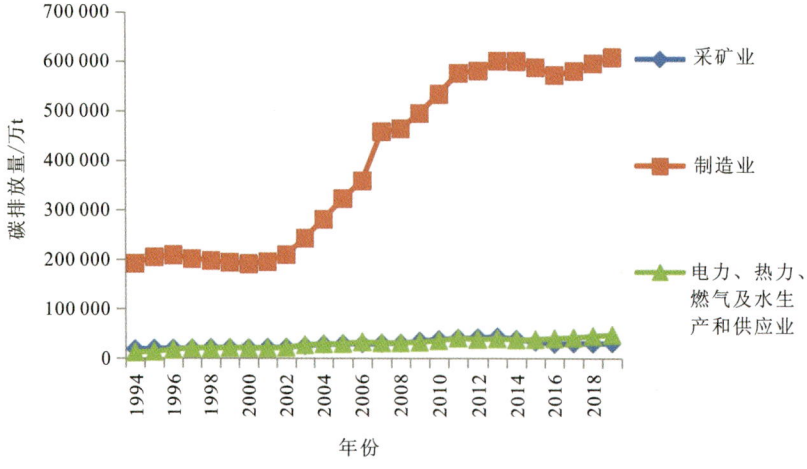

图 6-9　工业内部不同部门的碳排放量

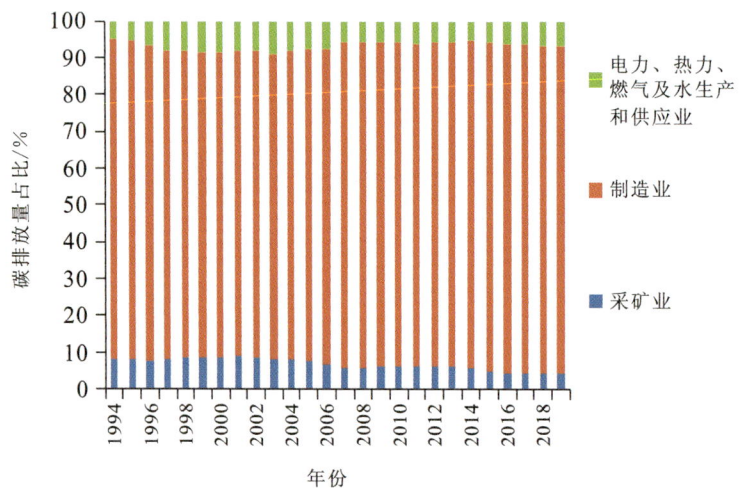

图 6-10　工业内部不同部门的碳排放量占比

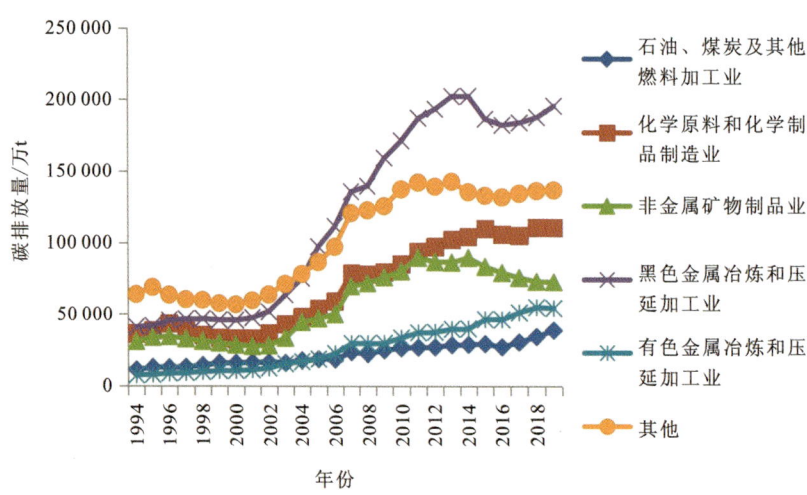

图 6-11　制造业高耗能部门碳排放量

从占比来看,五大高耗能行业在制造业中的占比较高。近年来,五大高耗能行业在制造业中的占比合计达70%,而且存在着进一步上升的趋势(图6-12)。

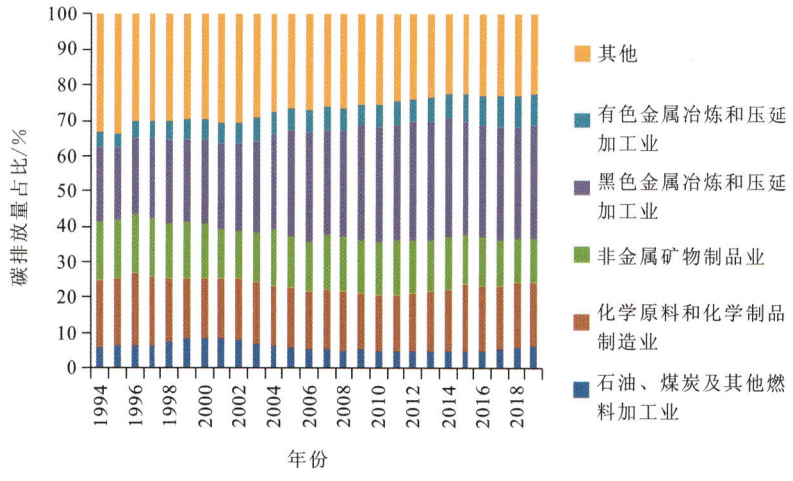

图6-12 制造业高耗能部门碳排放量占比

最后,将不同行业的终端能源消费的碳排放量加总数据与第一篇第四章的国家层面的数据进行比较,判断两者的接近程度。通过将行业数据加总这种自下而上的方法得到的碳排放量与国家层面的数据进行比较,发现两者非常接近(图6-13)。在初始阶段,两者重合度高;21世纪以来,行业加总数据略低于国家层面数据;但是,近年来,行业加总数据又再次趋近国家层面数据。2019年,根据国家层面数据计算得到的碳排放量为100.4亿t,根据行业加总数据计算得到的碳排放量为96.9亿t,两者相差3.5亿t,相差约3.5%。两者相差的部分主要是能源损失量。

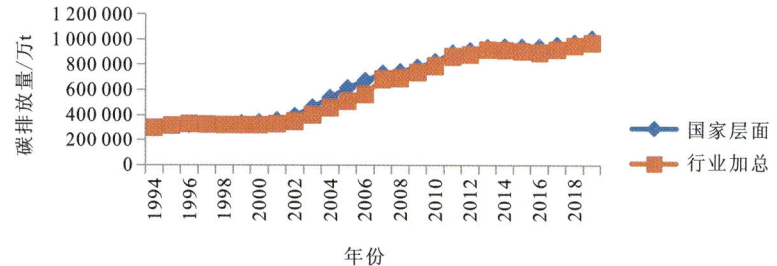

图6-13 分行业加总碳排放量与国家层面数据的比较

四、中国分行业低碳经济增长趋势

从各行业低碳经济发展趋势来看,其有一定的阶段性特点。"九五"规划期间,GDP增长率与碳强度下降率比较接近,工业的差距较小,但是,进入"十五"规划以后,GDP增长率与碳强度下降率之间的差距开始变大,特别是工业,工业的差距迅速拉大,这一现象被称为"重化工趋势";进入"十一五"规划以后,国家对能耗强度的下降率提出要求;进入"十二五"以后,国家对碳强度下降率也提出了要求,GDP增长率与碳强度下降率之间的差距又开始缩小(图6-14)。

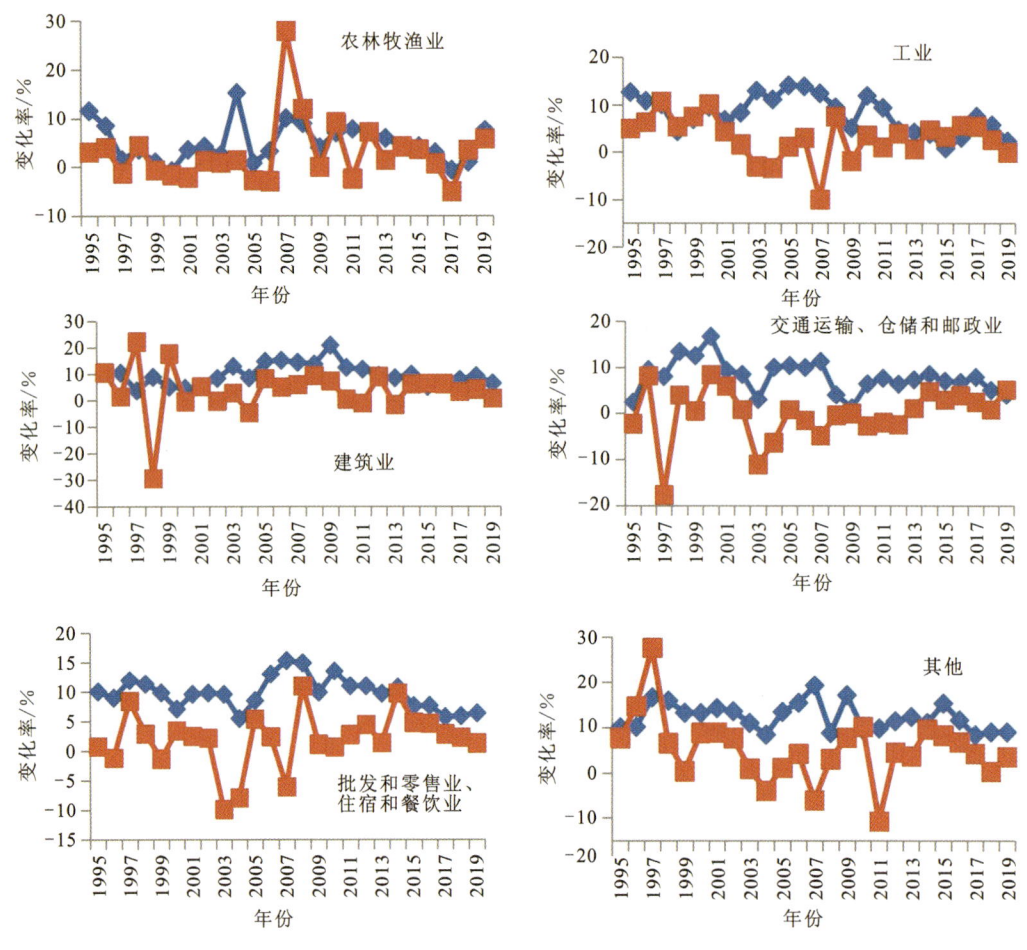

图 6-14 分行业 GDP 增长率与碳强度下降率的比较

(注:图中蓝线表示 GDP 增长率,红线表示碳强度下降率)

五、中国分行业低碳经济发展趋势的因素分解

本节将深入各行业内部,研究不同行业的碳排放的影响因素。除了居民生活用能及其他行业用能以外,将考察农林牧渔业,工业,建筑业,交通运输、仓储和邮政业,批发和零售业、住宿和餐饮业五大行业的用能情况。

(一)分解模型

根据第二章式(2-7),得到 KAYA 恒等式的扩展:

$$CE = \frac{CE}{E} \times \frac{E}{GDP} \times GDP$$

式中:CE/E 表示能耗的碳密集度,E/GDP 表示 GDP 的能耗强度。碳排放量由 GDP、能耗强度和能源结构共同决定。

对于分行业终端能源消费碳排放,上述扩展式可以调整为:

$$CE^t = \sum_i \sum_j CE_{ij}^t = \sum_i \sum_j \frac{CE_{ij}^t}{E_{ij}^t} \times \frac{E_{ij}^t}{E_i^t} \times \frac{E_i^t}{GDP_i^t} \times \frac{GDP_i^t}{GDP^t} \times GDP^t \quad (6-3)$$
$$= \sum_i \sum_j CI_{ij}^t \times S_{ij}^t \times EI_i^t \times ES_i^t \times GDP^t$$

式(6-3)中：$\frac{GDP_i^t}{GDP^t} \times GDP^t$ 表示不同行业的经济产出；$\frac{CE_{ij}^t}{E_{ij}^t}$ 表示能源的碳排放系数。假设煤、焦炭、煤气、石油产品和天然气的 CO_2 排放系数是常数，可知本章中能耗碳排放强度效应对 CO_2 排放量的影响主要来源于电力和热力的 CO_2 排放系数的变化。电力和热力的 CO_2 排放系数一直在改变，因为用于发电的技术和效率在变化。变量的定义见表6-1。

表 6-1 分行业 KAYA 扩展式的变量定义

变量	含义	变量	含义
CE	二氧化碳排放量	GDP	行业增加值
i	不同行业部门	CI	能耗碳排放强度
j	不同能源	S	能源消费结构
t	不同年份	EI	能耗强度
E	能源消费量	ES	产业结构

CO_2 排放量从基期 0 到第 t 期的变化量 ΔCE 可以表示为：
$$\Delta CE = CE^t - CE^0 = CI_{effect} + S_{effect} + EI_{effect} + ES_{effect} + GDP_{effect} \quad (6-4)$$

式(6-4)中：CI_{effect} 表示能耗碳排放强度对 CO_2 排放量的影响；S_{effect} 表示能源结构的影响；EI_{effect} 表示能耗强度的影响；ES_{effect} 表示产业结构的影响；GDP_{effect} 表示经济产出的影响。

由于 LMDI 方法可以对所有因素进行无残差分解，结果不包括不能解释的残差项(Ang，1998)，在现有的文献中应用较多，本项研究将采用 LMDI 方法。式(6-4)中各类影响因素分解的公式如下：

$$CI_{effect} = L(CE^t, CE^0) \ln(CI^t/CI^0) \quad (6-5)$$
$$S_{effect} = L(CE^t, CE^0) \ln(S^t/S^0) \quad (6-6)$$
$$EI_{effect} = L(EI^t, CE^0) \ln(EI^t/S^0) \quad (6-7)$$
$$ES_{effect} = L(CE^t, CE^0) \ln(ES^t/ES^0) \quad (6-8)$$
$$GDP_{effect} = L(CE^t, CE^0) \ln(GDP^t/GDP^0) \quad (6-9)$$

其中，$L(x,y) = (x-y)/\ln(x/y)$。

(二)数据来源

本部分主要测算 1994 年以来各行业消耗的煤、焦炭、煤气、石油产品、天然气、热力和电力等终端能源所产生的 CO_2 排放量。各行业终端能源的消耗量来源于历年《中国能源统计年鉴》，GDP 数据由历年《中国统计年鉴》整理得来。

值得注意的是，《中国统计年鉴》中的行业分类和《中国能源统计年鉴》中的行业分类不完全相同(表 6-2)。《中国统计年鉴》中行业分为 9 类，而《中国能源统计年鉴》中行业分为 7 类，并且将"批发和零售业"与"住宿和餐饮业"合并。从这两种统计年鉴中可以得到完整经济和能源消费数据的有 5 个行业：农林牧渔业，工业，建筑业，交通运输、仓储和邮政业，批发和零售业、住宿和餐饮业。这些都是生产性行业，这五个行业的碳排放量占全部碳排放量的绝大部分。

表 6-2　行业分类对比

《中国统计年鉴》中行业分类	《中国能源统计年鉴》中行业分类
农林牧渔业	农、林、牧、渔业
工业	工业
建筑业	建筑业
批发和零售业	交通运输、仓储和邮政业
交通运输、仓储和邮政业	批发和零售业、住宿和餐饮业
住宿和餐饮业	其他
金融业	居民生活
房地产业	
其他	

在式(6-3)中，GDP 的数据仍然使用第四章表 4-1 中的 2005 年不变价，行业占比根据《中国统计年鉴》中相关数据计算得到(图 6-4)。农林牧渔业的占比在下降，符合经济发展规律。近年来工业的占比也在下降。

从行业能源消费来看，工业占比略有下降，但是仍然一家独大。例如，1995 年所有行业消费能源共 13.12 亿 t，其中工业消费 9.62 亿 t，占 73.3%；2019 年所有行业共消费能源 48.75 亿 t，其中工业消费 32.25 亿 t，占 66.2%(图 6-15)。交通运输、仓储和邮政业以及居民生活两个部门占比都有所上升。

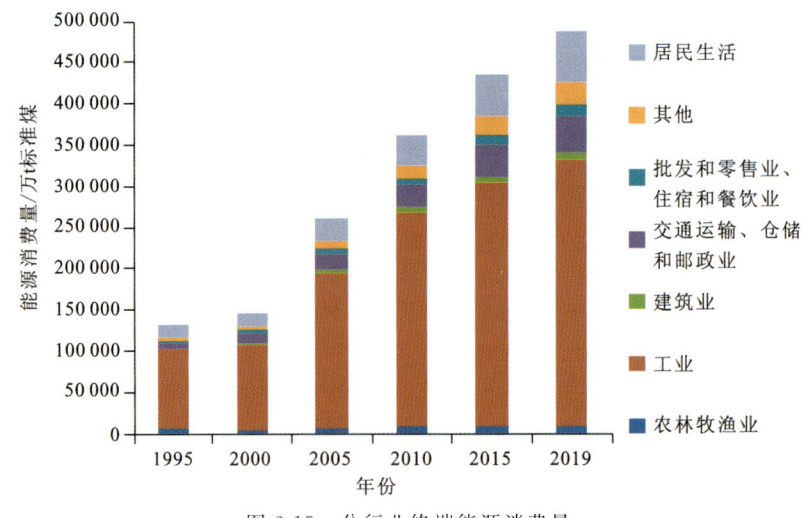

图 6-15　分行业终端能源消费量

在工业内部,制造业一家独大。1995年工业消费能源9.62亿t中,制造业消费了7.84亿t,占81.5%;2019年工业消费能源32.25亿t中,制造业消费了26.84亿t,占83.2%,略有增加(图6-16)。电力、热力、燃气及水生产和供应业也略有增加。在我国,电力和热力生产用能只统计发电厂或热力厂自用部分,不像世界银行统计全部能源投入。

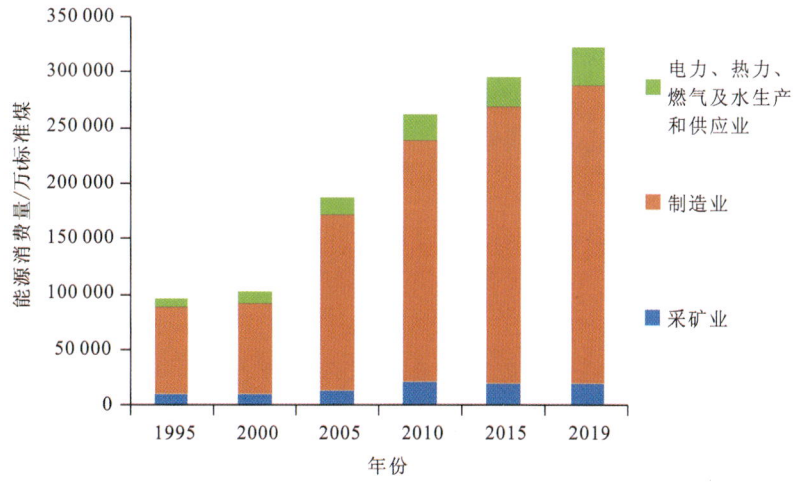

图6-16 工业内部不同部门能源消费量

在制造业内部,存在着几大高耗能部门。以2019年能源消费量1亿t标准煤为门槛,共有5个部门能耗超过了1亿t,分别是石油、煤炭及其他燃料加工业,化学原料和化学制品制造业,非金属矿物制品业,黑色金属冶炼和压延加工业,有色金属冶炼和压延加工业(图6-17)。这5个部门1995年共消费能源5.58亿t,占制造业的71.2%;2019年共消费能源20.90亿t,占制造业的77.9%,占比提高了6.7个百分点。

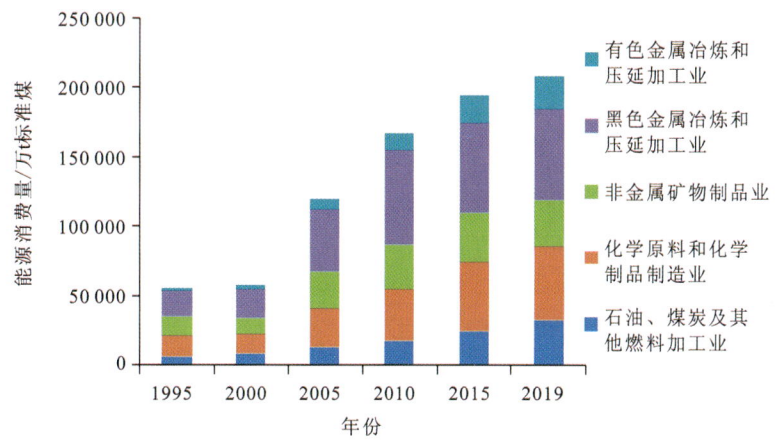

图6-17 制造业内部高耗能部门能源消费量

不同行业的能耗强度不同。通过比较图6-3和图6-15,可以发现工业的能耗占比高而经济附加值低。"九五"规划期间,工业、农林牧渔业,批发和零售业、住宿和餐饮业能耗强度有下降的趋势,带动全部行业能耗强度下降;"十五"规划期间,能耗强度下降的趋势发生逆转,特别是工业,带动全部行业出现逆转;从"十一五"规划开始,除了交通运输、仓储和邮政业以外,能耗强度都在下降。交通运输、仓储和邮政业能耗强度在"十三五"规划期间也开始下降(图6-18)。

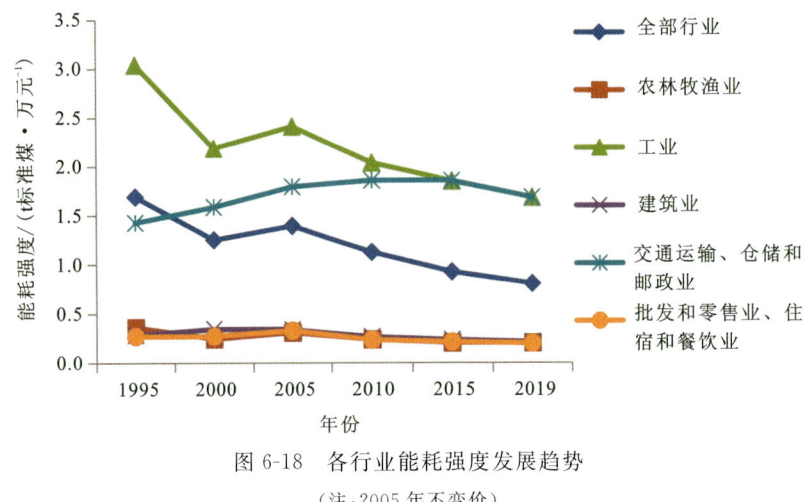

图6-18 各行业能耗强度发展趋势

(注:2005年不变价)

(三)计算结果

第一,农林牧渔业。从图6-19中可以看出,农林牧渔业增加碳排放的力量和减少碳排放的力量相差不大,经济产出的增加碳排放效应大部分被产业结构的减少碳排放效应所抵消,说明农林牧渔业的产值变化不大。2006年开始的取消农业税以及"十一五"规划时期的新农村建设导致增加碳排放和减少碳排放的力量都变大了。此外,能耗强度对减少碳排放也做出了贡献。

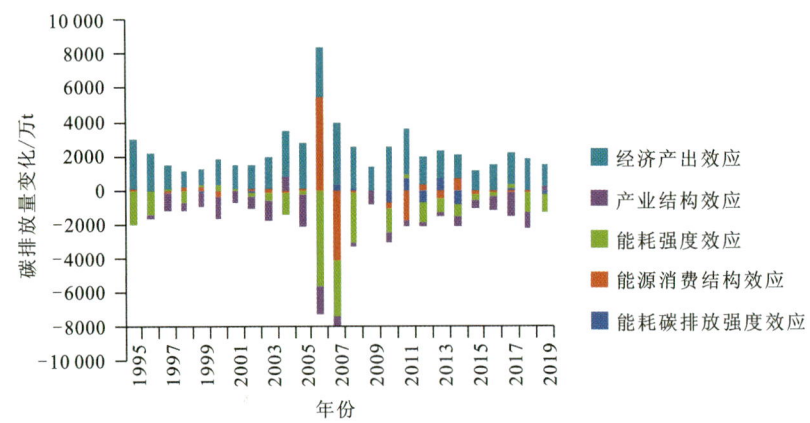

图6-19 农林牧渔业终端能源消费CO_2排放量分解结果

(注:能耗碳排放强度效应是指电力和热力生产环节单位产出的CO_2排放量的变化,例如,2000年每发1度电平均需要消耗392g标准煤,但是到了2015年只需要315g标准煤。下同)

整体而言,农林牧渔业在能耗碳排放强度、能源消费结构、能耗强度和产业结构的抑制作用以及经济产出的持续促进作用下,每年的碳排放量有增有减,总体上缓慢增加。

第二,工业。除 2008 年和 2015 年以外,工业行业增加碳排放的力量都要超过减少碳排放的力量,导致工业的碳排放快速上升(图 6-20)。比较经济产出效应和产业结构效应,可以看出近年来国家的产业结构调整政策取得了成效。能耗强度因素除个别年份对工业终端能源消费碳排放量有一定的促进作用外,在其他年份均较大程度抑制了工业碳排放量的增长,是最重要的减少碳排放的力量。

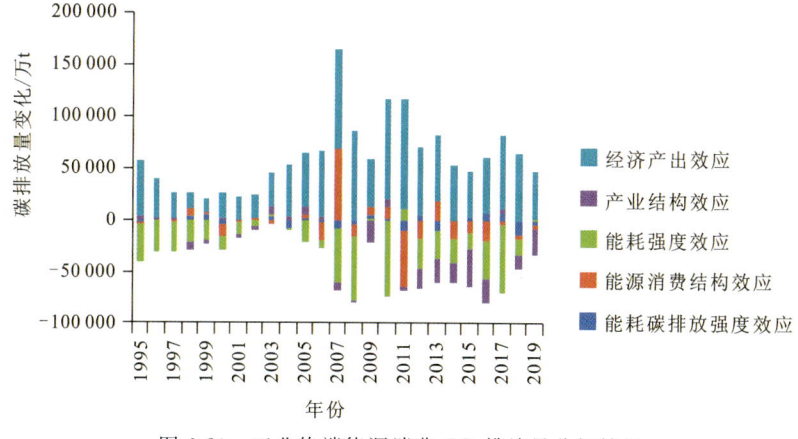

图 6-20　工业终端能源消费 CO_2 排放量分解结果

就工业碳排放量变化总体趋势而言,碳排放量增速在 2009 年以后开始放缓,近年来工业部门的碳排放量趋于平稳。但我国目前工业化进程还没有完成,工业部门的 CO_2 排放量一直占据我国 CO_2 排放总量的 60%~70%,从根本上影响着我国终端能源消费碳排放量的变化趋势,所以工业部门碳排放量的下降将是实现我国碳达峰目标的关键。

第三,建筑业。由于我国的城市化进程还没有完成,建筑业规模是增加碳排放的主要力量,能耗强度是减少碳排放的主要因素(图 6-21)。近年来,随着国家对房地产行业"只住不炒"的政策调整,建筑业的碳排放有所下降。

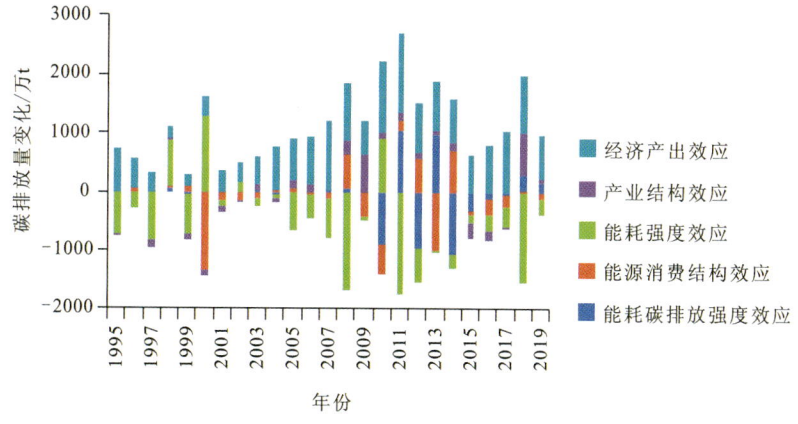

图 6-21　建筑业终端能源消费 CO_2 排放量分解结果

第四,交通运输、仓储和邮政业。结合经济产出效应和产业结构效应,交通运输、仓储和邮政业的经济规模是增加碳排放的主要力量,能耗强度是减少碳排放的主要力量(图 6-22)。

近年来,交通运输基础设施建设投入力度加大,人民生活水平提高及网络购物市场规模不断扩大,交通运输、仓储和邮政业一直保持着较快的发展速度。

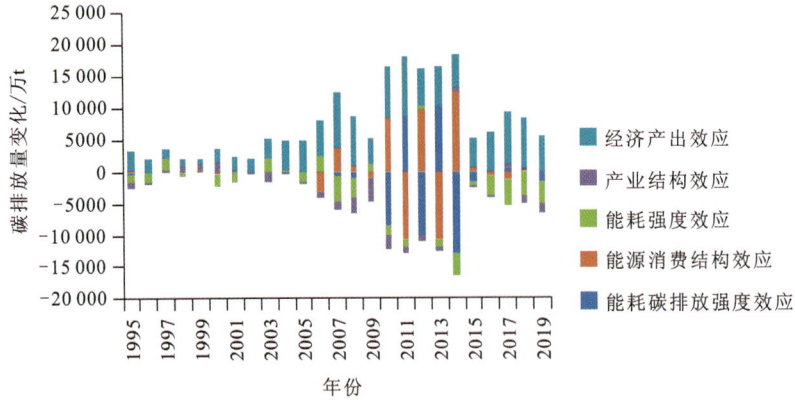

图 6-22　交通运输、仓储和邮政业终端能源消费 CO_2 排放量分解结果

交通运输、仓储和邮政业主要消耗汽油和柴油,这两种能源在行业累计终端能源消费中分别占比 20.44% 和 44.66%。随着我国机动车尾气污染控制排放标准不断提高,行业技术不断进步,能源利用效率也在不断提高,能耗强度因素在行业中对碳排放量增长起到了主要抑制作用,且抑制作用逐渐增强。在能源结构方面,天然气等碳排放系数较低的能源在交通运输、仓储和邮政业能源消耗中的占比缓慢增加,新能源汽车行业的快速发展也有利于行业能源结构的优化,促进交通运输、仓储和邮政业碳减排。可以看到,2016 年、2017 年能源结构因素对行业碳排放的影响由促进作用转向抑制作用,且抑制作用有扩大趋势。

第五,批发和零售、住宿和餐饮业。结合经济产出效应和产业结构效应,批发和零售、住宿和餐饮业的经济规模是增加碳排放的主要力量,能耗强度是减少碳排放的主要力量(图 6-23)。2000—2017 年,批发和零售、住宿和餐饮业的 GDP 以平均 13.12% 的增速快速增长,CO_2 排放量平均增长速度为 8.18%,高于工业同期 7.7% 的增速。随着行业规模的不断扩大,其能源消费和 CO_2 排放量还会持续上升,这说明人们生活水平提高在促进批发和零售业、住宿和餐饮业等服务业发展的同时也带来了 CO_2 排放量增长等问题。

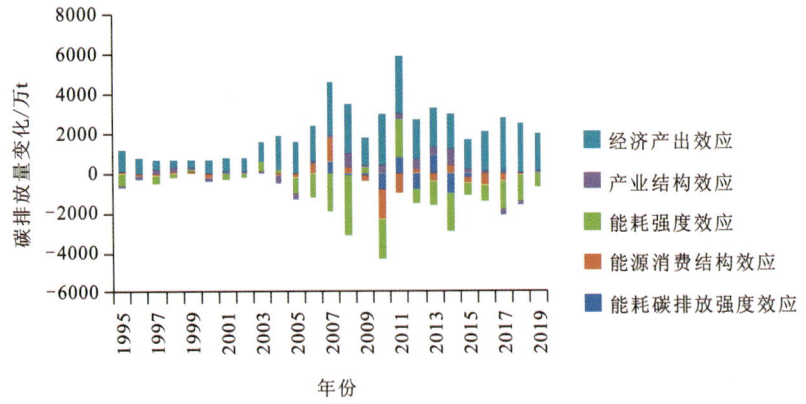

图 6-23　批发和零售、住宿和餐饮业终端能源消费 CO_2 排放量分解结果

第七章　中国未来低碳经济增长的行业性路径

在一国内部,三次产业的演变具有一般规律性。从历史进程来看,第一、第二、第三产业的发展速度呈现依次递增的趋势,在国民收入中的占比依次增大。在工业化初期,第一产业的产值和劳动力的占比不断下降,劳动力数量绝对减少,劳动力大部分转移到第二产业;随着工业化的继续发展,第一产业的产值和劳动力的占比继续下降,减少的劳动力一部分流向第二产业,一部分流向第三产业,第二产业的占比由上升转为稳定增长,第三产业的占比快速上升;在工业化后期,第一产业的产值和劳动力占比继续下降或稳定,第二产业呈稳定或稳定增长局面,第三产业的劳动力及产值占比继续提高。

中国目前处于工业化中后期阶段,第二产业的占比稳中有降,但是绝对规模还在扩大。中国要在2030年前实现碳达峰,就需要政府进行干预,控制传统制造业的产能规模,促使第二产业能够率先达峰。

一、建设现代产业体系

推动产业体系优化升级。坚守实体经济特别是制造业,巩固完整产业体系优势,保持制造业占国内生产总值比重基本稳定,避免经济"脱实向虚"。加快改造升级传统产业,大力推进企业设备更新和技术改造,推动钢铁等重点行业加快兼并重组,提高产业集中度,提升传统产业在全球分工中的地位和竞争力。巩固优势产业领先地位,增强新能源汽车、光伏、移动通信、电力装备等领域全产业链优势,打造更多中国制造名片。培育壮大新兴产业,聚焦新一代信息技术、新能源、新材料等重点领域,加强技术攻关和成果转化,构建一批新的增长引擎。大力发展生产性服务业,推进先进制造业和现代服务业深度融合。

坚持将经济发展着力点放在实体经济上,加快制造强国建设,促进先进制造业和现代服务业深度融合。坚持自主可控、安全高效,推进产业基础高级化、产业链现代化,保持制造业占比基本稳定,增强制造业竞争优势,推动制造业高质量发展。

着眼于抢占未来产业发展先机,培育先导性和支柱性产业,推动战略性新兴产业融合化、集群化、生态化发展。聚焦新一代信息技术、生物技术、新能源、新材料、高端装备、新能源汽车、绿色环保以及航空航天、海洋装备等战略性新兴产业,加快关键核心技术创新应用,增强要素保障能力,培育壮大产业发展新动能。

聚焦产业转型升级和居民消费升级需要,扩大服务业有效供给,提高服务效率和服务品质,构建优质高效、结构优化、竞争力强的服务产业新体系。以服务制造业高质量发展为导向,推动生产性服务业向专业化和价值链高端延伸。聚焦提高产业创新力,加快发展研发设计、工业设计、商务咨询、检验检测认证等服务。聚焦提高要素配置效率,推动供应链金融、信息数据、人力资源等服务创新发展。

二、中国未来三次产业的经济增长速度

未来一段时期,中国不仅经济规模显著扩大,而且产业结构也将发生明显变化。这是因为三次产业增加值的增长速度不同,经长期积累从量变到质变(表7-1),第一产业和第二产业的GDP增长速度都要慢于全国平均水平,而第三产业的GDP增长速度要快于全国平均水平。

表7-1 未来一段时期中国三次产业的GDP增长速度 单位:%

年份	GDP增速	第一产业增加值占比	第一产业GDP增速	第二产业增加值占比	第二产业GDP增速	第三产业增加值占比	第三产业GDP增速
2022	5.40	7.21	4.06	39.13	4.66	53.67	6.13
2023	5.30	7.11	3.94	38.85	4.56	54.04	6.02
2024	5.20	7.02	3.83	38.58	4.46	54.40	5.92
2025	5.10	6.93	3.71	38.30	4.35	54.77	5.81
2026	5.00	6.84	3.59	38.03	4.25	55.14	5.71
2027	4.90	6.74	3.48	37.75	4.14	55.51	5.60
2028	4.80	6.65	3.36	37.48	4.04	55.87	5.49
2029	4.70	6.56	3.24	37.20	3.93	56.24	5.39
2030	4.60	6.46	3.12	36.93	3.83	56.61	5.28
2031	4.50	6.37	3.00	36.65	3.72	56.98	5.18
2032	4.40	6.28	2.88	36.38	3.62	57.35	5.07
2033	4.30	6.19	2.76	36.10	3.51	57.71	4.97
2034	4.20	6.09	2.64	35.83	3.41	58.08	4.86
2035	4.10	6.00	2.51	35.50	3.16	58.50	4.85

注:根据《2021年国民经济和社会发展统计公报》,2021年中国第一、第二、第三产业的占比分别为7.3%、39.4%和53.3%。

按照表7-1中不同产业经济增长速度的预测,以不变价计算,2035年GDP将比2020年翻一番,完成基本实现现代化的GDP目标(图7-1)。

在各个产业内部也存在结构演变规律。在第一产业内部,种植业的占比会逐步下降,林业、牧业和渔业的占比会逐步上升,其中,畜牧业的占比提高最快。在经济发达国家,畜牧业一般约占整个第一产业总产值的一半甚至更高。在第二产业内部,通常经历工业结构的轻工业化、重工业化、高加工度化、知识技术集约化。中国正处在从高加工度化向知识技术集约化转变的阶段,一方面,控制传统制造业的产能扩张;另一方面,加快先进制造业的发展。在第

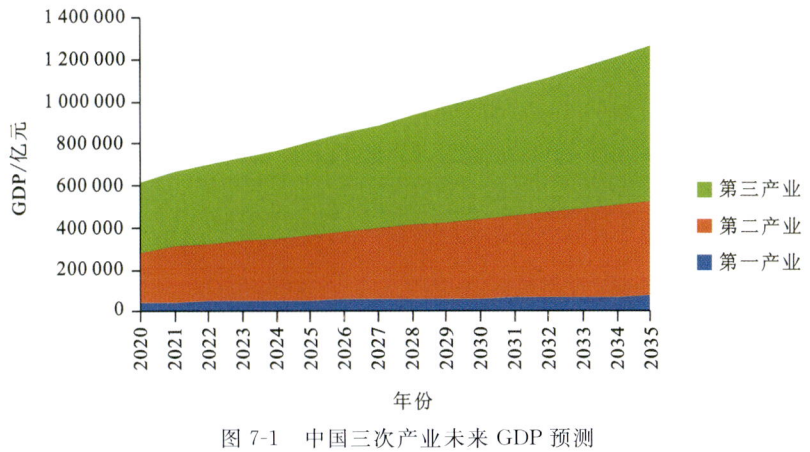

图 7-1 中国三次产业未来 GDP 预测

(注:2005 年不变价。)

三产业内部,最初由商贸餐饮等传统服务业带动,随着国家加大对基础设施的投入,交通运输、仓储、邮电通信等服务业增加值在不断上升。随着经济的进一步发展,商贸餐饮服务业增速放缓,在服务业中的占比下降,生产性服务业以及提高国民素质和文化生活水平的服务业增速加快,例如,金融、教育、医疗、文化、旅游等在服务业中的占比迅速提高。

三、中国未来分行业能耗和碳排放的趋势

根据能源终端消费的七大行业未来能耗和碳排放趋势,可以预测全国的碳排放趋势。在"十四五"规划期间,全国能耗强度累计下降目标是 13.5%(换算成年度下降率是 2.7%),碳强度累计下降目标是 18%(换算成年度下降率是 3.6%)。农林牧渔业碳排放的大部分来自土地利用变化和农场生产。对于该类,食物类型是影响碳排放的最重要因素,例如,从牛肉中生产100g蛋白质的碳排放量是从豆类中生产相同数量的蛋白质的 10 倍以上。随着经济的发展,我国畜牧业在第一产业中的占比会上升,碳排放会略有增长。工业是碳排放的主要来源,政府已经制定了"十四五"时期炼油、乙烯、对二甲苯、现代煤化工、合成氨、电石、烧碱、纯碱、磷铵、黄磷、水泥、平板玻璃、建筑和卫生陶瓷、钢铁、焦化、铁合金、有色金属共 17 个行业的节能降碳改造升级实施指南,这些措施将降低制造业的能耗增长率(表 7-2)。

表 7-2 我国各行业能耗和碳排放未来发展假设　　　　　　　　　　　　　　　　　单位:%

项目	"十四五"	"十五五"	"十六五"
农林牧渔业能耗年增长率	2.0	1.5	1.0
农林牧渔业能耗强度年下降率	1.0	1.0	1.0
农林牧渔业单位 GDP 碳强度年下降率	2.0	2.0	2.0
工业能耗年增长率	1.5	1.0	0.5
工业能耗强度年下降率	3.0	3.0	3.0

续表 7-2

项目	"十四五"	"十五五"	"十六五"
工业单位 GDP 碳强度年下降率	4.0	4.0	4.0
建筑业能耗年增长率	5.0	4.0	3.0
建筑业能耗强度年下降率	2.5	2.5	2.5
建筑业单位 GDP 碳强度年下降率	4.0	4.0	4.0
交通运输、仓储及邮政业能耗年增长率	3.0	2.5	2.0
交通运输、仓储及邮政业能耗强度年下降率	2.5	2.5	2.5
交通运输、仓储及邮政业单位 GDP 碳强度年下降率	4.0	4.0	4.0
批发和零售业、住宿和餐饮业能耗年增长率	4.0	4.0	3.0
批发和零售业、住宿和餐饮业能耗强度年下降率	2.0	2.0	2.0
批发和零售业、住宿和餐饮业单位 GDP 碳强度年下降率	4.0	4.0	4.0
其他行业能耗年增长率	5.0	4.0	3.0
其他行业能源碳密集度年下降率	3.0	3.0	3.0
生活消费能耗年增长率	6.0	5.0	4.0
生活消费能源碳密集度年下降率	3.0	3.0	3.0

注：由于缺少 GDP 数据，其他服务业和生活消费的能耗强度和碳强度下降率无法计算，但可以根据能耗年增长率和能源碳密集度下降率计算碳排放。

中国的经济结构正在转型，对基础设施建设的投资也在下降。随着低碳技术的成熟和推广，例如，节能建筑的占比和电动汽车的渗透率越来越高，未来建筑业和交通部门的能耗年增长率也会趋于下降。其他行业依次类推。

减少碳排放的力量通常都非常稳定。从第一篇第三章国外碳达峰国家的经验来看，在碳达峰前，增加碳排放的力量通常呈下降趋势，但是减少碳排放的力量则表现得比较稳定。

四、中国未来碳排放趋势

根据前面所做的假设，可以预测我国未来各行业的碳排放量。如图 7-2 所示，我国的碳排放总量将在 2028 年达峰，工业碳排放量将在 2026 年达峰，比全国碳达峰早了 2 年。我国碳达峰主要受工业碳达峰的影响，因为工业是碳排放最大的行业。除工业外，其他行业在 2030 年前都没有达峰。全国碳达峰的峰值水平是 103.9 亿 t，比 2020 年增加了 5.5%。

由于除工业以外的各行业在图 7-2 中展示效果不清晰，另作图 7-3。从图 7-3 可以看出，除工业以外的六大行业未来碳排放将延续过去的发展趋势，碳排放都有增加。居民生活是除工业以外的最大碳排放行业，其次是交通运输、仓储及邮政业，之后是其他行业。但是因为我国实施的是全行业碳减排政策，这些行业的碳排放在未来增加的幅度会比较平缓。

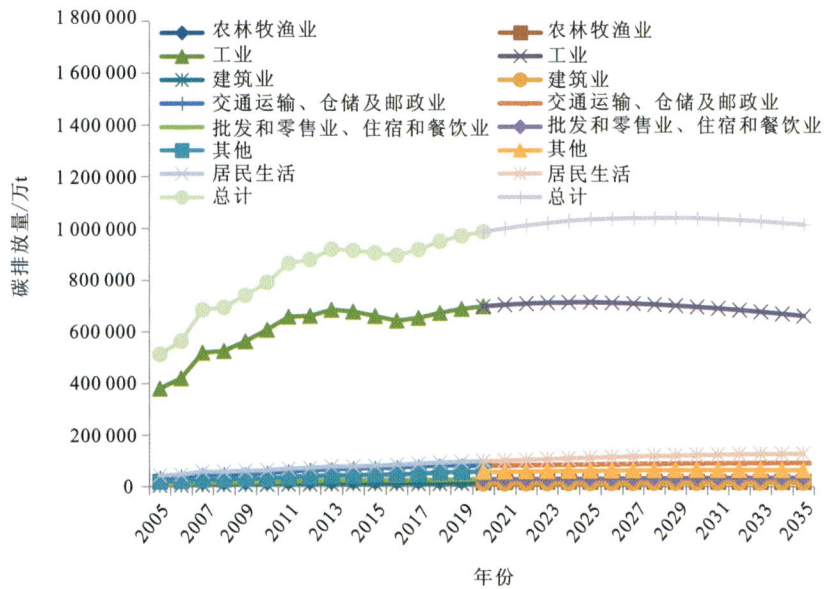

图 7-2　我国未来分行业碳排放量及总量达峰预测

（注：2020年全国能源消费增长3.2%，假设工业增长3%，其他行业与"十四五"期间相同）

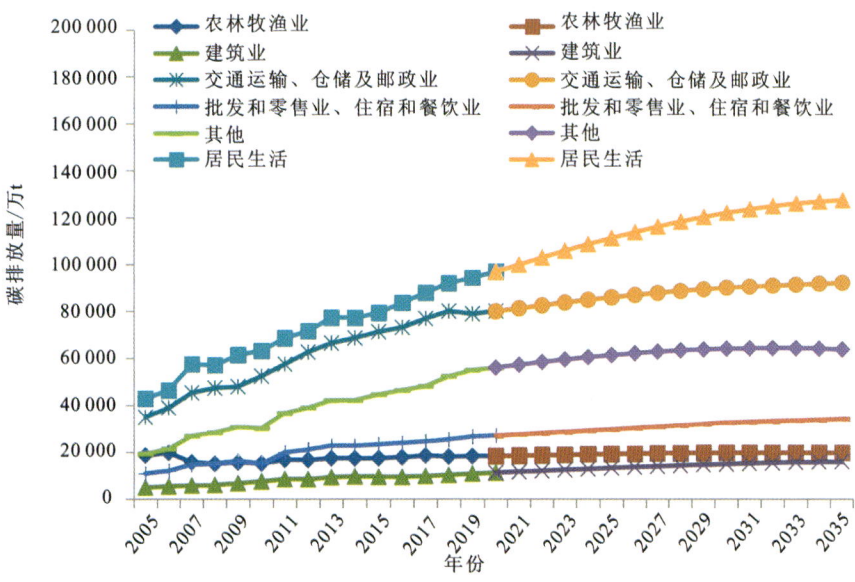

图 7-3　我国未来除工业外各行业碳排放量预测

五、进一步的讨论

中国碳达峰目标实现的关键是工业。第二产业的GDP增长速度略低于全国GDP增长速度，且在第二产业碳强度下降率略高于全国碳强度下降率水平的条件下，中国能够实现2030年前碳达峰、2035年GDP翻一番的目标。

推进新型工业化，是实现中国式现代化的必然要求，是全面建成社会主义现代化强国的根本支撑,是构建大国竞争优势的迫切需要,是实现经济高质量发展的战略选择。第一,促进工业经济稳定增长。稳住重点行业,发挥重点地区作用。第二,加快建设现代化产业体系。改造升级传统产业,巩固发展优势产业,培育壮大新兴产业,前瞻布局未来产业。第三,提升产业链供应韧性和安全水平。着力补短板、锻长板、强基础,提升重点产业链供应链自主可控能力,促进全产业链发展。第四,健全产业科技创新体系。融通科技、产业、金融、创新之间的关系,加强关键核心技术的攻关,全面激发企业创新活力,建设一批制造业创新中心,培育一批先进制造业集群,促进创新链、产业链、资金链、人才链的深度融合。第五,推动产业高端化、智能化、绿色化发展,加强质量品牌建设,深入实施智能制造工程,加快新型信息基础设施建设和应用,推动工业绿色低碳发展。第六,全面提升企业竞争力。支持龙头企业做强做优,培育更多专精特新中小企业,构建大中小企业融通发展的良好生态。

优化产业结构,积极推动产业转型升级。一是持续巩固去产能成果,淘汰落后产能,包括钢铁、水泥、玻璃等行业;二是提升产业竞争力,引导传统行业采用先进适用技术工艺,围绕新一代信息技术、高端装备、新材料等领域,支持先进制造业集群不断提升发展质量和水平;三是坚决遏制高耗能高排放低水平项目盲目发展,稳妥有序调控部分高耗能高排放产品出口。

最后,本章探讨了我国在行业层面上在2030年前实现碳达峰的可行路径。需要指出的是,这只是一条可行的路径,并不是唯一的路径。另外,这条路径只是在当前条件下的设想,随着形势的变化,后期可以进行相应的调整。

第三篇

中国低碳经济增长的地区性路径研究

第八章 中国分地区低碳经济增长的历史路径

中国在2035年基本实现社会主义现代化和在2030年前实现碳排放达峰目标离不开地方的行动。中国幅员辽阔,不同地区经济发展水平和资源禀赋不同,产业结构和国家所确定的区域发展定位也不一样。实现经济增长是不同地区共同的目标和导向,但破解碳排放约束的时间、路径、措施应该有所差异,不能采取"一刀切"的方式。这需要根据不同地区的特征,构建不同地区经济增长和碳达峰的时间表、路线图和优先序。

一、中国不同地区的分类

按照地理区位和经济发展水平,我国(除港、澳、台地区)可以划分为四大区域,这四大区域分别是东部、中部、西部和东北三省(表8-1)。东部地区包括北京、天津、河北、上海、江苏、浙江、福建、山东、广东、海南10个省(直辖市)。东部地区背负大陆,面临海洋,地势平缓,有良好的农业生产条件,水产品、石油、铁矿、盐等资源丰富。这一地区由于开发历史悠久,地理位置优越,劳动者的文化素质较高,技术力量较强,工农业基础雄厚,在整个经济发展中起着龙头作用。

表8-1 我国区域分类

区域	省(自治区、直辖市)
东部	北京、天津、河北、上海、江苏、浙江、福建、山东、广东、海南
中部	山西、安徽、江西、河南、湖北、湖南
西部	内蒙古、广西、重庆、四川、贵州、云南、西藏、陕西、甘肃、青海、宁夏、新疆
东北三省	辽宁、吉林、黑龙江

中部地区包括山西、安徽、江西、河南、湖北、湖南6个省。中部地区位于内陆,北有高原,南有丘陵、众多平原分布其中,属粮食生产基地。能源和各种金属、非金属矿产资源丰富,重工业基础较好,地理上承东启西,连接南北。

西部地区包括内蒙古、广西、重庆、四川、贵州、云南、西藏、陕西、甘肃、青海、宁夏、新疆12个省(自治区、直辖市)。西部地区地域辽阔,地势较高,地形复杂,高原、盆地、沙漠、草原相间,大部分地区高寒、缺水,不利于农作物生长。因开发历史较晚,经济发展与技术管理水平与东部、中部差距较大,但国土面积大,矿产资源丰富,具有很大的开发潜力。

东北三省又称东三省,包括辽宁、吉林和黑龙江。东北三省部分地区纬度较高,冬季寒冷漫长。地形以平原、山地为主,地域辽阔、土地肥沃,为农林牧渔业的发展提供了得天独厚的条件,是国家的重要粮食生产基地。东北三省物质富饶,是我国重要的能源、矿产生产基地。东北三省经济起步较早,被誉为新中国的"工业摇篮",为新中国的发展壮大做出过历史性的贡献。东北三省是我国对东北亚地区开放的窗口。

除特别说明外,本项研究的数据来自国家统计局的《中国统计年鉴》和《中国能源统计年鉴》。《中国能源统计年鉴》内的"地区能源平衡表"栏目有不同省份的实物量的能源平衡表(缺西藏),并按照"可供本地区消费的能源量""加工转换投入产出量""终端消费量"等的顺序编排。能源的种类众多,包括原煤、洗精煤、焦炭、原油、汽油、煤油、柴油、燃料油、液化石油气、天然气、液化天然气、热力、电力等。由于与能源活动相关的二氧化碳的排放来自烧热过程,只计算燃料燃烧产生的二氧化碳排放,即燃料在加工转换环节的燃烧,加上终端消费量,再减去终端消费中用作原料、材料的部分。

二、中国分地区经济增长趋势

我国不同区域经济发展水平不平衡。东、中、西部三大经济带在经济发展水平上由东向西呈现递减阶梯状态。东部最早实行对外开放政策,经济发展水平最高。2019年东部地区常住人口约占全国的40%,而GDP占全国的51.9%。中部和西部地区经济发展比东部地区落后,并且两个地区人口和经济规模非常接近。2019年,中部和西部地区常住人口数量分别占全国的26%和27%,而GDP分别占全国的22.2%和20.8%。东北三省经济发展落后于全国平均水平。2019年东北三省常住人口占全国的约7%,而GDP约占全国的5.1%。从发展趋势看,2000年东部、中部、西部与东北三省地区GDP占全国的比重分别是53.4%、19.2%、17.5%与9.9%。在2000—2019年这19年间,东部地区GDP占比有所下降,但经济总量占全国一半以上的局面没有改变,中部与西部的占比略有上升,东北三省占比下滑幅度较大(图8-1)。

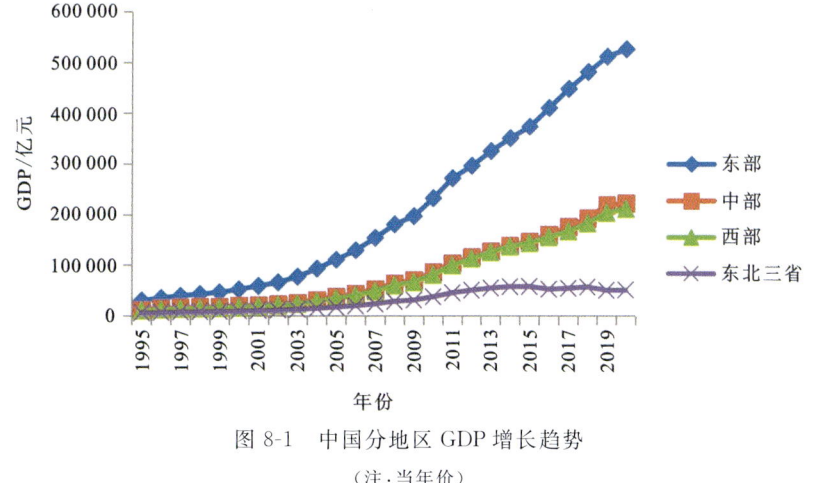

图 8-1 中国分地区 GDP 增长趋势

(注:当年价)

我国四大区域内部不同省份的发展也是不平衡的。在东部地区,广东、江苏、浙江、北京与上海的经济增长势头强劲,而河北、天津、山东等增长相对乏力(图8-2)。2020年,广东和江苏两省的 GDP 数量都达到了 10 万亿元的规模,都达到了全国 10% 的水平。近年来,山东省的经济增长有下滑趋势,与广东和江苏的距离被拉大。浙江、福建、北京和上海的经济保持增长势头;河北和海南经济增长势头平缓,而天津的经济增长出现了下滑趋势[①]。

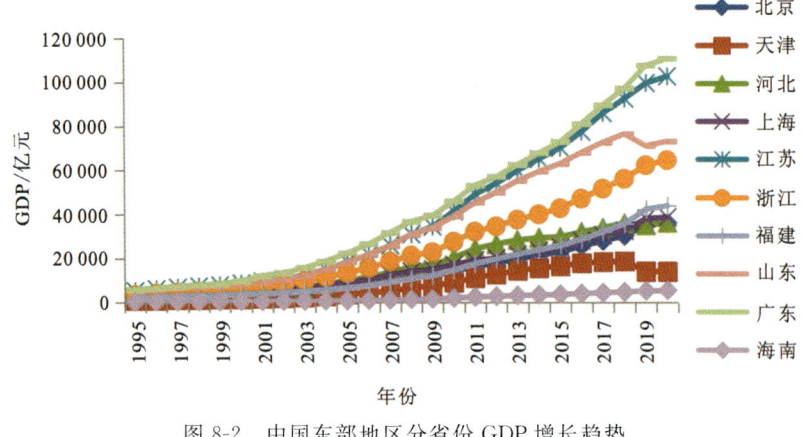

图 8-2　中国东部地区分省份 GDP 增长趋势

(注:当年价)

在中部地区,河南、湖北、湖南、安徽和江西的发展势头较好,而山西的经济增长势头出现了放缓的趋势(图 8-3)。这显示了资源能源行业占比较大的省份在经过一段时间的高速发展后,进入了需要积极面对经济结构转型升级的阶段。2019 年底,新冠疫情暴发,湖北经济增长受到了较大的不利影响,2020 年出现了负增长。

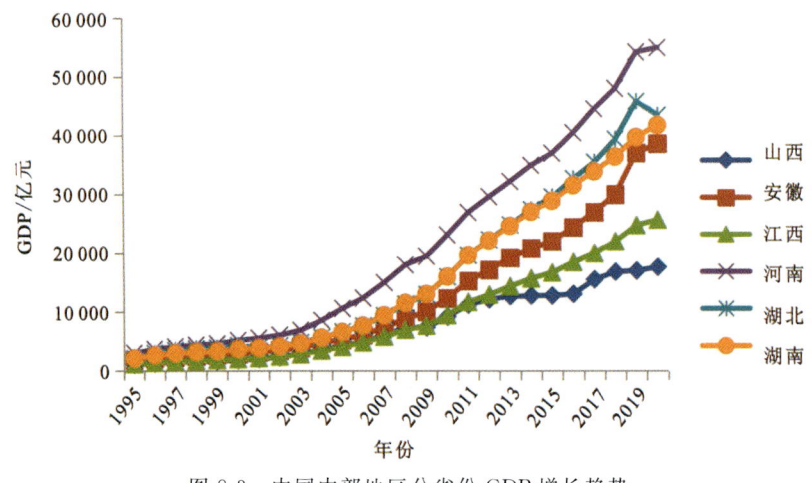

图 8-3　中国中部地区分省份 GDP 增长趋势

(注:当年价)

在西部地区,受到丝绸之路经济带和长江经济带建设的影响,一些省份近年来经济增长较快。总体来看,西南的经济发展比西北略好。自 2011 年开始,西南地区的经济增长速度明

---

① 天津的 GDP 下降是主动挤水分的结果。2018 年 1 月 11 日,天津滨海新区传出消息,将把滨海新区 2016 年的 GDP 从万亿元下调至 6654 亿元。

显高于西北地区,这主要是因为四川和重庆的经济发展较快(图8-4)。近年来,内蒙古的经济增长出现了下滑趋势①。

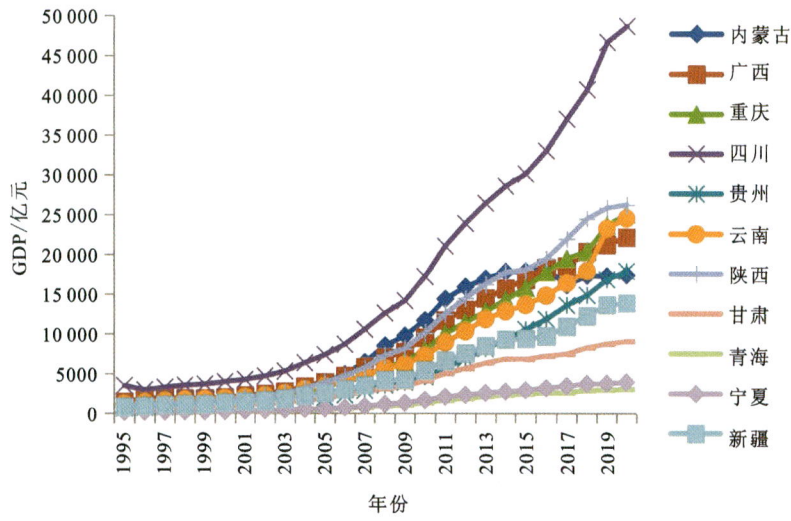

图 8-4　中国西部地区分省份 GDP 增长趋势

(注:当年价;1995年四川省数据包含重庆)

近年来,东北三省的经济增长都出现了下滑情况(图8-5)。辽宁的经济增长最先下滑,此后,吉林和黑龙江的经济增长也开始下滑②。

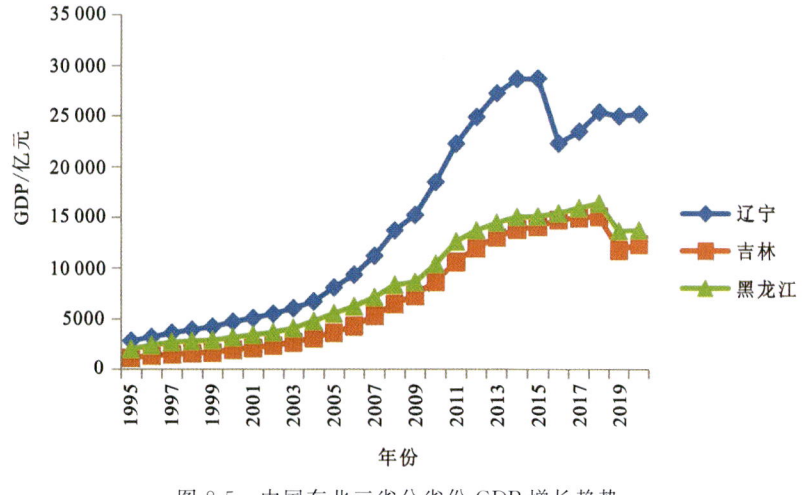

图 8-5　中国东北三省分省份 GDP 增长趋势

(注:当年价)

---

① 2018年1月3日,内蒙古自治区党委在全区经济工作会议上承认,财政收入虚增空转、部分旗县区工业增加值等数据有水分。

② 2017年1月,辽宁省时任省长陈求发就在政府工作报告中确认,该省所辖市县在2011—2014年存在财政数据造假的问题,导致经济数据被注入水分。

近年来,区域经济出现分化的原因主要是不同地区经济转型处于不同阶段。东部多数省市正在加快转型升级,而中西部地区一些省份才刚刚开始面临转型问题,东北三省则是进入了深度调整期。以京沪为代表的发达地区已经显示出向"双中高"(经济保持中高速增长,迈向中高端水平)状态发展的趋势;中西部部分省份仍可享受投资和消费增长带来的红利,另一部分省份必须开始正视转型升级的必要性;东北三省则急需通过深化国企改革、推进传统产业升级、加快培育新兴产业、加快城市转型来实现新一轮东北振兴。

三、中国分地区碳排放趋势

(一)碳排放的核算方法

不同省份之间存在着电力和热力的输送,在核算碳排放时必须考虑这一点。碳排放量的计算方法与前面相同。碳排放量的计算采用排放因子法[见第一篇第四章式(4-1)],不同燃料的碳排放参数见第四章表4-3。

本项研究按照消费侧统计省际电力交易和热力输送的间接碳排放。例如,对于西部省份来讲,由于是电力输出,电力输出部分隐含的碳排放要扣减掉;对于东部电力输入省份来讲,则需要加上输入的电量的隐含碳排放。电力隐含的碳排放的计算公式如下:

$$电力的间接碳排放 = 输送电量 \times 火电占比 \times 火电发电效率 \times 标准煤的碳排放系数 \quad (8-1)$$

在式(8-1)中,各省电力输出和输入的火电占比有所不同。由于对省际电力交易的发电来源缺乏系统和详细的数据,本项研究采用近似的方法进行计算。第一,电力输出的火电占比采用该省的火电电量占比进行计算,而电力输入采用该省所在的区域电网的火力发电量占全部发电量的占比进行计算[①](表8-2);第二,三峡电力工程的发电量全部是水电,虽然在华中电网、华东电网和南方电网分配电量,但是不扣减湖北省外输电量的碳排放;第三,电量的跨国贸易部分,输入电量不计入,而输出电量扣减所在省份的碳排放。

表8-2 各区域电网及省份火力发电量在全部发电量中的占比 单位:%

项目	1995年	2000年	2005年	2010年	2015年	2019年
华东电网	86.97	89.96	88.23	87.65	84.37	79.00
上海	99.73	100.00	99.28	98.72	99.31	97.01
江苏	99.77	99.95	99.72	94.26	94.11	86.50
浙江	74.98	86.27	75.18	80.82	75.05	70.69
安徽	96.11	98.84	98.21	98.35	96.42	92.27
福建	40.69	51.60	62.58	65.67	57.46	54.74
华中电网	64.15	63.87	61.72	59.57	53.19	52.54

---

① 我国的电力调度模式首先是省内平衡,其次是区域平衡,最后是跨区域平衡。跨区域电网输送的电量在全社会用电量中的占比并不高,例如,据中国电力企业联合会的统计,2017年全社会用电量63 625亿 kW·h,其中跨区域电网输送电量4236亿 kW·h,占全社会用电量的6.7%。

续表 8-2

项目	1995年	2000年	2005年	2010年	2015年	2019年
湖北	42.76	49.68	36.91	36.84	42.45	49.69
河南	97.08	97.52	95.18	95.44	95.20	88.42
湖南	52.51	46.12	62.60	59.03	54.24	58.67
江西	68.95	73.82	81.93	82.13	80.00	80.01
四川	54.89	37.03	35.86	31.77	14.38	12.96
重庆	—	77.19	73.15	66.22	65.92	68.34
南方电网	56.59	64.93	69.67	65.30	49.97	48.84
广东	71.09	80.33	77.43	76.86	72.72	67.98
广西	36.40	41.60	56.11	52.69	41.87	54.52
云南	29.11	34.00	44.05	40.02	10.88	9.13
贵州	50.28	54.63	73.22	69.92	54.36	60.69
海南	63.16	70.54	88.37	89.80	90.45	61.40
西北电网	74.25	70.71	76.66	74.95	76.05	69.28
陕西	89.17	87.31	90.32	92.17	89.49	84.84
甘肃	59.48	59.44	67.13	63.42	57.95	48.30
青海	29.75	19.48	25.75	20.76	21.55	12.12
宁夏	91.19	93.74	94.31	93.93	88.06	81.76
新疆	81.06	82.03	85.64	81.13	83.16	77.09
华北电网	98.73	99.11	99.32	97.64	95.49	88.65
北京	97.11	94.22	98.50	97.32	97.66	96.06
天津	98.19	100.00	99.10	95.01	98.79	96.40
河北	97.81	99.47	99.49	96.65	91.74	84.51
山西	98.59	97.95	98.45	97.81	95.15	88.07
山东	99.98	100.00	99.93	98.71	97.03	89.76
东北电网	90.92	95.24	94.40	89.32	85.74	80.22
辽宁	91.97	97.21	93.47	92.98	81.54	71.24
吉林	70.68	84.55	81.79	76.58	81.68	76.66
黑龙江	98.27	96.85	97.51	92.71	90.44	81.99
内蒙古	99.32	98.43	98.61	89.46	87.24	83.87

注：1. 由于缺少内蒙古东部和西部的相应数据，将内蒙古全部统计给东北电网；

2. 不包括西藏；

3. 重庆市是在 1997 年从四川省划出成为直辖市的。

火电发电效率采用燃煤发电的效率。近年来我国火电装机中有较低比例的天然气发电，但是主要用于满足省内需求，没有参与省际电量的交易。燃煤发电采用 6000kW 及以上电厂的供电标准煤耗,近些年来效率不断提高(图 8-6)。标准煤的碳排放系数是 2.660 4(见第四章)。

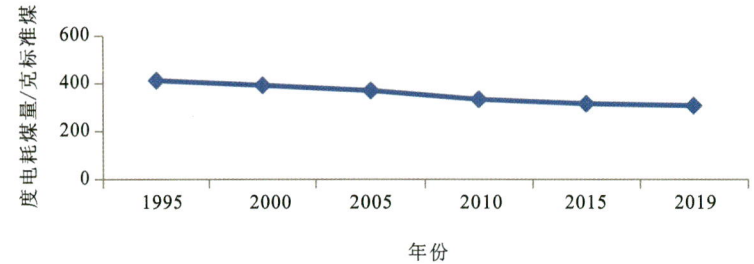

图 8-6 我国 6000kW 及以上电厂供电标准煤耗

(数据来源:中国电力企业联合会各年的全国电力工业统计数据一览表)

跨省热力输送的碳排放计算方法与电力隐含的碳排放计算方法一样。热力碳排放量的计算方法如下:

热力 CO_2 排放量=(热力值/电厂热效率/电厂供热效率)×6000kW 及以上电厂

供热标准煤耗/原煤折标准煤系数×原煤 CO_2 排放系数   (8-2)

式中的参数值采用全国平均水平。

(二)分地区碳排放历史趋势

在四大区域中,东部和西部碳排放量都在增长,而中部和东北三省比较平缓(图 8-7)。东部地区是全国经济增长的引擎,经济总量占全国的一半以上,而且经济增速较高。西部地区开发较晚,发展潜力大。

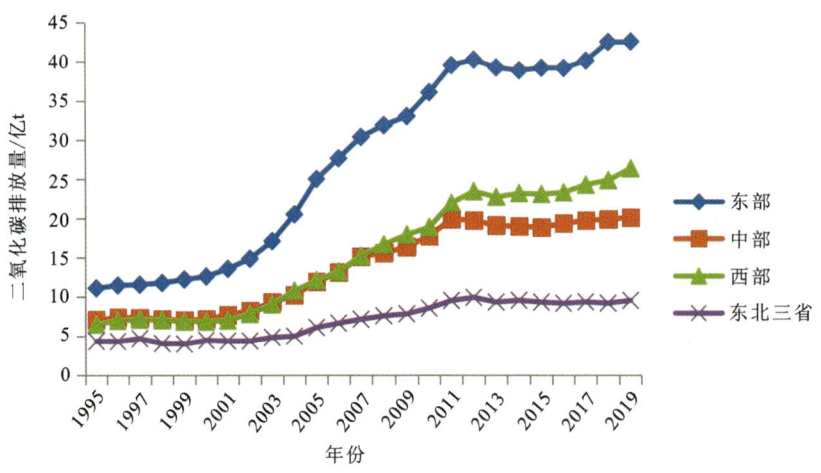

图 8-7 中国分地区二氧化碳排放变化趋势

我国四大区域碳排放量(东北三省:中部:西部:东部)呈现 1:2:2.7:4.3 的格局,而经济总量(东北三省:中部:西部:东部)呈现 0.5:2.2:2.1:5.2 的格局。2019 年,东北三省经济总量约占 5%,总体排放量占全国的比重约 10%,是经济份额的 2 倍;中部地区 6 省份经济总量占 22%,碳排放量占全国的比重约 20%;西部 11 省份经济总量占 21%,碳排放量占全国的比重约 27%;东部地区 10 省份经济总量占全国的 52%,碳排放量占全国的比重约 43%。东三省和西部的碳排放量占比超过了这些地区的经济总量占比；东部地区的碳排放量占比低于其经济总量占比；中部地区碳排放量占比和经济总量占比都在20%左右，处在全国平均水平。

第一，东部地区内部碳排放呈两极分化趋势。从图8-8可以看出，从2005年以后，山东省碳排放量最大，2011年达到8亿t，此后有所下降，2013年又恢复到8亿t，2018年超过9亿t。山东往下是河北和江苏。这两个省近年来碳排放量非常接近，超过7亿t。山东、河北和江苏是东部地区拥有较为丰富煤炭资源的省份，碳排放量也较多。河北和山东往下是广东和浙江。广东是我国经济总量排名第一的省份，但是碳排放量占比要远远低于经济总量的占比。与山东、河北、江苏、广东和浙江相比，东部地区另5个省份碳排放量的增幅较小，其中海南在缓慢增长，而北京、天津和上海已经实现了碳达峰。

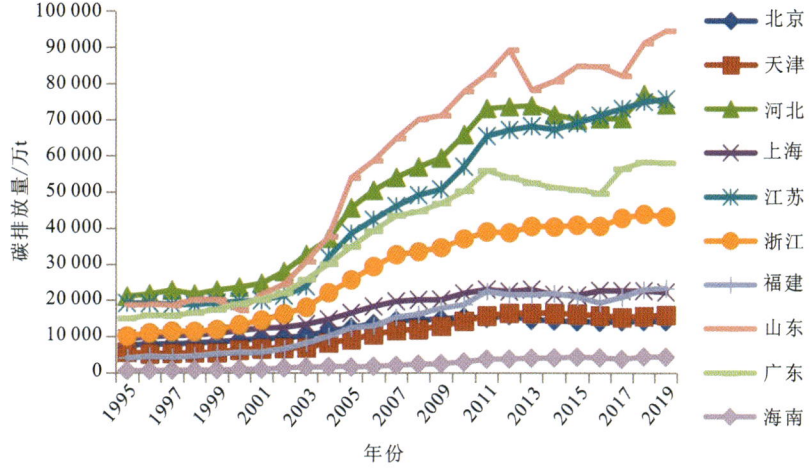

图8-8 东部各省份碳排放变化趋势

第二，与东部地区增长两极化趋势不同，中部地区6省份在2000年以后都经历了碳排放的大幅增长。近年来，碳排放量增长较快的省份是山西、安徽和江西（图8-9）。山西、河南和安徽也拥有丰富的煤炭资源。从目前的状况来看，河南和湖北在2011年实现了碳达峰。湖南省碳排放增长势头比较平缓。

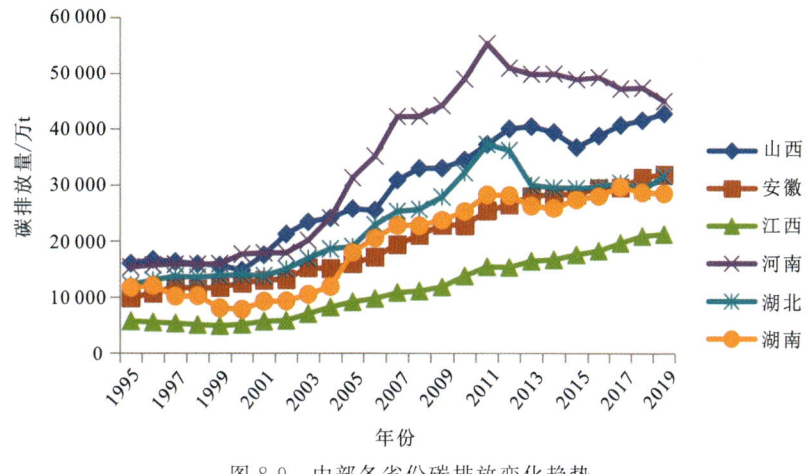

图8-9 中部各省份碳排放变化趋势

第三，西部地区不同省份的碳排放量呈现分化趋势（图8-10）。整体而言，西部地区经济欠发达，但能源资源较为丰富。内蒙古和新疆呈现快速增长的势头，其他省份则较为平缓。2019年内蒙古的碳排放量达到6.5亿t，仅次于山东、江苏和河北，排在全国第四位。按照目前的形势，四川、陕西和重庆已经实现了碳达峰。

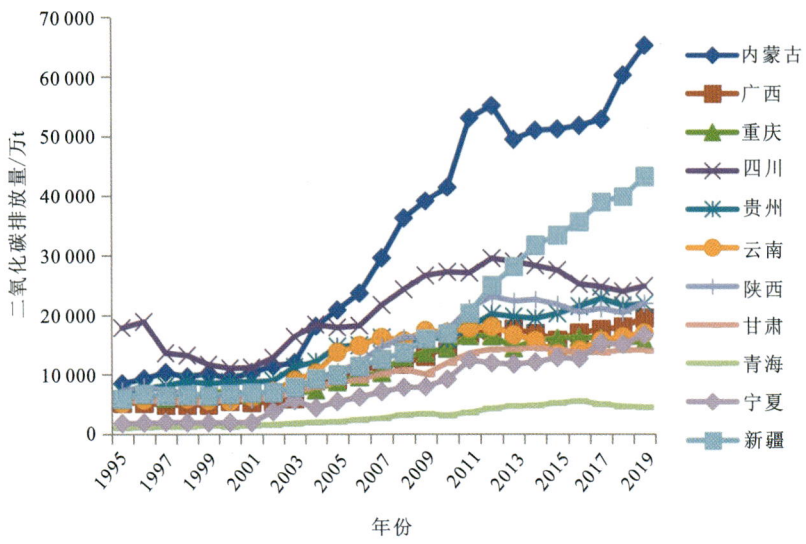

图8-10　西部各省份碳排放量变化趋势

（注：1995年和1996年的四川省数据包括重庆市；缺少西藏数据）

第四，东北三省的碳排放量变化趋势也有差别。辽宁省的碳排放量最大，吉林省的碳排放量最小，并且已经实现了达峰（图8-11）。从2012年起，辽宁和吉林都经历了碳排放量的下降，但是辽宁近年来又反弹到2012年的高点，而吉林的反弹趋势不明显。黑龙江的碳排放呈现平稳增长趋势。

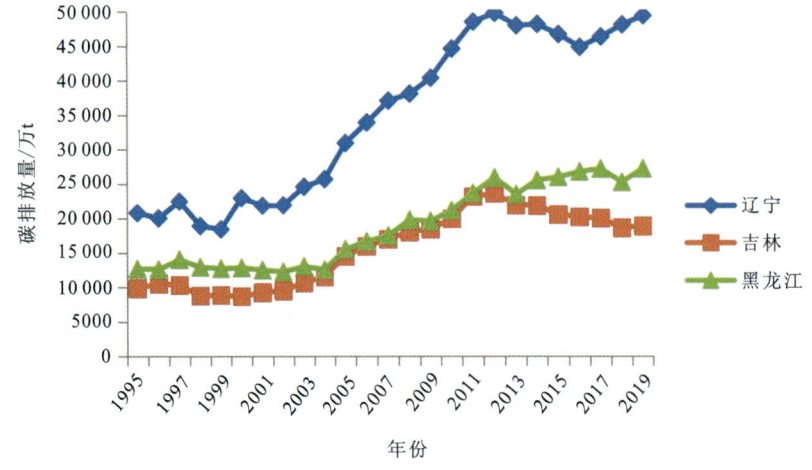

图8-11　东北三省各省份碳排放变化趋势

（三）不同地区的碳排放量加总与全国数据的比较

为了判断根据不同省份汇总的自下而上的数据的有效性，将其与国家层面的宏观数据进行比较。分省数据汇总略低于国家宏观数据，但是两者非常接近（图8-12）。2019年，分省汇总数据的碳排放量是98.66亿t，国家宏观数据的碳排放量是100.42亿t。这主要是没有统计能源损失量，扣除了终端能源消费中的非能源用途以及没有统计润滑油、石蜡、溶剂油等非烧热油品等。

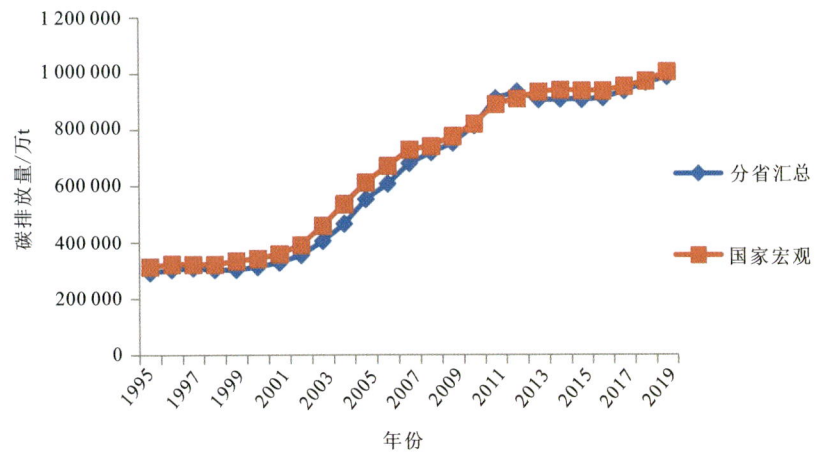

图8-12 分省汇总碳排放量与国家层面数据的比较

四、中国分地区低碳经济增长趋势[①]

实现低碳经济增长要求在保持经济增长的同时，破解碳排放约束。减少碳排放的因素可以用碳强度表示，而碳强度又可以进一步分解为能耗强度和能源结构两个因素，其中，影响能耗强度的是技术进步和产业结构。一个地区的产业结构通常与城市化进程有关。

为了与前面的研究保持一致，将各个省份的GDP数据由当年价转换成2005年不变价。转换的方法与第一篇第四章相同。例如，根据北京市的当年价GDP计算2005年不变价GDP（图8-13）。由于目前最新的《中国能源统计年鉴》中数据只更新到2019年，本章的数据截止到2019年。

（一）东部地区

发展阶段的不同决定了对能源的依赖程度有差别。东部地区经济较为发达，人均GDP水平较高。长三角、珠三角和京津冀三大经济圈都在东部地区。2019年，除了河北和海南GDP低于全国平均水平，以及山东与全国平均水平接近以外，其他7个省份都高于全国平均水平（表8-3）。在产业结构方面，北京、上海和天津的第三产业占比也远远超过全国平均水

[①] 由于不同地区、不同省份在自然资源、地理条件、产业结构、能源禀赋等方面存在差别，缺少可比性，本篇不进行各省份碳排放的分解分析。

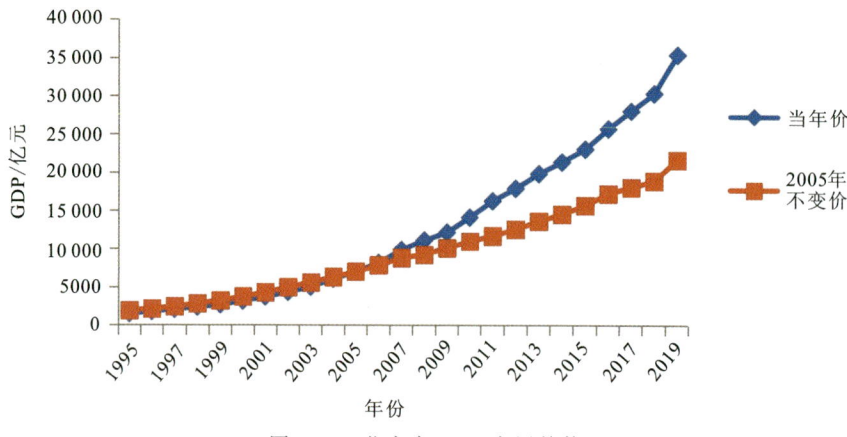

图 8-13 北京市 GDP 发展趋势

平。除了河北和海南,其他省份的城镇人口占比都高于全国平均水平。除了山东、河北和江苏以外,其他省(直辖市)对煤炭的依赖程度不到 50%,其中北京低于 2%,上海低于 25%。

表 8-3 东部地区各省(直辖市)经济社会发展情况(2019 年)

省(直辖市)	人均 GDP /万元	第三产业占比/%	城镇人口占比/%	能耗强度 /(t·万元$^{-1}$)	煤炭在一次能源中的占比/%	人均碳排放量/t
北京	16.15	83.5	86.60	0.2081	1.77	6.47
天津	10.18	63.5	83.48	0.5843	40.27	11.44
河北	4.62	51.3	57.62	0.9271	69.06	9.77
上海	15.71	72.7	88.30	0.3065	24.48	9.16
江苏	12.35	51.3	70.61	0.3265	62.33	9.39
浙江	10.66	54.0	70.00	0.3591	43.52	7.38
福建	10.77	45.3	66.50	0.3236	49.10	5.89
山东	7.06	53.0	61.51	0.5824	67.05	9.39
广东	9.35	55.5	71.40	0.3171	36.06	5.04
海南	5.62	59.0	59.23	0.4265	35.67	4.62
全国平均	7.08	53.9	60.60	0.4915	57.70	7.05

注:能耗强度按照 2019 年当年价格水平计算,下同。

从经济增长速度和碳强度下降速度的比较来看,经济增长速度在趋于下降,而碳强度的下降速度比较稳定。北京、天津和上海有几年减少碳排放的力量超过了增加碳排放的力量,导致这三个直辖市实现了碳达峰(图 8-14)。其他的省份虽然没有实现碳达峰,但是,近年来减少碳排放的力量和增加碳排放的力量已经比较接近,碳排放的增长势头比较缓和。

第八章 中国分地区低碳经济增长的历史路径

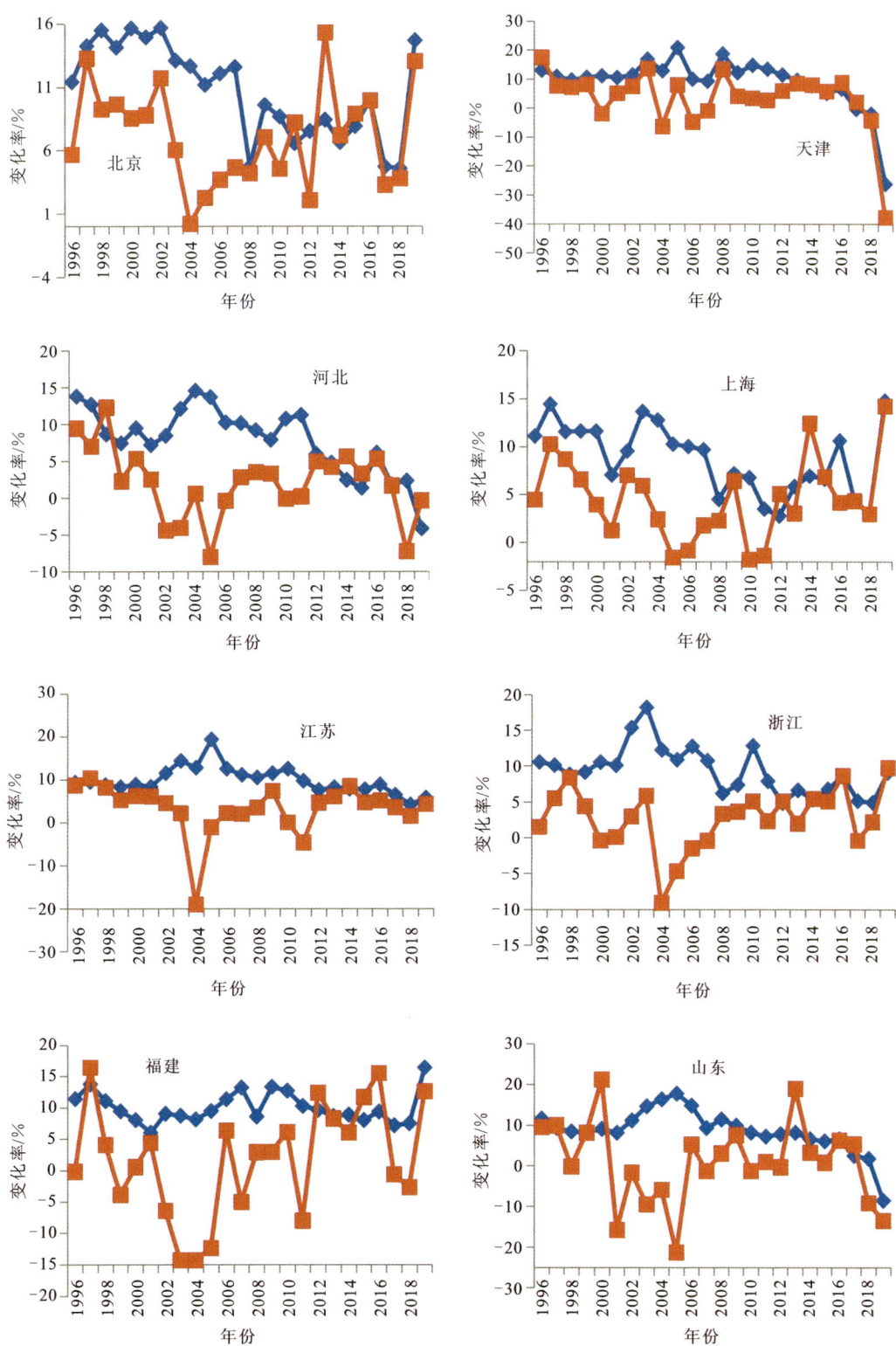

图 8-14 东部地区各省(直辖市)GDP增长速度与碳强度下降速度的比较
(注:蓝线表示GDP增长率,红线表示碳强度下降率)

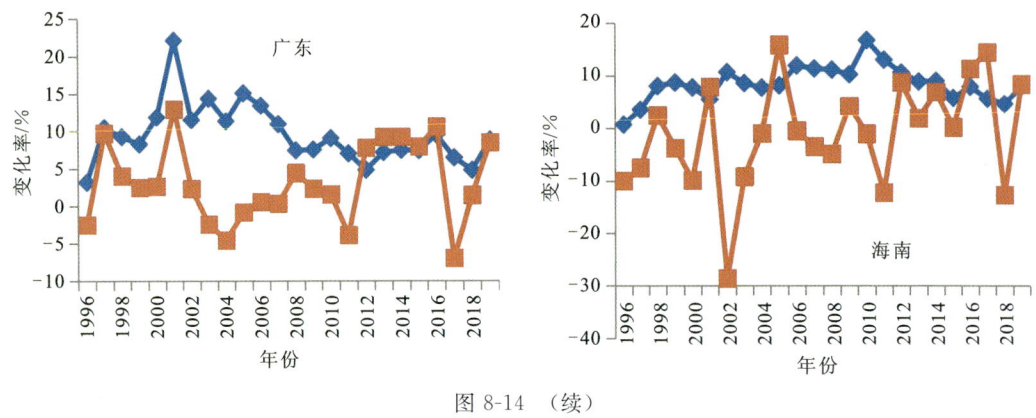

图 8-14 (续)

判断碳排放是否达峰需要较长时间。北京的经济增长依然强劲,经济结构以第三产业为主,能源消费主要满足生活消费需求,经济增长对能源的依赖程度较低,能源系统完成了转型,煤炭在一次能源消费中的占比不足 2‰(表 8-3 和表 8-4)。这是一种非常理想的达峰模式,可以称为"北京模式"。与"北京模式"不同,天津的达峰模式是由经济下滑导致的,是被动达峰。"十三五"的前四年,天津的经济增长平均来看是负数,能源增长也是负数。这种由经济下滑导致的达峰形式可以称为"天津模式"。上海是全国的经济中心,"长三角"的经济龙头。与北京相比,上海第三产业的占比没有北京高,能源转型也没有北京彻底,但是上海的产业转型升级完成较好,经济效率和能源效率比较高,可以称为"上海模式"。

表 8-4 东部地区各省(直辖市)经济增长速度与碳强度下降速度发展趋势的比较 单位:%

省(直辖市)	"十二五"				"十三五"			
	GDP 增长率	碳强度下降率	能耗增长率	能源碳密集度下降率	GDP 增长率	碳强度下降率	能耗增长率	能源碳密集度下降率
北京	7.400	8.332	−0.388	1.208	8.480	7.520	1.988	1.799
天津	9.482	6.240	4.194	1.364	−5.543	−7.750	−0.195	0.223
河北	5.123	3.640	2.491	1.097	1.493	−0.150	1.195	−0.420
上海	5.110	5.200	−0.480	−0.056	8.185	6.420	1.709	0.648
江苏	8.120	3.870	3.362	−0.608	6.311	3.680	1.732	−0.651
浙江	6.274	4.000	3.077	1.012	6.926	5.060	3.374	1.874
福建	9.084	6.070	3.965	1.468	10.102	6.210	3.707	0.675
山东	7.102	4.710	2.664	0.691	0.497	−2.800	1.287	−1.598
广东	6.755	6.050	2.315	1.991	7.380	3.370	3.187	−0.454
海南	9.484	1.120	7.245	−0.885	6.547	5.410	4.262	3.424

注:"十三五"时期的数据只有前四年。

(二)中部地区

与东部地区相比,中部地区各省份在发展上有明显差距。2019 年,除了湖北人均 GDP 水平超过全国平均水平以外,其他省份都低于全国平均水平(表8-5)。在产业结构方面,中部地区6省份第三产业占比都略低于全国平均水平。

表8-5 中部地区各省份经济社会发展情况(2019年)

省份	人均GDP /万元	第三产业占比/%	城镇人口占比/%	能耗强度/ $(t \cdot 万元^{-1})$	煤炭在一次能源中的占比/%	人均碳排放量/t
山西	4.57	51.4	59.55	1.2251	80.86	11.47
安徽	5.83	50.8	55.81	0.3737	71.74	5.01
江西	5.31	47.5	57.42	0.3904	61.40	4.54
河南	5.63	48.0	53.21	0.4110	54.44	4.67
湖北	7.73	50.0	61.00	0.3778	47.58	5.33
湖南	5.69	53.2	57.22	0.4025	48.86	4.12

从经济增长速度和碳强度下降速度的比较来看,经济增长速度在趋于下降,而碳强度的下降速度比较稳定,这一点与东部地区相同。河南和湖北有几年碳强度的下降速度超过了经济增长速度,导致这两个省份实现了碳达峰(图8-15)。其他的省份虽然没有实现碳达峰,但是与东部地区一样,近年来经济增长速度和碳强度下降速度已经比较接近,碳排放的增长势头比较缓和。

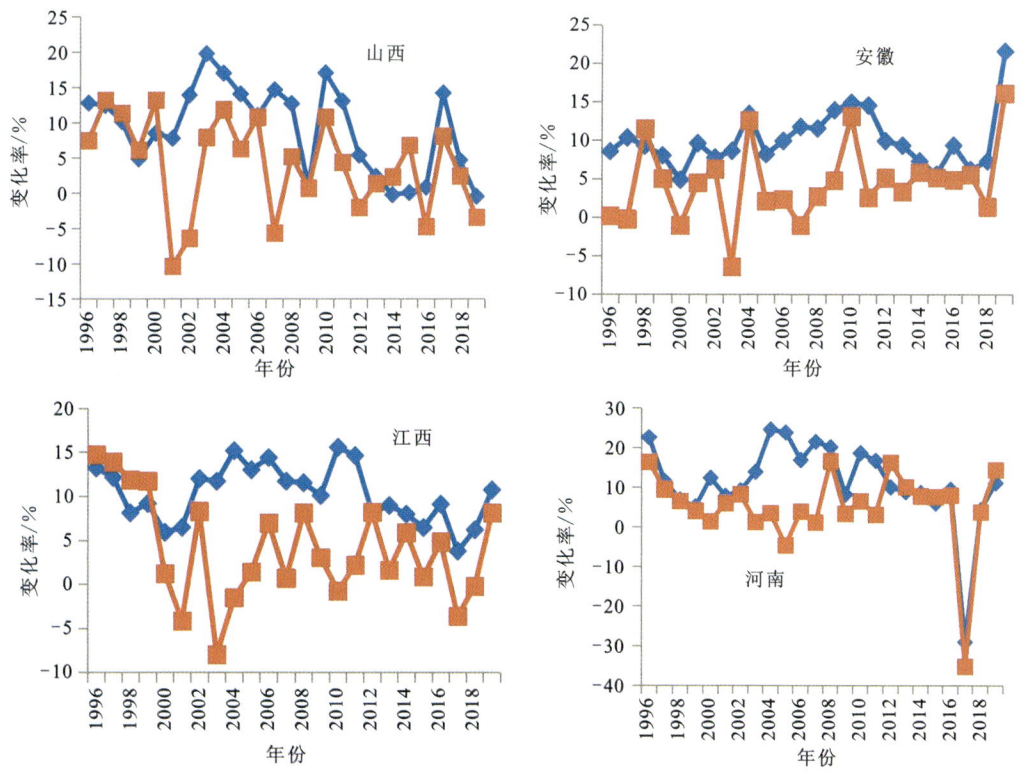

图8-15 中部地区各省份GDP增长速度与碳强度下降速度的比较
(注:蓝线表示GDP增长率,红线表示碳强度下降率)

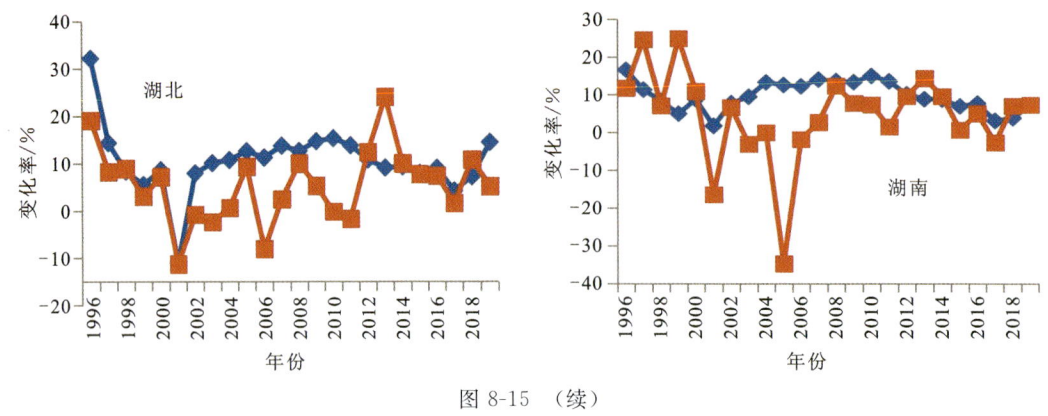

图 8-15 （续）

河南和湖北的碳达峰主要是因为能源的转型。在"十二五"和"十三五"期间，河南和湖北的能源碳密集度下降率都取得了不错的成绩（表 8-6）。其他省份，例如，煤炭资源大省山西也有控制煤炭消费的政策，但是没有河南和湖北取得的效果好。可以将河南和湖北"控煤"的碳达峰思路称为"河南模式"或"湖北模式"①。

表 8-6 中部地区各省份经济增长速度与碳强度下降速度发展趋势的比较　　单位：%

省份	"十二五"				"十三五"			
	GDP 增长率	碳强度下降率	能耗增长率	能源碳密集度下降率	GDP 增长率	碳强度下降率	能耗增长率	能源碳密集度下降率
山西	4.093	2.550	2.611	1.187	4.780	0.600	2.333	−1.536
安徽	9.340	4.400	4.886	0.324	11.115	6.970	3.050	−0.014
江西	9.198	3.750	5.810	0.671	7.426	2.270	3.450	−1.332
河南	9.946	8.930	0.970	0.677	−1.139	−2.32	−0.038	1.978
湖北	10.164	10.460	0.747	2.047	8.712	6.260	2.849	0.939
湖南	9.584	7.090	−0.252	−2.315	5.455	4.140	2.469	1.389

（三）西部地区

西部地区的经济发展水平相对落后，但是能源资源丰富。广西、贵州、云南、甘肃和青海人均 GDP 都不到 5 万元，达到全国平均水平的只有重庆和内蒙古（表 8-7）。同时，西部能源资源丰富，例如，西北地区的化石能源资源和风光资源丰富，而西南地区的水电资源丰富。

---

① 依据《国务院关于印发"十三五"生态环境保护规划的通知》（国发〔2016〕65 号）文件精神，一些省份制定了"十三五"煤炭消费总量控制方案。

表 8-7　西部地区各省(自治区、直辖市)经济社会发展情况(2019 年)

省(自治区、直辖市)	人均 GDP /万元	第三产业占比/%	城镇人口占比/%	能耗强度/ (t·万元$^{-1}$)	煤炭在一次能源中的占比/%	人均碳排放量/t
内蒙古	7.13	49.6	63.37	1.472 5	82.90	27.02
广西	4.29	50.7	51.09	0.530 7	52.36	3.95
重庆	7.56	53.2	66.80	0.376 6	39.04	4.96
四川	5.57	52.4	53.79	0.446 0	24.79	2.97
贵州	4.63	50.3	49.02	0.621 6	75.56	6.05
云南	4.78	52.6	48.91	0.523 5	39.96	3.48
陕西	6.65	45.8	59.43	0.522 5	58.90	5.68
甘肃	3.29	55.1	48.49	0.896 7	60.25	5.27
宁夏	5.39	50.3	59.86	2.040 3	81.20	23.86
青海	4.88	50.7	55.52	1.427 9	26.20	7.41
新疆	5.39	51.6	51.87	1.359 8	79.56	17.15

从经济增长速度和碳强度下降速度的比较来看,增加碳排放的力量在趋于下降,而减少碳排放的力量比较稳定。但是,与东部和中部地区不同的是,内蒙古和新疆的增加碳排放的力量仍然要大于减少碳排放的力量,碳排放还在持续增长。在西南地区的四川和重庆,减少碳排放的力量有几年都高过增加碳排放的力量,表明这两个省(直辖市)已经实现碳达峰(图 8-16)。

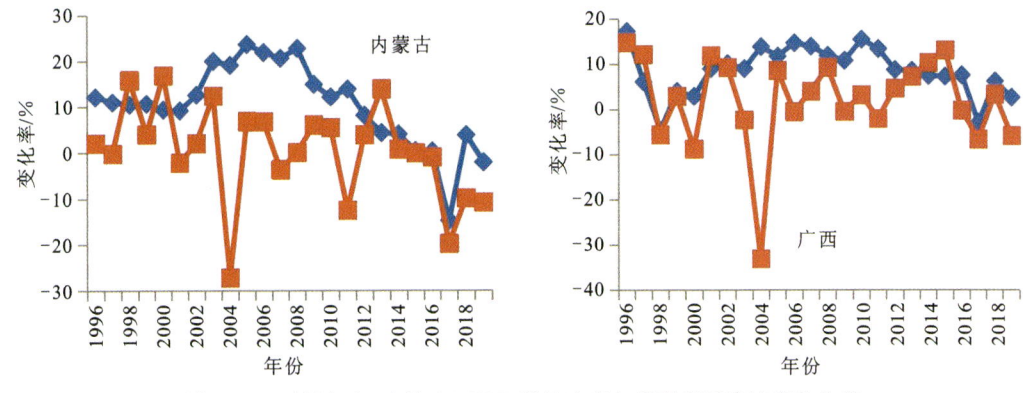

图 8-16　西部各省(直辖市)GDP 增长速度与碳强度下降速度的比较
(注:蓝线表示 GDP 增长率,红线表示碳强度下降率)

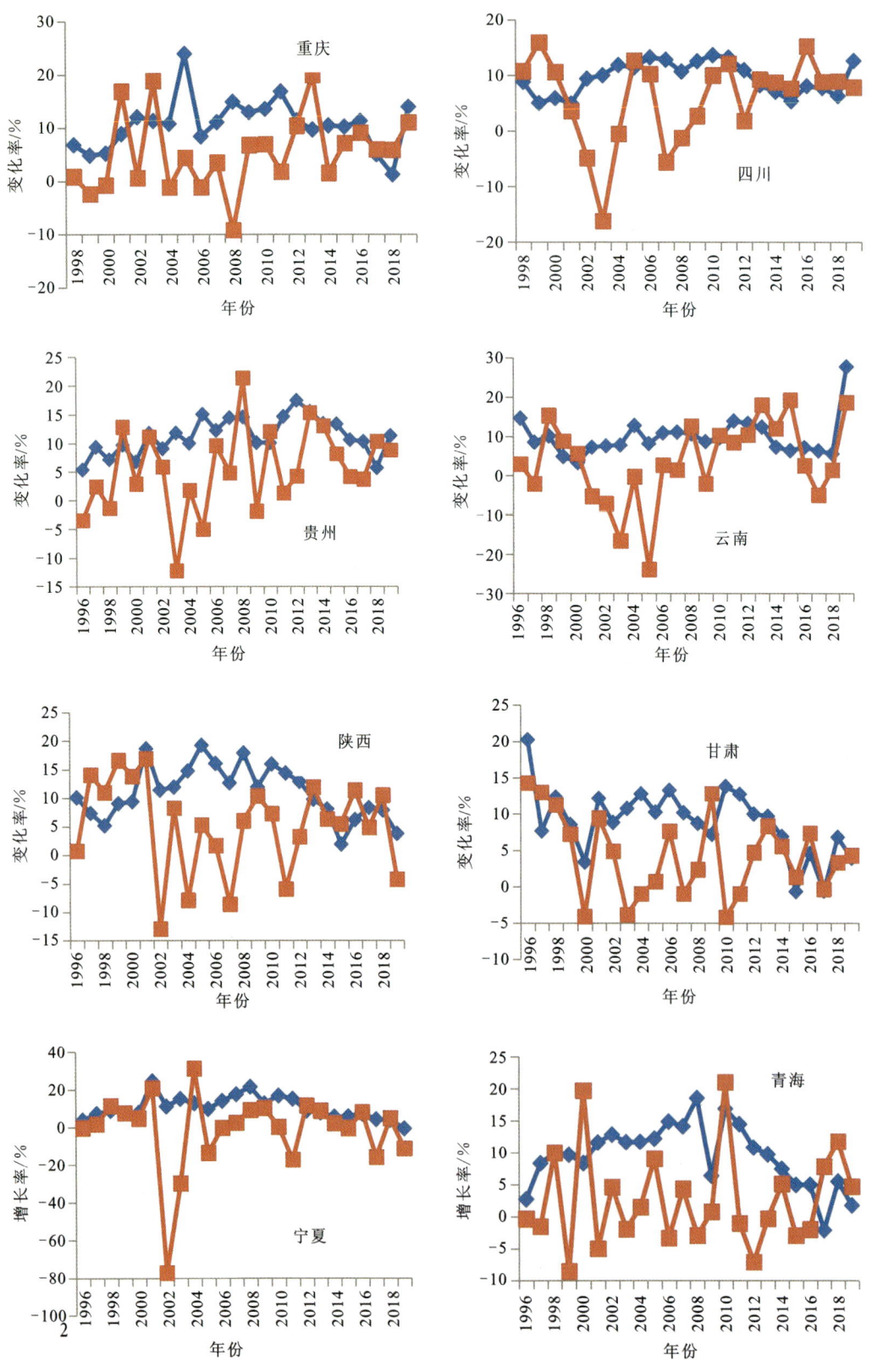

图 8-16 （续）

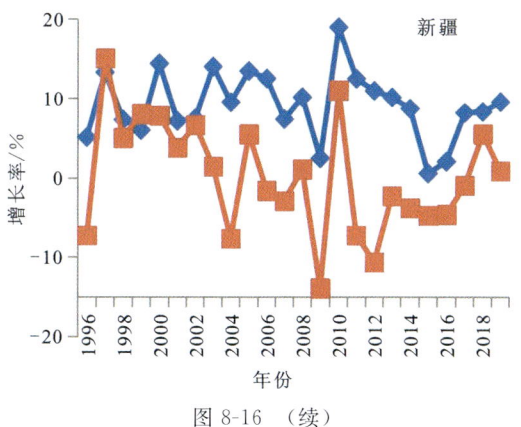

图 8-16 （续）

四川和重庆实现碳达峰主要是依靠发展水电。在"十三五"的前四年，四川和重庆的能源碳密集度下降较快，超过了能耗增长率（表 8-8）。可以将这种方式称为"四川模式"或"重庆模式"。在"十二五"和"十三五"期间，西部有多个省（自治区、直辖市）出现了能源碳密集度下降率为负数的情况，表明能源结构在向高碳的方向发展。

表 8-8 西部地区各省（自治区、直辖市）经济增长速度与碳强度下降速度发展趋势的比较 单位：%

省份	"十二五"				"十三五"			
	GDP增长率	碳强度下降率	能耗增长率	能源碳密集度下降率	GDP增长率	碳强度下降率	能耗增长率	能源碳密集度下降率
内蒙古	6.099	1.220	2.501	−2.233	−3.231	−10.320	7.936	1.402
广西	9.016	6.660	4.414	2.497	3.311	−2.380	3.541	−2.020
重庆	11.710	8.180	0.222	−2.712	7.897	8.020	3.498	4.208
四川	8.942	7.910	0.696	0.029	8.679	10.210	3.297	5.482
贵州	14.871	8.400	2.929	−2.367	9.466	6.760	2.772	0.654
云南	10.602	13.630	3.880	8.011	11.620	4.400	3.922	−1.950
陕西	9.383	4.200	5.809	0.979	6.505	5.620	3.500	2.979
甘肃	7.719	3.800	4.865	1.240	3.673	3.680	1.115	1.275
宁夏	8.641	1.090	8.230	0.813	3.745	−3.430	8.996	1.807
青海	9.460	−1.230	10.177	−0.811	2.516	5.590	0.696	3.700
新疆	8.564	−5.730	13.720	−0.968	7.028	0.210	4.245	−2.373

（四）东北三省

东北三省面临着产业转型的压力。东北三省是我国的老工业基地，但是，近年来经济出现了下滑。东北三省的人均GDP都低于全国平均水平，并且吉林和黑龙江两省对煤炭的依赖程度较高（表 8-9）。

表 8-9　东北三省各省份经济社会发展情况（2019 年）

省份	人均 GDP /万元	第三产业占比/%	城镇人口占比/%	能耗强度/ (t·万元$^{-1}$)	煤炭在一次能源中的占比/%	人均碳排放量/t
辽宁	5.72	53.0	68.11	0.9534	57.64	11.37
吉林	4.36	53.8	58.27	0.6082	81.50	7.02
黑龙江	3.63	50.1	60.90	0.5239	72.31	7.27

从经济增长速度和碳强度下降速度的比较来看，增加碳排放的力量在趋于下降，而减少碳排放的力量比较稳定。吉林省减少碳排放的力量有几年都高过增加碳排放的力量，表明该省已经实现碳达峰了（图 8-17）。

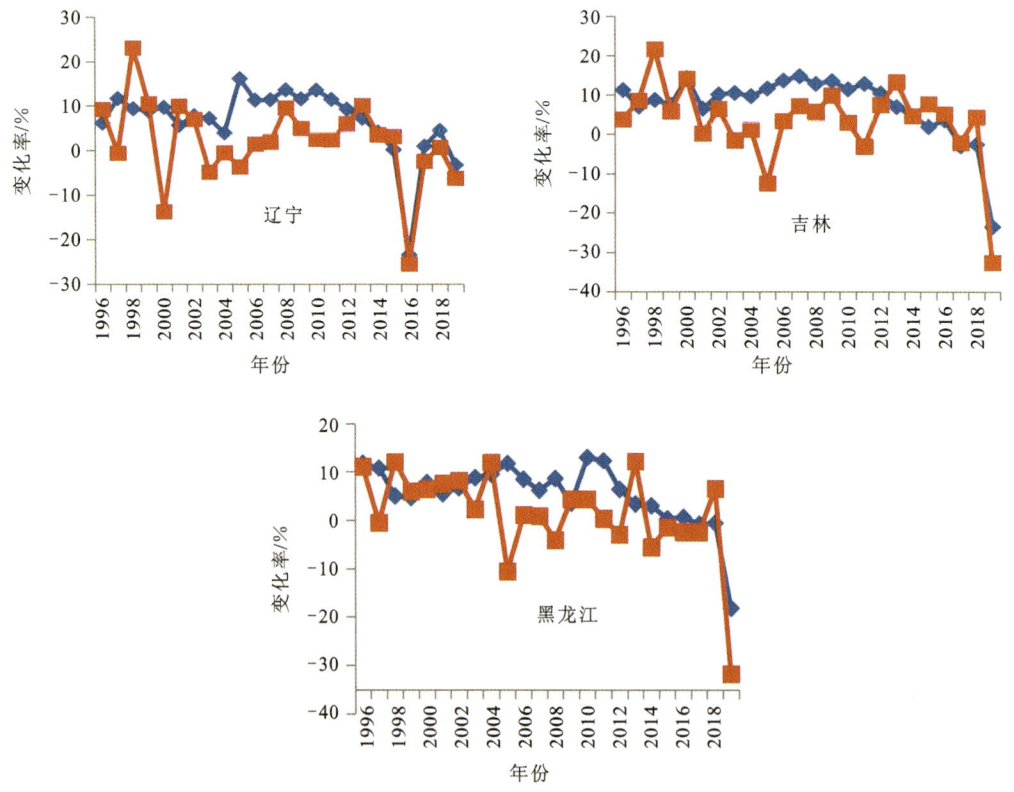

图 8-17　东北三省各省份 GDP 增长速度与碳强度下降速度的比较
（注：蓝线表示 GDP 增长率，红线表示碳强度下降率）

从东北三省的经济增长来看，"十三五"前四年平均增速为负数（表 8-10）。这表明东北三省的经济出现了滑坡，其中，吉林因为经济滑坡而导致的碳排放达峰是被动的，类似于东部地区的天津。

表 8-10　东北三省各省份经济增长速度与碳强度下降速度发展趋势的比较　　　单位:%

省份	"十二五"				"十三五"			
	GDP增长率	碳强度下降率	能耗增长率	能源碳密集度下降率	GDP增长率	碳强度下降率	能耗增长率	能源碳密集度下降率
辽宁	6.428	5.060	0.539	−0.548	−5.330	−8.350	2.737	1.220
吉林	7.357	6.050	−2.795	−4.213	−6.357	−6.250	0.408	2.426
黑龙江	5.048	0.520	−2.795	−8.096	−4.766	−7.510	0.408	−0.938

第九章 中国未来低碳经济增长的地区性路径

中国提出了振奋人心的"双碳"目标。但由于中国各地区之间的差异巨大,实现这一目标的过程必须是循序渐进和因地制宜的。不当的时机可能导致不公平或不可持续的能源转型。例如,在2021年下半年,中国一些省份普遍实现电力配给,就是因为不现实的能源限制和煤价暴涨。因此,根据省份层面的异质性进行区域政策调整,使多样化的区域努力朝着"双碳"目标前进是有必要的。

一、中国区域经济的协调发展

区域发展战略始终服从并服务于国家整体战略目标需要。进入新发展阶段是我国区域发展的历史方位,坚持新发展理念是我国区域发展的指导原则,构建新发展格局是我国区域发展的路径指引。新发展阶段是我国在如期全面建成小康社会后,进入全面建成社会主义现代化强国的新阶段。贯彻新发展理念就是要完整、准确、全面贯彻创新、协调、绿色、开放、共享的新发展理念。构建新发展格局就是要构建"双循环",即以国内大循环为主体,国内国际双循环相互促进。

在区域格局上,将加快塑造"双循环"新发展格局下"沿海—内陆—沿边"全面开放的区域协调发展格局。中国将充分发挥超大规模市场优势,加快建设全国统一大市场,将"大市场"发展为"强市场",通过以本土市场为基础的科技高水平自立自强,大力支持本土企业创新创业,创建"以我为主"的全球价值链网络,深刻改变长期以来以西方市场为基础的、嵌入发达国家跨国企业网络的国际代工模式。在"双循环"新发展格局下,我国区域格局将朝着各大板块梯度共进和协调发展的方向深度优化。一方面,在以"内循环"为主的全国统一大市场框架下,东、中、西、东北四大板块的高质量协调发展将成为战略重点;另一方面,在国内国际双循环相互促进下,沿海开放高地优势将更加凸显,成为我国"双循环"新发展格局塑造的重要引擎。推动东部地区加快现代化进程,高水平打造有全球竞争力的科创中心和人才基地,培育壮大世界级先进制造业集群。

从区域发展看,各地应立足自身优势,以全面服务和融入"双循环"新发展格局为契机,高标准推进区域产业高质量发展。东部发达地区应着力强化科技高水平自立自强,打造世界级先进制造业集群,大力发展生产性服务业和知识密集型服务业,谋划推动一批资源和劳动密集型传统产业精准有序转移,为承接国际产业链高端环节腾出空间,加快推动产业结构向中高端转变,释放以重点区域带动全局发展的整体效应。其他地区应立足区域实际,扬长避短、凸显特色、发挥优势,依托传统产业特色优势推动产业转型提档升级,如东北重工业基地和山西能源行业应进一步强化科技赋能,实现"老树发新枝",深挖潜在特色优势,推动跨越发展;如黄河流域的陕西、甘肃、内蒙古、青海、新疆等省份可在对传统优势特色产业提档升级的基础上,充分挖掘太阳能、风能优势,合力打造可再生能源示范区,借力发挥战略叠加特色优势、引进内联特色优势、政策集成特色优势等,因地制宜促进区域高质量发展。

在国内不同区域之间,也存在"雁阵"模式。东部地区是经济发展龙头,处在第一方阵,中部地区和东北三省是第二方阵,而西部地区是阵尾,排在最后。近几年,中国开展了东部产业向西部梯度转移的工作。产业梯度转移有利于加强区域合作、优化产业布局,获得资源重新配置效率,以实现中国经济增长向全要素生产率支撑型模式的转变。

作为处在经济发展第一方阵的东部地区,要率先破解碳排放约束。一方面,东部地区要推动产业转型升级,引领其他地区的经济发展;另一方面,东部地区要早于全国时间实现碳达峰。只有这样,才能为西部地区腾出发展空间,促进全国整体上在2030年前实现碳达峰。

二、东部地区

东部地区是我国经济增长的引擎。未来一段时期,在高质量发展的方向下,东部地区由于技术水平和效率较高,将再次获得较快发展。本项研究认为,东部地区未来整体GDP增长速度比全国平均水平要略高(表9-1),其中,北京和上海是东部地区第一梯队,江苏、浙江、福建、广东和海南是东部地区第二梯队,天津、河北和山东是东部地区第三梯队,处在最后。

表9-1 东部地区各省份未来经济增长和节能减排发展假设　　单位:%

地区	"十四五"			"十五五"			"十六五"		
	GDP增长率	能耗强度下降率	碳强度下降率	GDP增长率	能耗强度下降率	碳强度下降率	GDP增长率	能耗强度下降率	碳强度下降率
北京	6.0	4.0	6.0	6.0	4.0	6.0	6.0	4.0	6.0
天津	5.0	3.0	4.5	4.5	3.0	4.5	4.0	3.0	4.5
河北	5.0	2.5	4.0	4.5	3.0	4.5	4.0	3.0	4.5
上海	6.0	4.0	6.0	6.0	4.0	6.0	6.0	4.0	6.0
江苏	6.0	3.5	5.5	5.5	4.0	5.5	5.0	3.5	5.5
浙江	6.0	3.5	5.5	5.5	4.0	5.5	5.0	3.5	5.5
福建	6.0	3.5	5.5	5.5	4.0	5.5	5.0	3.5	5.5
山东	5.0	2.5	4.5	4.5	3.0	4.5	4.0	3.0	4.5
广东	6.0	3.5	5.5	5.5	4.0	5.5	5.0	3.5	5.5
海南	6.0	3.0	4.5	5.5	3.5	5.0	5.0	3.5	5.0

在表9-1的经济增长速度假设下,东部地区各省份未来经济保持增长趋势(图9-1)。其中,广东和江苏的经济优势进一步加大;山东和浙江趋势越来越接近;北京、上海和福建也保持了较快的增长势头;河北、天津和海南处在最后面。

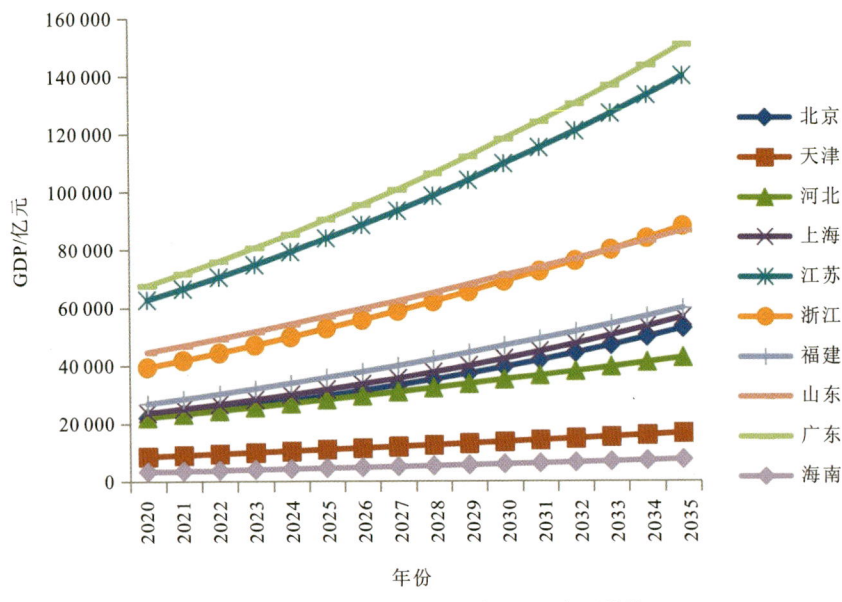

图 9-1　东部地区各省份未来 GDP 发展趋势

（注：按 2005 年不变价计算）

将各省份的数据加总得到东部地区总体 GDP 增长趋势（图 9-2）。在整体上，2035 年东部地区的 GDP 将是 2020 年的 2.19 倍，翻了一番多。这为全国在 2035 年 GDP 总量比 2020 年翻一番打下了坚实基础。

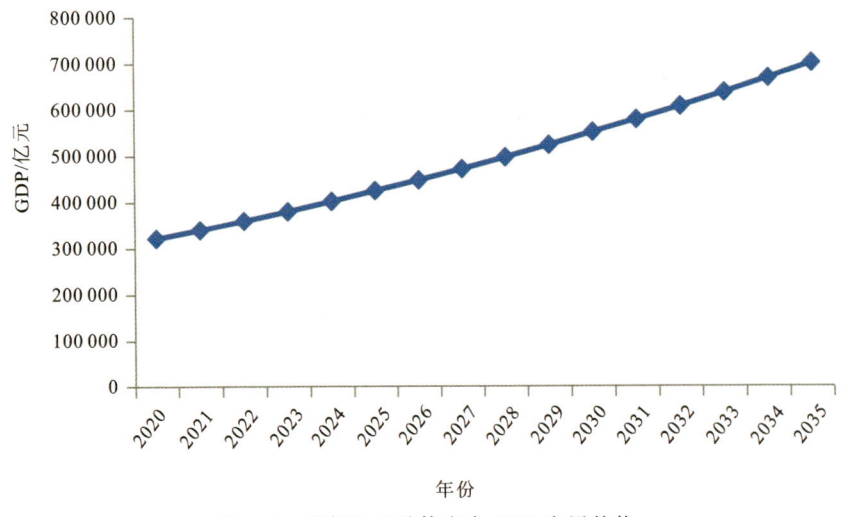

图 9-2　东部地区总体未来 GDP 发展趋势

（注：按 2005 年不变价计算）

东部地区具有产业转型升级的优势以及产业梯度转移的趋势，能耗强度的年下降率高于全国平均水平。本项研究假设东部地区能耗强度下降率能一直保持在 3.5% 的水平（表 9-1）。此外，东部地区通过进一步控制煤炭消费和发展可再生能源，碳强度下降率能一直保持在 5% 左右的水平。

在上述假设下,东部地区除北京和上海以外,各省份在"十四五"期间碳排放有缓慢增长。其中,山东和河北产业转型升级的难度较大,碳排放增长趋势更明显(图9-3)。在"十五五"期间,除海南省外,其他各省份都在2025年左右实现了碳达峰。"十六五"期间则各省份都出现碳排放量的明显下降。

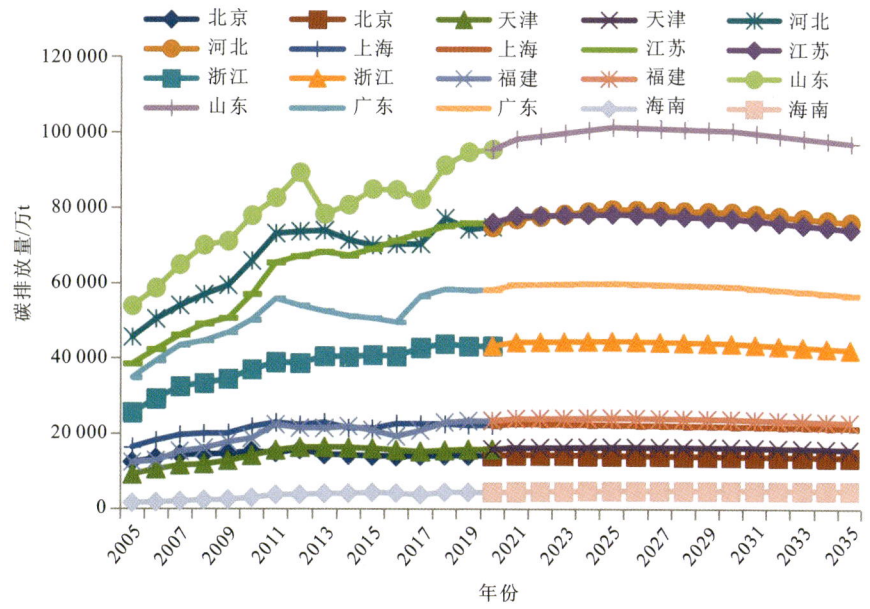

图9-3　东部地区各省份未来碳排放发展趋势

(注:1.2020年的数据根据各省的能源消费实际增长率做了调整,下同;2.2021年全国能源消费增长了3.2%,特别是东部地区,由于出口量增加,碳排放量略有上升)

东部地区总体上能在2025年左右实现碳达峰。虽然海南省的碳达峰时间要晚于2025年,但是海南省的碳排放量较小,对东部的整体影响较小。因此,东部地区在整体上能在2025年左右实现碳达峰,峰值总量44.2亿t,比2020年增长3.5%(图9-4)。东部地区整体达峰时间要早于全国达峰时间,这是因为东部地区的经济发展水平较高,工业化和城市化进程在全国处于领先地位。

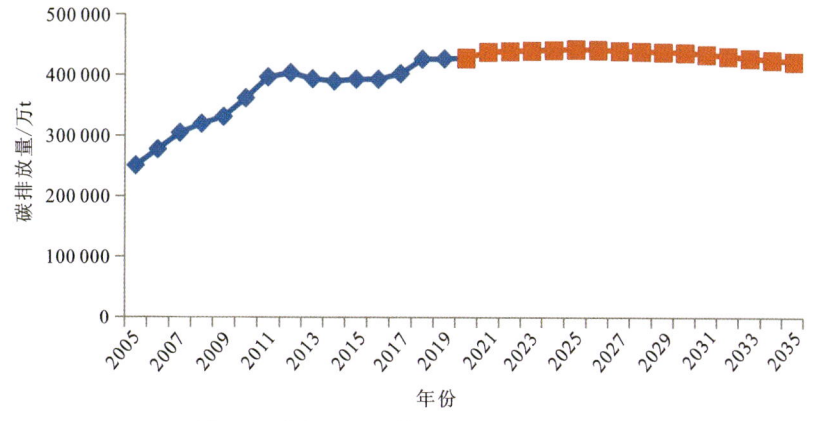

图9-4　东部地区总体碳排放未来发展趋势

三、中部地区

中部地区基本上处于全国平均水平。在中部地区内部,安徽和湖北的发展势头较好,而山西和河南的发展势头较差。因此,将中部地区6省份分为3种类型。在"十四五"期间,安徽和湖北的经济增长率略高,达到6%;山西和河南的经济增长率略低,只有5%;江西和湖南处在中间,达到5.5%。在"十五五"和"十六五"期间,山西和河南的经济增长率也略低一点(表9-2)。

表 9-2 中部地区各省份未来经济增长和节能减排发展假设　　　　　　　　　　单位:%

省份	"十四五"			"十五五"			"十六五"		
	GDP增长率	能耗强度下降率	碳强度下降率	GDP增长率	能耗强度下降率	碳强度下降率	GDP增长率	能耗强度下降率	碳强度下降率
山西	5.0	3.0	4.5	4.5	3.0	4.5	4.0	3.0	4.5
安徽	6.0	3.0	4.5	5.0	3.0	4.5	4.5	3.0	4.5
江西	5.5	3.0	4.5	5.0	3.0	4.5	4.5	3.0	4.5
河南	5.0	3.0	4.5	4.5	3.0	4.5	4.0	3.0	4.5
湖北	6.0	3.0	4.5	5.0	3.0	4.5	4.5	3.0	4.5
湖南	5.5	3.0	4.5	5.0	3.0	4.5	4.5	3.0	4.5

在这样的经济增长假设下,中部地区各省份未来经济增长呈现分化趋势(图9-5)。在经济总体规模上,河南、湖北、湖南和安徽对江西和山西的优势在拉大;安徽与湖南的经济总量差距在不断缩小。

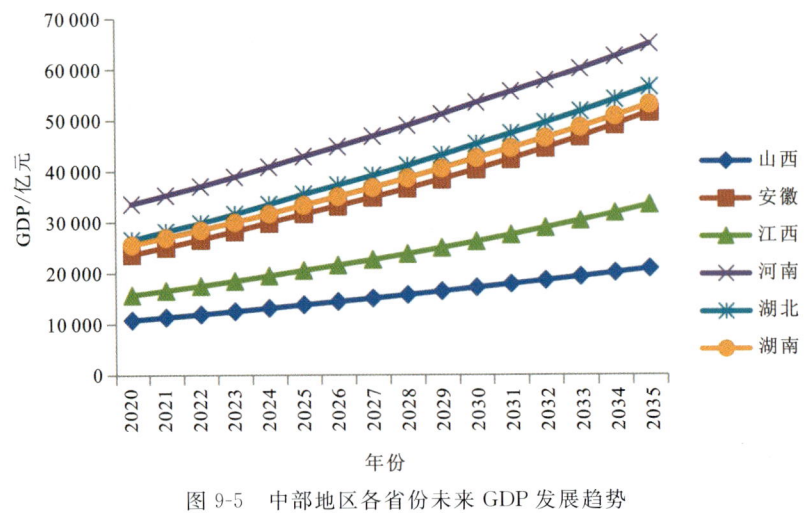

图 9-5 中部地区各省份未来GDP发展趋势

(注:按2005年不变价计算)

将中部地区六省份的数据加总得到中部地区总体GDP发展趋势(图9-6)。到2035年,按不变价计算,中部地区GDP总量刚刚翻了一番。这符合中部地区经济发展处在全国平均水平这个假设。

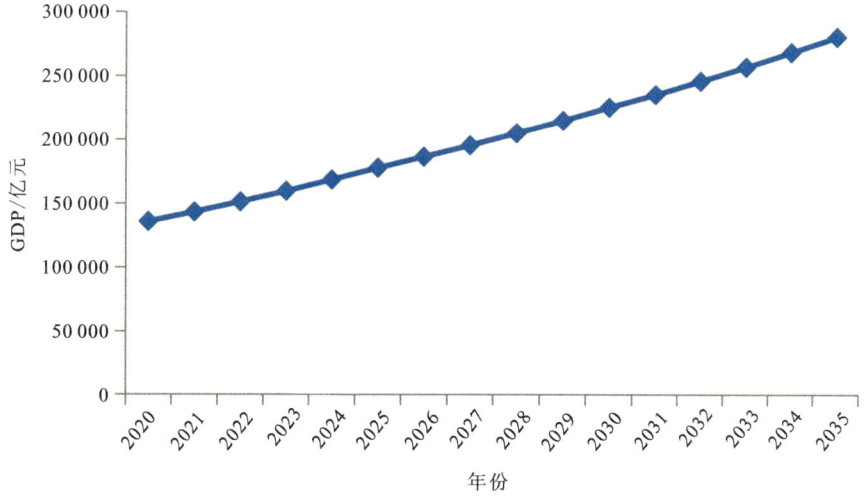

图 9-6　中部地区总体未来GDP发展趋势
(注:按2005年不变价计算)

在能耗强度下降率和碳强度下降率方面,中部地区各省份都能保持在全国平均水平(表9-2)。在上述假设下,中部地区各省份都能在"十四五"期间实现碳达峰,与国家整体碳达峰时间基本保持一致。山西和河南依然是中部地区碳排放量最多的省份,安徽和湖北的碳排放量几乎重合(图9-7)。

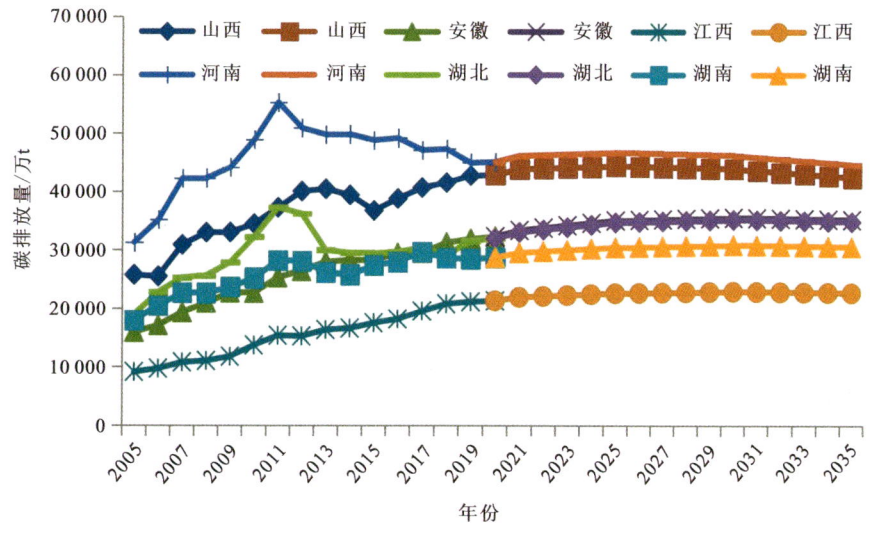

图 9-7　中部地区各省份未来碳排放发展趋势

中部地区整体上在"十四五"期间碳排放会有缓慢增长,然后在"十五五"期间实现碳达峰,峰值数量21.5亿t,比2020年增长6.1%(图9-8)。中部地区的碳达峰时间比东部地区要晚,与全国碳达峰要求的时间基本保持一致。

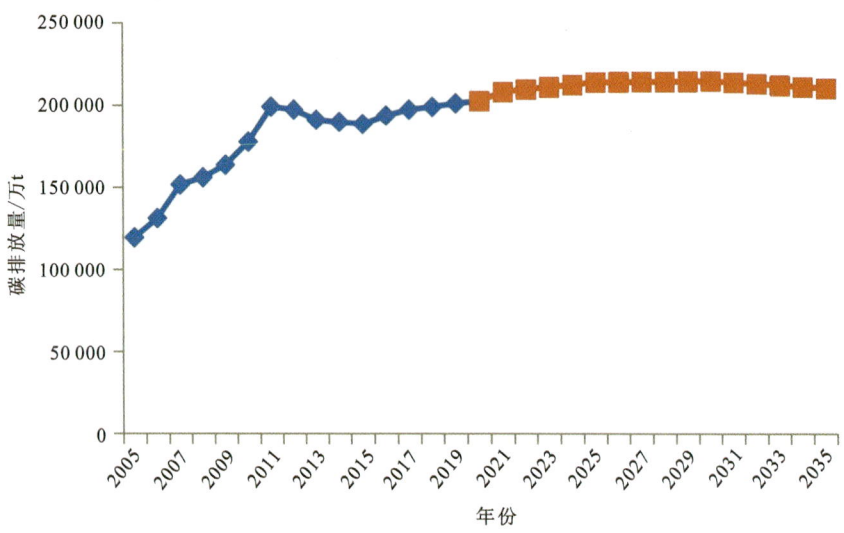

图 9-8 中部地区整体碳排放未来发展趋势

四、西部地区

西部地区的情况比较复杂。在经济发展势头上,西南地区整体上比西北地区略好一些;在西南地区内部,重庆和四川比云南和贵州经济增长形势略好一些;在西北地区内部,陕西经济增长形势较好。在假设条件下,"十四五"期间,重庆和四川的经济增长率年均能达到6%,云南、贵州和陕西能达到5.5%,其他地区能达到4.5%;在"十五五"和"十六五"期间,各省(自治区、直辖市)增长率略有下降(表9-3)。

表 9-3 西部地区各省(自治区、直辖市)未来经济增长和节能减排发展假设　　单位:%

省(自治区、直辖市)	"十四五"			"十五五"			"十六五"		
	GDP增长率	能耗强度下降率	碳强度下降率	GDP增长率	能耗强度下降率	碳强度下降率	GDP增长率	能耗强度下降率	碳强度下降率
内蒙古	4.5	2.0	3.0	4.0	2.0	3.0	3.5	2.0	3.5
广西	5.0	2.0	3.0	4.5	2.0	3.5	4.0	2.0	3.5
重庆	6.0	3.0	5.0	5.5	3.5	5.5	5.0	3.5	5.5
四川	6.0	3.0	5.0	5.5	3.5	5.5	5.0	3.5	5.5
贵州	5.5	3.0	4.5	5.0	3.5	5.0	4.5	3.5	5.0
云南	5.5	3.0	4.5	5.0	3.5	5.0	4.5	3.5	5.0
陕西	5.5	3.0	4.0	5.0	3.0	4.5	4.5	3.0	4.5
甘肃	4.5	2.0	3.0	4.0	2.0	3.5	3.5	2.0	3.5
宁夏	4.5	2.0	3.0	4.0	2.0	3.5	3.5	2.0	3.5
青海	4.5	2.0	3.0	4.0	2.0	3.5	3.5	2.0	3.5
新疆	4.5	2.0	3.0	4.0	2.0	3.0	3.5	2.0	3.5

在上述经济增长假设下,西部地区各省(自治区、直辖市)未来经济增长趋势分化明显(图9-9)。四川经济规模有进一步扩大的趋势;陕西对于云南和广西的经济总量优势有一点拉大,巩固了其西部地区第二的地位。

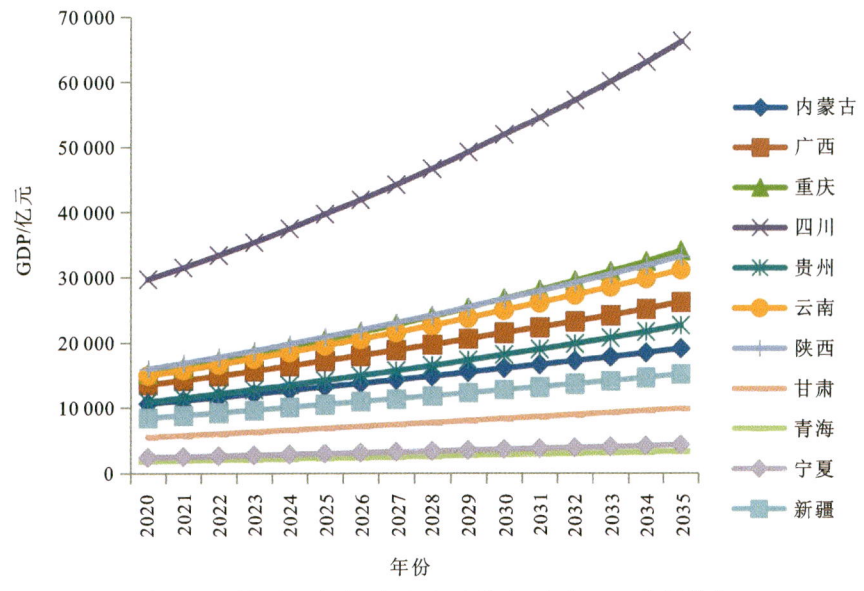

图 9-9 西部地区各省(自治区、直辖市)未来 GDP 发展趋势

(注:按 2005 年不变价计算)

将西部地区各省(自治区、直辖市)的 GDP 加总得到西部地区总体 GDP 增长趋势(图9-10)。到 2035 年,按不变价计算,西部地区的 GDP 总量比 2020 年刚刚翻了一番。这有助于防止东西部地区经济差距变得过大,从而促进共同富裕目标的实现。

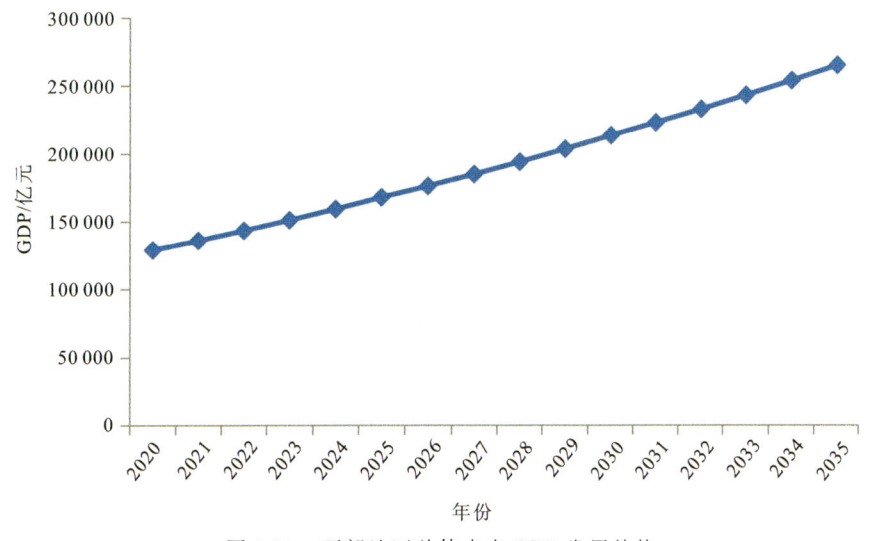

图 9-10 西部地区总体未来 GDP 发展趋势

(注:按 2005 年不变价计算)

西部地区能源资源丰富。在能源资源禀赋上,西南地区水电资源丰富,而西北地区煤炭资源和风能、太阳能资源丰富。在能耗强度下降率和碳强度下降率方面,由于西部地区要承接东部地区产业的梯度转移,并且完成新型工业化和城镇化进程,西部地区能耗强度下降率会低于全国平均水平。碳强度下降率还要受到可再生能源的资源禀赋和开发力度的影响,假设西南地区的重庆、四川、贵州和云南的碳强度下降率要更高(表9-3)。

在上述假设下,西部地区的碳排放出现分化趋势。西北地区,特别是内蒙古和新疆作为能源大省,对保障全国的能源安全发挥着积极作用,在未来一段时期碳排放量仍将持续增长;西南地区,例如重庆和四川,通过开发和利用水电资源可以更早地实现碳达峰(图9-11)。

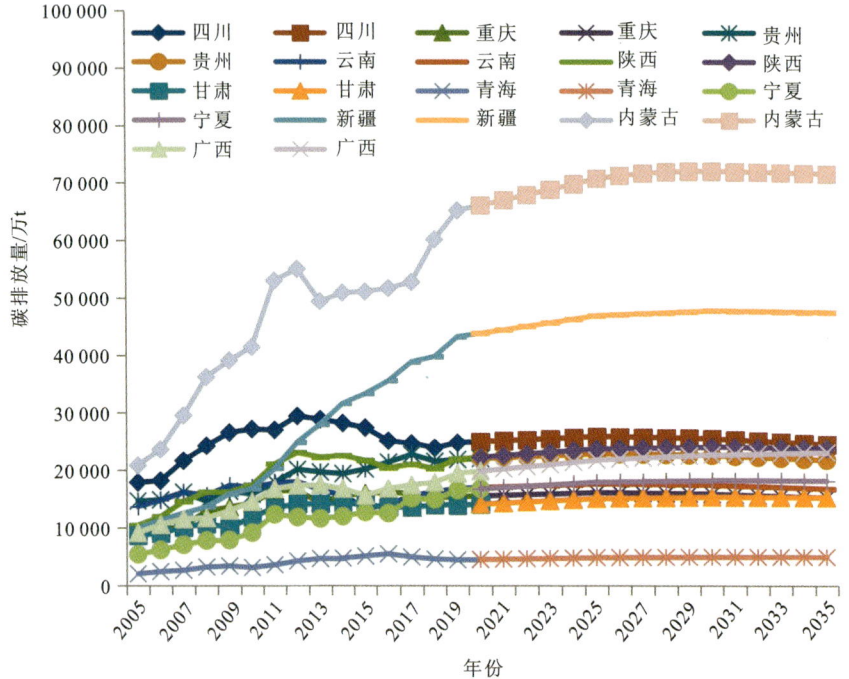

图9-11 西部各省(自治区、直辖市)未来碳排放发展趋势

在整体上,西部地区要在2030年以后才能实现碳达峰。西部地区整体的碳达峰时间比全国要略晚,峰值数量29亿t,比2020年增长8.4%(图9-12)。

五、东北三省

作为老工业基地,东北三省的碳排放量占比远远高于其经济总量占比。2019年,东北三省的碳排放量约占全国的10%,但是GDP总量仅占全国的5.1%,碳排放强度几乎是全国平均水平的2倍。在未来一段时期,东北三省面临着振兴经济和降低碳排放量的双重挑战。在东北三省内部,辽宁的经济增长形势略好于吉林和黑龙江。假设辽宁的GDP增长率比吉林和黑龙江高出1个百分点(表9-4)。

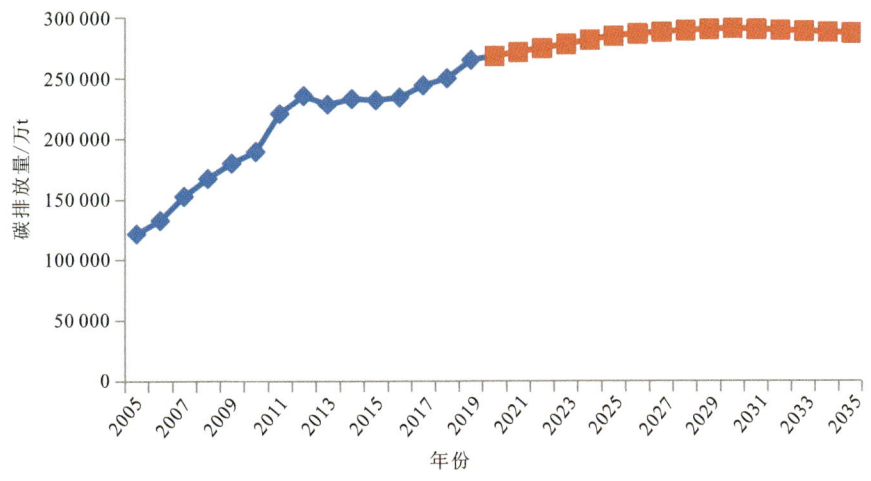

图 9-12　西部整体碳排放未来发展趋势

表 9-4　东北三省未来经济增长和节能减排发展假设　　　　　　　　　　　　　　　单位：%

省份	"十四五"			"十五五"			"十六五"		
	GDP增长率	能耗强度下降率	碳强度下降率	GDP增长率	能耗强度下降率	碳强度下降率	GDP增长率	能耗强度下降率	碳强度下降率
辽宁	5.0	2.0	3.0	4.5	2.5	4.0	4.0	2.5	4.0
吉林	4.0	2.0	3.0	3.5	2.0	3.5	3.0	2.0	3.5
黑龙江	4.0	2.0	3.0	3.5	2.0	3.5	3.0	2.0	3.5

在上述假设下，东北三省未来GDP发展势头相对平缓（图9-13）。在东北三省内部，吉林和黑龙江与辽宁的经济总量差距会进一步拉大。

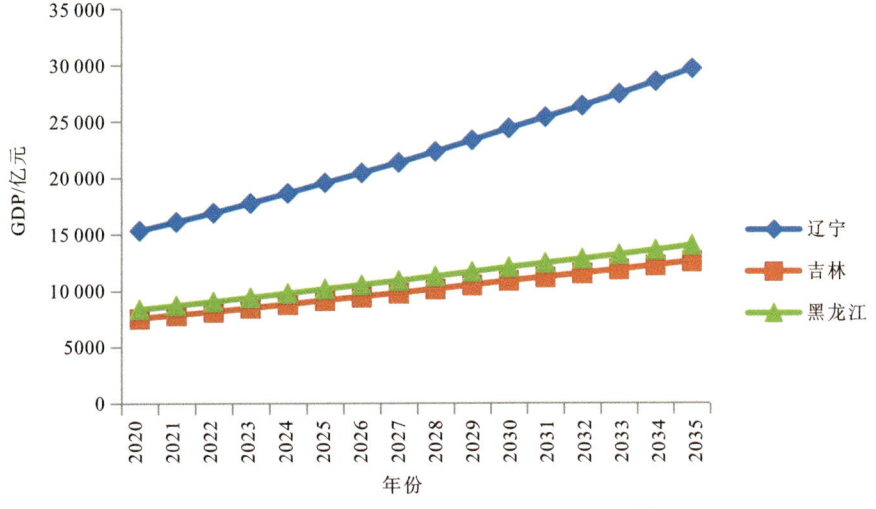

图 9-13　东北三省各省份未来GDP发展趋势

（注：按2005年不变价计算）

将东北三省各省份的数据加总得到东北三省总体 GDP 增长趋势(图 9-14)。到 2035 年，按不变价计算，东北三省的 GDP 总量没有实现比 2020 年翻一番。

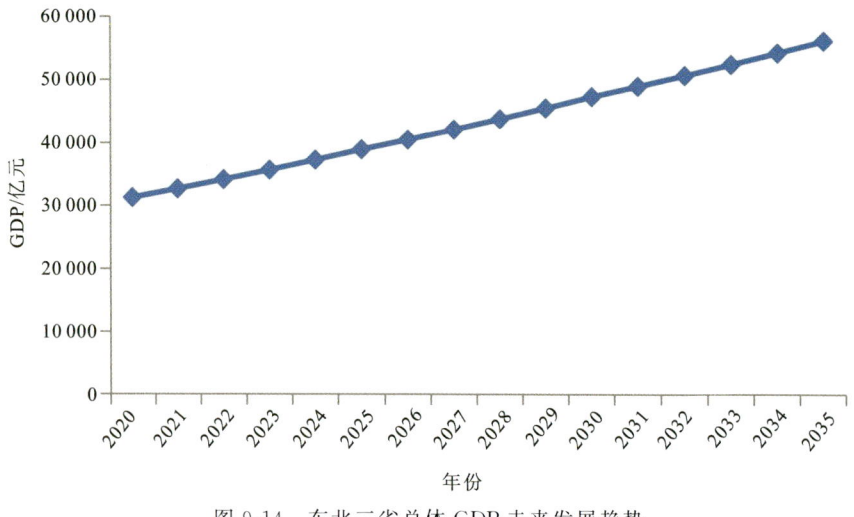

图 9-14　东北三省总体 GDP 未来发展趋势

(注：按 2005 年不变价计算)

随着东北三省产业结构的转型升级，"十五五"和"十六五"期间碳强度下降率会有所提高(表 9-4)。在上述假设下，东北三省的碳排放量将缓慢增长。其中，辽宁增长幅度略高于吉林和黑龙江(图 9-15)。东北三省的碳排放都将在"十五五"期间达峰，晚于东部，与中部地区相近。

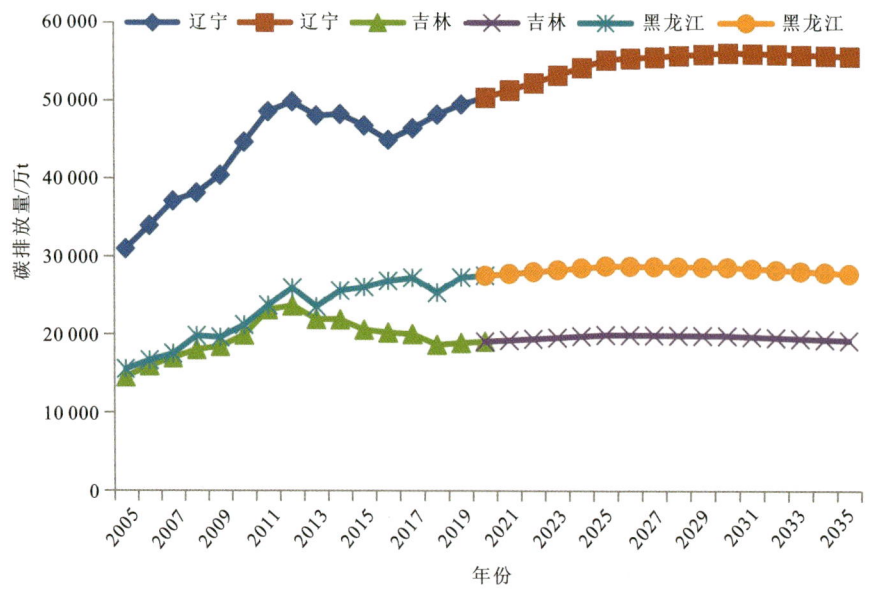

图 9-15　东北三省未来碳排放发展趋势

东北三省整体上碳排放将有所反弹,然后实现碳达峰。在"十四五"期间,随着经济的复苏,东北三省的碳排放量在整体上有所增长;在"十五五"期间,进入碳排放达峰期,峰值数量10.4亿t,比2020年增长7.7%;在"十六五"期间,碳排放量稳中有降(图9-16)。

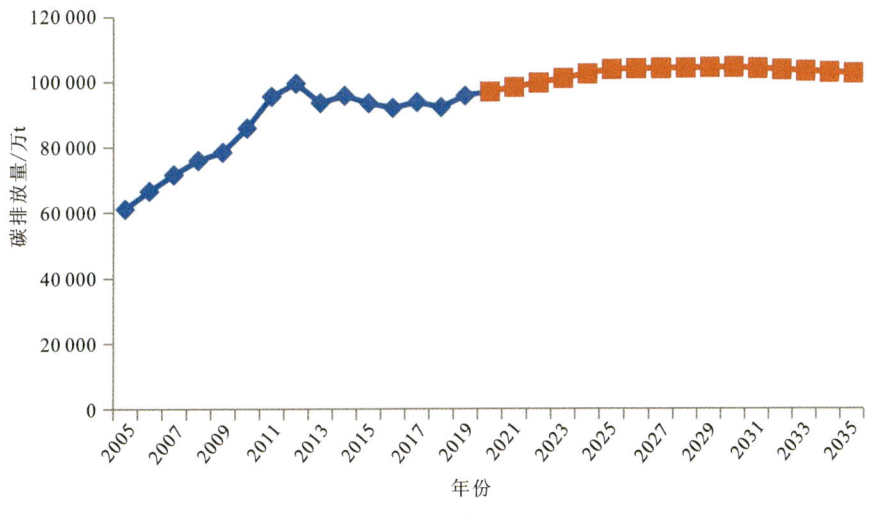

图 9-16　东北三省整体碳排放未来发展趋势

六、各区域比较及加总

不同区域之间未来经济增长会发生分化。东部地区经济增长速度较快,要高于全国平均水平,并且带动其他地区的经济增长;东北三省经济增长速度较慢,要低于全国平均水平;中部地区和西部地区的经济总量仍然非常接近,在经济增长速度上与全国平均水平基本保持一致(图9-17)。

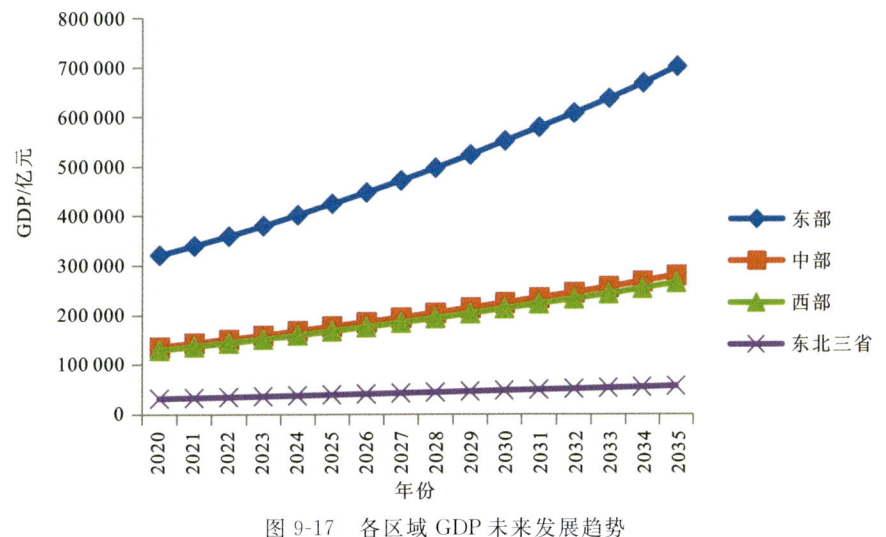

图 9-17　各区域 GDP 未来发展趋势

(注:按2005年不变价计算)

将不同区域的 GDP 相加得到全国 GDP 增长趋势(图 9-18)。按照这样的增长趋势,按不变价计算,到 2034 年(比原定的目标早一年)全国 GDP 就可以实现比 2020 年翻一番的目标了。

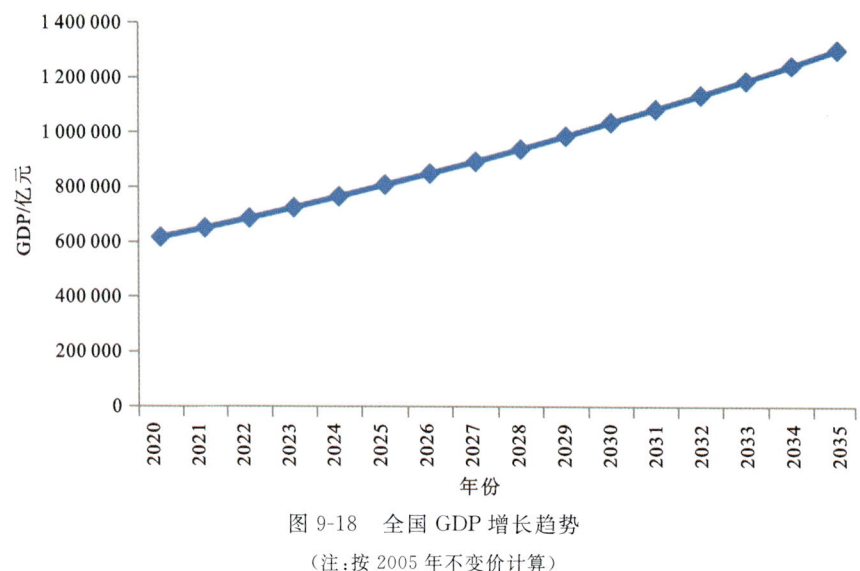

图 9-18　全国 GDP 增长趋势

(注:按 2005 年不变价计算)

不同区域碳排放达峰时间有先有后。东部地区碳达峰时间最早,其次是中部地区和东北三省,最后是西部地区(图 9-19)。东部地区碳排放占比最大,率先实现碳达峰对全国有重要意义,既可以给其他地区带来示范效应,也可以给西部地区腾出碳排放空间,促进全国整体在 2030 年前实现碳达峰。

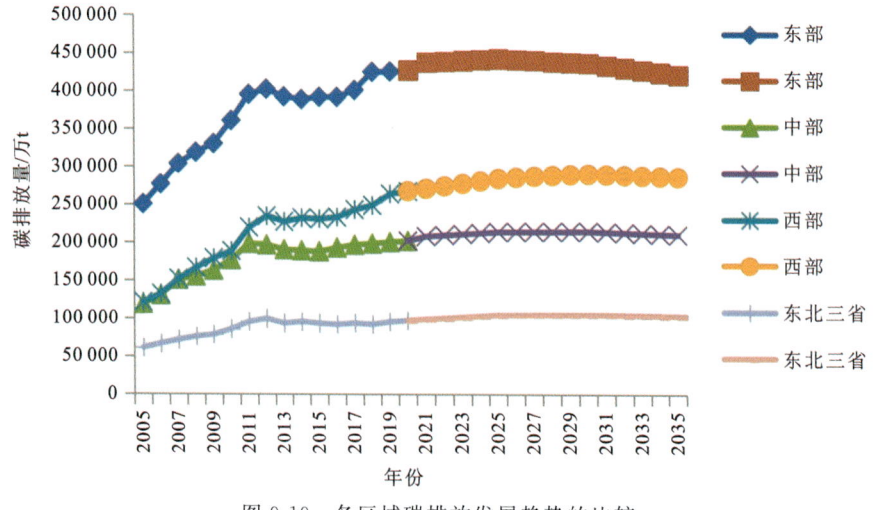

图 9-19　各区域碳排放发展趋势的比较

中国整体上可以在 2030 年前实现碳达峰。通过各区域自下而上的汇总,全国碳排放将在 2029 年实现碳达峰(图 9-20)。峰值数量 104.6 亿 t,比 2020 年增长 5.2%,增长幅度与全国层面的数据比较接近。

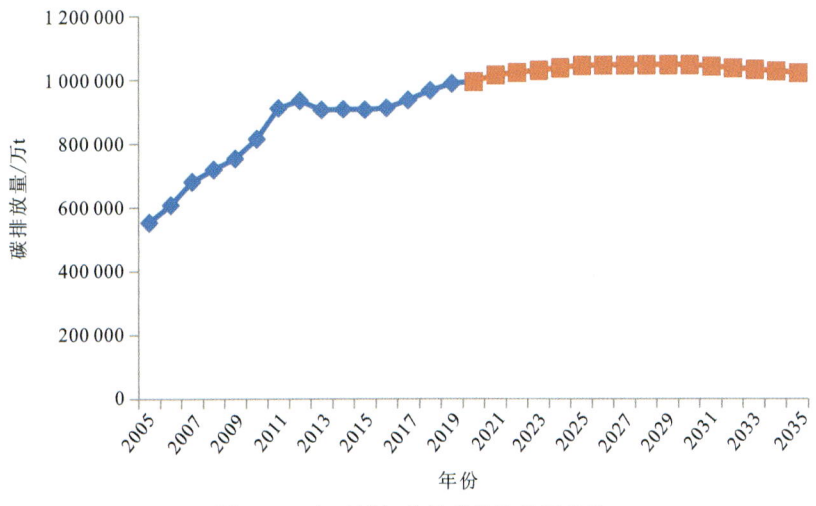

图 9-20 各区域加总的碳排放发展趋势

七、进一步的讨论

从区域低碳经济增长的路径来看,不同区域存在着差异,不能采取"一刀切"的模式。在高质量发展的要求下,东部地区经济将获得较快增长,并且有条件率先实现碳达峰;中部地区的经济增长速度和碳达峰时间与全国基本保持一致;东北三省的经济增长速度要低于全国平均水平,但是碳达峰时间要与全国水平保持一致;西部地区经济增长速度要尽量接近全国平均水平,但是碳排放最后达峰。

只有东部发达地区碳排放率先达峰,才能为西部地区留出一定的碳排放空间,确保在2030年前全国整体碳排放达到峰值。东部地区率先碳达峰的有利条件是经济发展形势较好,新旧动能转换和产业升级比较明显;不利条件在于预期GDP增长率越高,实现碳达峰越困难。东部地区到2025年期望GDP增长率约为5.5%的较高水平,碳强度年下降率需保持相应较高水平。这将远高于发达国家碳排放达峰时GDP增长速度和碳强度下降的速度。达峰任务艰巨,需要做出艰苦的努力。

中部地区经济社会发展处在全国平均水平,在全国碳达峰地区中具有很强的代表性。近些年来,中部地区一些省份(如河南和湖北)采取了严格控制煤炭消费的政策。这些控煤政策已经取得了显著的成效,需要保持下去。

从长远看,西部能源大省要尽快跳出传统工业化思维,逐步摆脱对化石能源的依赖。内蒙古、新疆、宁夏、贵州等省份需要采取有力措施转变发展方式,实现从资源依赖走向技术创新。西部能源大省既要保障全国能源供应,又要担起减排降耗的重压,其绿色低碳转型发展面临巨大挑战。

东北三省作为老工业基地,需要加快推进产业转型升级。近些年来,东北三省经济出现了下滑趋势,发展面临着一些困难。东北三省需要迅速改变方向,向侧重于以服务为基础的经济和更清洁的能源结构方向迈进。

第四篇

中国低碳经济增长的机制设计和制度安排及研究结论

第十章 中国低碳经济增长的机制设计和制度安排

中国式现代化和"双碳"目标已经上升到国家发展战略。前文已经探讨了中国实现低碳经济增长的多维路径问题,本章将探讨中国低碳经济增长目标的落实问题,即将可行性变为现实性。

如何在促进经济较快增长的同时实现碳达峰目标?在目前条件下,中国很明显没有自然达峰的可能性,只能通过国家战略和国家政策来加以引导,并调动全社会的力量来加以落实。对此,我们需要多方位系统探讨。

一、中国落实低碳经济增长目标的模式

中国如何落实低碳经济增长目标?应对气候变化、实现低碳经济增长涉及中央政府、相关部委(或行业主管部门)、地方政府、企业、公众等众多行动主体,涵盖工业、能源、建筑、交通等不同领域①。

在模式上,中国实现低碳经济增长的目标主要是"自上而下"的(图10-1)。首先,中央政府确定目标,例如,中央政府确定在2030年前实现碳达峰,以及在2035年基本实现现代化;接下来,相关部委建立机制,即进行机制设计,出台激励性政策等;然后,地方政府根据中央政

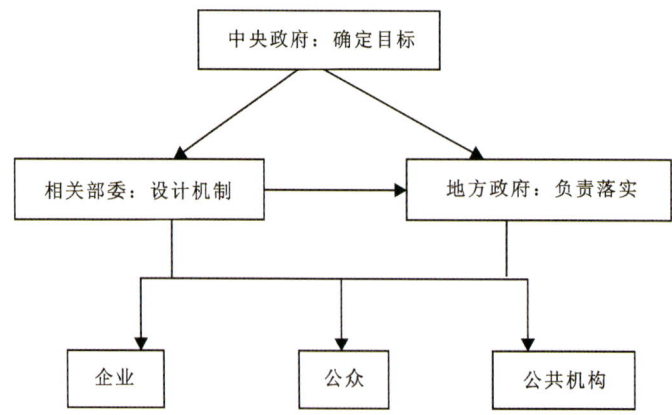

图 10-1 中国落实低碳经济增长目标的模式

---

① 中央政府是指党中央和国务院,对应国家层面或宏观层面,但是,严格来说,党中央和国务院的职能也有区别;相应地,地方政府包括地方党委和政府,属于中观层面。

府确定的目标和相关部委颁布的政策制定地方经济增长和碳达峰方案,并接受中央政府的监督和考核;最后,企业、公众和公共机构等微观层面主体采取行动,完成中央政府确定的目标。

中国实现低碳经济增长的路径有多个维度。在宏观层面上,中央政府要进行规划,然后在行业和地区等中观层面落实。国家层面上有低碳经济增长这个目标或需求,必须落到行业上、地区上,特别是重点行业、重点地区上,否则,目标难以达成。因此,国家层面的宏观维度和行业、地区层面的中观维度是相互联系的,需要统筹推进。

二、中央政府

在国家层面,中央政府是全面推动实现经济增长和碳达峰目标的行动主体。该行动主体具有统揽性、综合性、权威性,是一只"看得见的手",其职责主要是提出低碳经济增长的目标、制定实现经济增长和碳达峰目标的规划和总体方案。在 2030 年前实现碳达峰这一目标下,中央政府不仅要制定规划,还要通过各种形式和方式督促各级政府以及各类行动主体切实履行各自的具体任务和目标,最终实现碳达峰。

中央政府既是面向国际社会全面履行碳达峰、碳中和承诺的主体,也是推动全国"一盘棋"实现碳减排目标的行动主体。国家主席习近平 2015 年在气候变化巴黎大会开幕式上发表讲话,指出"中国把应对气候变化融入国家经济社会发展中长期规划,坚持减缓和适应气候变化并重,通过法律、行政、技术、市场等多种手段,全力推进各项工作……通过科技创新和体制机制创新,实施优化产业结构、构建低碳能源体系、发展绿色建筑和低碳交通、建立全国碳排放交易市场等一系列政策措施,形成人和自然和谐发展现代化建设新格局"。

2015 年达成的《巴黎协定》提出设定长期目标、建立自主贡献减排模式等重要内容。中国在"国家自主贡献"中提出,将于 2030 年前后使二氧化碳排放达到峰值并争取尽早实现,2030 年单位国内生产总值二氧化碳排放比 2005 年下降 60%～65%,非化石能源占一次能源消费比重达到 20% 左右,森林蓄积量比 2005 年增加 45 亿 m^3 左右。既然中国政府明确向国际社会做出了"国家自主贡献"的承诺,也就意味着中国政府必须在国家层面全面履行这一承诺。

2020 年 9 月,国家主席习近平在第七十五届联合国大会一般性辩论上宣布,中国将提高国家自主贡献力度,采取更加有力的政策和措施,二氧化碳排放力争于 2030 年前达到峰值,努力争取 2060 年前实现碳中和。2020 年 10 月,中国共产党第十九届五中全会通过的《中共中央关于制定国民经济和社会发展第十四个五年规划和二〇三五年远景目标的建议》明确提出,"降低碳排放强度,支持有条件的地方率先达到碳排放峰值,制定二〇三〇年前碳排放达峰行动方案"。2020 年 12 月的中央经济工作会议确定了八项重点任务,其中一项是"做好碳达峰、碳中和工作"。由此,2030 年前实现碳达峰、2060 年前实现碳中和的目标成为国家重大战略。

自 2021 年 10 月以来,党中央和国务院相继下发碳达峰顶层设计文件。其中,《中共中央 国务院关于完整准确全面贯彻新发展理念做好碳达峰碳中和工作的意见》是中央层面推进"双碳"工作的系统谋划和总体部署,《2030 年前碳达峰行动方案》是碳达峰阶段的总体部署。

（一）实施目标引领

为了落实低碳经济增长目标，中国全面加速落实行动。在国家层面成立了碳达峰、碳中和工作领导机构，统筹协调双碳工作顶层设计。

第一，将碳达峰目标纳入国民经济和社会发展规划。

中央政府作为碳达峰、碳中和行动中的主导者、监督者和政策制定者，首先需要将碳达峰目标纳入国民经济和社会发展规划，组织编制和实施相关的中长期专项规划和年度计划。中国是全球气候变化的参与者、贡献者和引领者。中国政府从本国国情和发展阶段的特征出发，实施积极应对气候变化国家战略，把应对气候变化有机融入国家经济社会发展中长期规划和生态文明建设整体布局，通过法律、行政、技术、市场等多种手段，加快推进绿色低碳发展，主动控制温室气体排放。

从国内来看，《中共中央关于制定国民经济和社会发展第十四个五年规划和二〇三五年远景目标的建议》明确指出，到2035年基本实现社会主义现代化，广泛形成绿色生产生活方式，二氧化碳排放达峰后稳中有降，生态环境根本好转，美丽中国建设目标基本实现。

《中华人民共和国国民经济和社会发展第十四个五年规划和2035年远景目标纲要》没有给出未来五年我国经济增长和能源消费总量的具体目标。鉴于国内外经济社会形势的不稳定性和不确定性，"十四五"规划建议经济增长目标要"保持在合理区间、各年度视情况提出"（表10-1）。另外，"十四五"规划中提出要"完善能源消费总量和强度双控制度，重点控制化石能源消费"，也没有明确提出能源消费总量。

表 10-1　中国未来三个五年规划目标

项目	"十四五"规划目标	"十五五"规划目标	2035年规划目标
GDP 年增长率（年均增速）/%	合理区间		基本实现社会主义现代化
服务业增加值占比/%			
常住人口城镇化率/%	65		
能耗强度下降率（累计）/%	13.5*		
期末能源消费总量/亿 t 标准煤当量	合理控制	<60*	
非化石能源/%	20*	25*	
煤炭/%			
煤炭消费量/亿 t	严控增长	逐步减少	
天然气/%		15	
石油/%		峰值平台期	
能耗增长率/%			
碳强度下降率（累计）/%	18*		
碳强度比2005年累计下降/%		>65*	

注：*表示约束性指标。

在我国的五年规划目标中,有些是预期性的,有些是约束性的。预期性指标是国家期望的发展目标,主要依靠市场主体的自主行为来实现;约束性指标强化了政府必须履行的职责,是政府必须实现、必须完成的指标。近些年来,经济社会发展目标多是预期性的,而资源环境目标多是约束性的。另外,五年规划目标多数保证底线或留有余地,一般情况下都会超额完成。例如,碳强度下降目标每次都超额完成。但是,也有一些目标没有完成,例如,"十一五"规划提出能耗强度下降20%,实际完成了19.1%。

第二,对碳达峰工作做出系统部署。

在我国更新国家自主贡献目标,提出2030年前实现碳达峰以后,中央政府制定了碳达峰的顶层设计方案。2021年9月,中共中央和国务院发布了《中共中央 国务院关于完整准确全面贯彻新发展理念做好碳达峰碳中和工作的意见》;2021年10月国务院印发了《国务院关于印发2030年前碳达峰行动方案的通知》。这两份文件重申了我国"十四五""十五五"期间碳减排的主要目标:到2025年,单位国内生产总值二氧化碳排放比2020年下降18%,单位国内生产总值能源消耗比2020年下降13.5%;到2030年,单位国内生产总值二氧化碳排放比2005年下降65%以上,二氧化碳排放量达到峰值并实现稳中有降,单位国内生产总值能耗大幅下降,顺利实现2030年前碳达峰目标(表10-2)。

表10-2 我国强化应对气候变化行动目标

2015年国家自主贡献原内容	2021年国家自主贡献更新内容	国内实施	
		目标	已有政策支持
到2020年,单位国内生产总值二氧化碳排放量比2005年下降40%~45%。2030年左右二氧化碳排放达到峰值并争取尽早达峰,单位国内生产总值二氧化碳排放比2005年下降60%~65%	二氧化碳排放力争于2030年前达到峰值,努力争取2060年前实现碳中和。到2030年,中国单位国内生产总值二氧化碳排放将比2005年下降65%以上。统筹建立二氧化碳排放总量控制制度。研究实施非二氧化碳温室气体控排行动方案,继续完善非二氧化碳温室气体,逐步建立健全非二氧化碳温室气体排放统计核算体系、政策体系和管理体系	到2025年,单位国内生产总值二氧化碳排放比2020年下降18%,单位国内生产总值能源消耗比2020年下降13.5%。到2030年,单位国内生产总值二氧化碳排放比2005年下降65%以上,二氧化碳排放量达到峰值并实现稳中有降。单位国内生产总值能耗大幅下降;顺利实现2030年前碳达峰目标。加强甲烷等非二氧化碳温室气体管控	《中共中央 国务院关于完整准确全面贯彻新发展理念做好碳达峰碳中和工作的意见》。国务院《2030年前碳达峰行动方案》

《中共中央 国务院关于完整准确全面贯彻新发展理念做好碳达峰碳中和工作的意见》,是新发展理念指导下做好碳达峰碳中和工作的系统部署,是管总体管长远的纲领性文件。《2030年前碳达峰行动方案》聚焦"十四五"和"十五五"两个关键五年,明确各地区、各领域、各行业推进碳达峰具体任务部署。这两份文件对破解中国经济增长过程中的碳排放约束具有

十分重要的指导意义。当前,我国双碳"1+N"政策体系已初步建成。从顶层设计来看,"1+N"政策体系由"1"和"N"政策构成。其中,《中共中央 国务院关于完整准确全面贯彻新发展理念做好碳达峰碳中和工作的意见》和《2030年前碳达峰行动方案》为"1+N"政策体系中的"1",即顶层设计文件。《2030年前碳达峰行动方案》中提出的十大行动明确了"N"的政策范围,包括能源、工业、城乡建设、交通运输等行业碳达峰实施方案,科技支撑、碳汇能力、统计核算、督察考核等支撑措施和财政、金融、价格等保障政策,以及各地方实施的"双碳"政策。

中央政府面对的不仅仅是各级地方政府,还要考虑不同的行业部门。中央政府在制定规划、出台各类政策和办法时,首先与地方政府、各类行业部门等行动主体密切互动,最大化地达成共识并形成方案,引导地方政府、行业部门和企业履行义务,达到碳减排的指标要求,最终落实这些共识和方案的是地方政府、行业部门及各类企业。

在能源领域,中央顶层设计方案提出要加快构建清洁低碳安全高效能源体系。主要目标包括:到2025年,非化石能源消费占比达到20%左右,到2030年,非化石能源消费占比达到25%左右;"十四五"时期严控煤炭消费增长,"十五五"时期逐步减少煤炭消费;石油消费"十五五"时期进入峰值平台期(表10-3)。

表10-3 我国低碳能源体系目标

2015年国家自主贡献原内容	2021年国家自主贡献更新内容	国内实施	
		目标	已有政策支持
到2020年,非化石能源占一次能源消费占比达到15%左右。控制煤炭消费总量,加强煤炭清洁利用。扩大天然气利用规模,到2020年天然气占一次能源消费占比达到10%以上,煤层气产量力争达到300亿 m^3	严控煤电项目,"十四五"时期严控煤炭消费增长,"十五五"时期逐步减少煤炭消费。到2030年,非化石能源占一次能源消费占比将达到25%左右	到2025年,非化石能源消费占比达到20%左右;到2030年达到25%左右。"十四五"时期严控煤炭消费增长,"十五五"时期逐步减少煤炭消费。严格控制新增煤电项目。推进散煤替代,逐步减少直至禁止散煤燃烧。石油消费"十五五"时期进入峰值平台期。2050年,能源消费总量基本稳定,非化石能源占比超过一半。2060年,非化石能源消费占比达到80%以上	《中共中央 国务院关于完整准确全面贯彻新发展理念做好碳达峰碳中和工作的意见》。国务院《2030年前碳达峰行动方案》

中央政府在发布的"双碳"实施意见中明确指出,要推进经济社会发展全面绿色转型,强化绿色低碳发展规划引领,要以经济增长和碳达峰为双目标,推动经济社会全面绿色转型和高质量发展,推动能源转型和利用效率提高。

第三,把碳达峰纳入生态文明建设整体布局。

2021年3月15日,习近平总书记主持召开中央财经委员会第九次会议并强调,实现碳达峰、碳中和是一场广泛而深刻的经济社会系统性变革,要把碳达峰、碳中和纳入生态文明建设整体布局,拿出抓铁有痕的劲头,如期实现2030年前碳达峰、2060年前碳中和的目标。

党的二十大强调积极稳妥推进"双碳"进程。"双碳"目标首次被写入中国共产党全国代表大会报告。在党的中央会议上突出碳达峰目标,使碳达峰目标越来越清晰。"双碳"战略目标的提出是在2020年,因此,与绿色、低碳相关内容在往届党的全国代表大会报告中主要体现在生态文明部分。不同于前两届大会"生态文明"的表述,党的二十大报告明确列出"绿色发展"一节,并将"双碳"行动作为绿色发展的重点任务之一予以单独部署。党的二十大报告正文提出,"积极稳妥推进碳达峰碳中和,立足我国能源资源禀赋,坚持先立后破,有计划分步骤实施碳达峰行动"。

（二）分阶段稳步推进

中国实现低碳经济增长在很大程度上可以看作是中央政府主导和控制下的机制设计和制度安排问题。关于在2030年前实现碳达峰,研究的焦点并不在于提出多种路径,而是提出与实现碳达峰目标相衔接有力度的碳减排约束性指标和可行路径,分阶段有步骤地稳步推进。

中国实现碳达峰,实际上有三个五年规划期（图10-2）。"十四五"是达峰准备期,碳排放增长缓慢;"十五五"是达峰期,碳排放出现拐点;"十六五"是峰值平台期,碳排放稳中有降。"十四五"以强度控制为主,总量控制为辅;到"十五五"的时候,基本上把二氧化碳总量控制这套制度建立起来。

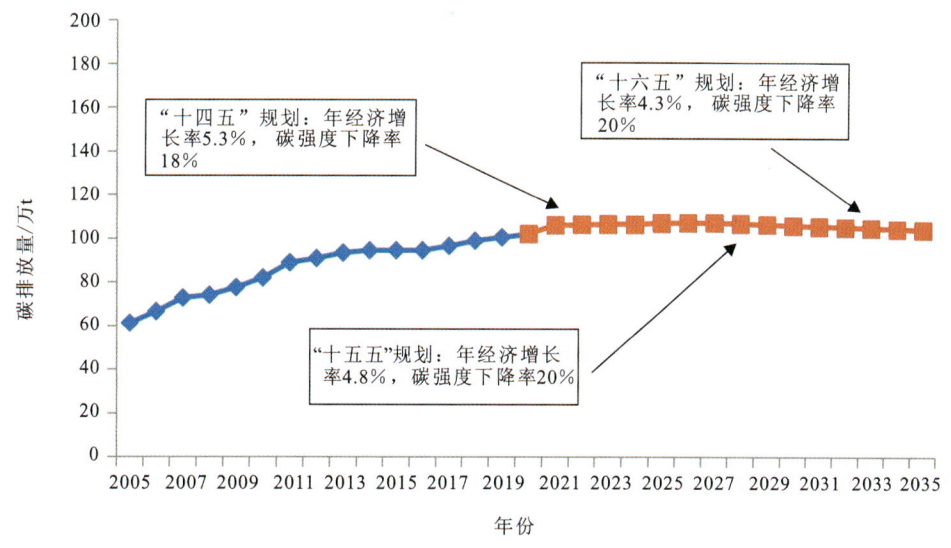

图10-2 中国落实低碳经济增长的阶段性目标

从短期来看,"十四五"时期是去碳化进程的关键期。这五年的转型力度与路径决定了我国能否更早实现国家自主贡献提出的达峰目标;同时,"十四五"也是全面建设社会主义现代化国家开局起步的关键时期。需要对照2035年及21世纪中叶这些中长期目标,做好这五年的经济工作。

要实现碳排放提前达峰的承诺,主要任务要落在"十四五"时期。"十四五"时期,我国生态文明建设以降碳为重点,推动减污降碳协同增效、促进经济社会发展全面绿色转型,构建绿色低碳经济体系。我国也希望通过"十四五"规划目标回应国际社会的关注和期待。比如说,国际社会要求中国提出更细化的具体措施,不仅要有远景目标,而且要提出近期更为紧迫的行动计划,以便让目标更好地发挥引领作用。

但是,中国能不能在2030年前实现碳达峰,需要从事后进行判断。如果中国在"十六五"期间碳排放出现反弹并超过此前的峰值,那么中国碳排放在2030年前就无法达峰。习近平总书记在2020年的第七十五届联合国大会一般性辩论上作出的"双碳"的承诺,本质是要控制温室气体,控制二氧化碳排放,在达峰之前总量可以适度增加,但是达峰之后总量不能再增加。目前,中央顶层设计方案没有提出"十六五"期间的具体降碳目标。现有顶层设计方案提出了2050年和2060年的碳减排和碳中和目标,包括:2050年能源消费总量基本稳定,非化石能源占比超过一半;2060年非化石能源消费占比达到80%以上。在"十四五"期间碳排放仍在增长的趋势下,我国要在2030年前实现碳达峰,就需要在"十五五"期间碳强度的下降率非常接近甚至赶上GDP的增长率,并且在"十六五"期间碳强度的下降率整体超过GDP的增长率。

最后,目前确定的阶段性路径并不是一成不变的,需要根据实际情况进行调整。如果"十四五"期间经济增长速度和碳减排目标完成情况较好,超过了原定目标,那么"十五五"期间的经济增长目标和碳减排目标都可以适当放松;相反,如果"十四五"期间经济增长速度和碳减排目标完成情况不理想,那么"十五五"期间经济增长目标和碳减排目标还需要提高。

三、相关部委

为推动实现碳达峰目标,中央政府发布的"1+N"政策体系包含了行业层面碳达峰的要求。例如,在工业领域,推动钢铁、有色金属、建材、石化化工行业碳达峰,遏制高能耗、高排放(简称"两高")项目盲目发展。"十四五"时期,规模以上工业单位增加值能耗下降13.5%,与全国平均水平持平;到2025年,规模以上工业单位增加值二氧化碳排放量比2015年下降40%,也与全国平均水平基本持平。在电力生产领域,严控新增煤电项目,到2030年,非化石能源发电量占全部发电量的比重力争达到50%,电力去碳化完成50%。

但是,中央政府的政策要求是总体性的,还需要相关部委或行业主管部门制定更具体的、操作性更强的政策。考虑中国实施的是全行业减碳,行业覆盖面更广。

(一)机制设计

节能减排与企业逐利行为及个人消费自主性之间存在矛盾,高耗能、高碳排放企业和消费人群较难自主、自觉地参与碳达峰碳中和愿景建设。因此,相关部委需要制定激励性政策,引导微观个体的行为。

第一,相关部委陆续发布了相关政策。

从行业领域来看,重点工业、城乡建设和科技支撑领域的碳达峰实施方案均已发布(表10-4)。尽管能源领域的碳达峰实施方案暂未公布,多部与能源相关的"双碳"政策文件已经相继出台,如《"十四五"现代能源体系规划》《氢能产业发展中长期规划(2021—2035年)》《"十四五"可再生能源发展规划》等。部分重点行业已经发布"双碳"相关文件,如钢铁行业

《关于促进钢铁工业高质量发展的指导意见》确定 2030 年碳达峰目标,石化化工行业《工业和信息化部 国家发展和改革委员会 科学技术部 生态环境部 应急管理部 国家能源局关于"十四五"推动石化化工行业高质量发展的指导意见》提出到 2025 年绿色安全低碳发展布局。此外,能源、交通运输和建材等领域或行业的碳达峰实施方案预期陆续公布,进一步完善"双碳"政策体系。

表 10-4 行业主管部门发布的相关低碳发展政策

行业		发布时间	政策文件
能源	综合发展	2022 年 1 月	《关于完善能源绿色低碳转型体制机制和政策措施的意见》
		2022 年 3 月	《"十四五"现代能源体系规划》
	降碳	2022 年 1 月	《"十四五"节能减排综合工作方案》
		2022 年 2 月	《高耗能行业重点领域节能降碳改造升级实施指南》
	煤炭	2022 年 5 月	《煤炭清洁高效利用重点领域标杆水平和基准水平(2022 年版)》
		2022 年 8 月	《关于进一步提升煤电能效和灵活性标准的通知》
	清洁能源	2022 年 3 月	《氢能产业发展中长期规划(2021—2035)》
		2022 年 3 月	《"十四五"新型储能发展实施方案》
		2022 年 6 月	《"十四五"可再生能源发展规划》
生态环境	降碳	2021 年 5 月	《关于开展重点行业建设项目碳排放环境影响评价试点的通知》
		2022 年 6 月	《减污降碳协同增效实施方案》
工业	综合发展	2021 年 12 月	《"十四五"工业绿色发展规划》
	降碳	2022 年 6 月	《工业能效提升行动计划》
		2022 年 8 月	《工业领域碳达峰实施方案》
	钢铁	2022 年 1 月	《关于促进钢铁工业高质量发展的指导意见》
	建筑	2022 年 1 月	《"十四五"建筑业发展规划》
	石化	2022 年 4 月	《关于"十四五"推动石化化工行业高质量发展的指导意见》
城乡建设	综合发展	2021 年 10 月	《关于推动城乡建设绿色发展的意见》
		2022 年 7 月	《"十四五"新型城镇化实施方案》
		2022 年 7 月	《"十四五"全国城市基础设施建设规划》
	降碳	2022 年 7 月	《城乡建设领域碳达峰实施方案》
交通运输	综合发展	2022 年 1 月	《"十四五"现代综合交通运输体系发展规划》
		2022 年 1 月	《绿色交通"十四五"发展规划》
	标准	2022 年 8 月	《绿色交通标准体系》
	民航	2022 年 9 月	《2022 中国民航绿色发展政策与行动》
农业农村	综合发展	2021 年 11 月	《农业农村部关于拓展农业多种功能促进乡村产业高质量发展的指导意见》
		2022 年 2 月	《"十四五"推进农业农村现代化规划》

续表 10-4

行业		发布时间	政策文件
消费	公共机构	2021年11月	《深入开展公共机构绿色低碳引领行动促进碳达峰实施方案》
	消费主体	2022年1月	《促进绿色消费实施方案》
碳汇能力	林业	2021年12月	《林业碳汇项目审定和核证指南》
	海洋	2022年2月	《海洋碳汇经济价值核算方法》
	农业农村	2022年6月	《农业农村减排固碳实施方案》

行业政策不仅有责任和义务类，也有发展类。例如，有许多综合发展类的政策。此外，保障性政策也非常重要。碳汇能力、统计核算、督察考核和保障政策领域也已发布多项文件，支撑和保障"双碳"政策体系稳步推进，碳达峰、碳中和目标顺利实现（表10-5）。

表 10-5　行业主管部门发布的相关低碳发展保障性政策

行业		发布时间	政策文件
科技支撑	能源	2021年11月	《"十四五"能源领域科技创新规划》
	降碳	2022年8月	《科技支撑碳达峰碳中和实施方案（2022—2030年）》
信息披露	管理办法	2021年12月	《企业环境信息依法披露管理办法》
	格式准则	2021年12月	《企业环境信息依法披露格式准则》
统计核算	核算方法	2022年3月	《企业温室气体排放核算方法与报告指南发电设施（修订版）》
	报告管理	2022年3月	《关于做好2022年企业温室气体排放报告管理相关重点工作的通知》
	核算体系	2022年8月	《关于加快建立统一规范的碳排放统计核算体系实施方案》
	计量体系	2022年10月	《建立健全碳达峰碳中和标准计量体系实施方案》
标准化	能源	2022年10月	《能源碳达峰碳中和标准化提升行动计划》
督察考核	央企	2021年11月	《关于推进中央企业高质量发展做好碳达峰碳中和工作的指导意见》
	民企	2022年1月	《关于引导服务民营企业做好碳达峰碳中和工作的意见》
保障政策	金融	2021年12月	《实施绿色低碳金融战略　支持碳达峰碳中和行动方案》
	财政	2022年5月	《财政支持做好碳达峰碳中和工作的意见》
	税费	2022年5月	《支持绿色发展税费优惠政策指引》
	银行保险	2022年5月	《银行业保险业绿色金融指引》

工业、交通和建筑等行业是减碳的重点领域。针对高耗能行业碳减排问题，国家发展和改革委员会（简称"发改委"）陆续发布了《关于严格能效约束推动重点领域节能降碳的若干意见》和《高耗能行业重点领域节能降碳改造升级实施指南（2022年版）》，通过实施节能降碳行动，为重点行业如期实现碳达峰目标提供有力支撑。工业和信息化部（简称"工信部"）要求，到2025年，单位工业增加值二氧化碳排放降低18%，与全国平均水平持平，钢铁、有色金属、建材等重点行业碳排放总量控制取得阶段性成果，规模以上工业单位增加值能耗降低13.5%，与全国平均水平持平，结合不同行业技术现状和发展趋势，力争有条件的行业率先实

现碳达峰。在钢铁这个单一碳排放量最高的行业,到2025年,电炉钢产量占粗钢总产量比例提升至15%以上,吨钢综合能耗降低2%以上,确保2030年前碳达峰。在交通行业,汽车排放标准日趋严格,到2025年,新能源汽车新车销售量达到汽车新车销售总量的20%左右,新车平均燃料消耗量乘用车降到每百千米4.0L;到2035年,纯电动汽车成为新销售车辆的主流,公共领域用车全面电动化。在建筑领域,到2025年,城镇新建建筑全面执行绿色建筑标准,城镇建筑可再生能源替代率达到8%,新建公共机构建筑、新建厂房屋顶光伏覆盖率力争达到50%;到2030年,大型公共建筑制冷能效提升30%。

国务院国资委要求中央企业"一企一策"制定碳达峰行动方案。2022年10月,国资委要求中央企业有力有序推进碳达峰、碳中和重点工作,明确要"一企一策"制定碳达峰行动方案,着力推进产业结构转型升级,调整优化能源结构,强化绿色低碳科技创新和推广应用,推进减污降碳协同增效。

坚持2030年前碳达峰目标,奠定中国"双碳"发展基调。2021年10月,国务院发布《2030年前碳达峰行动方案》,强调"稳妥有序、循序渐进、确保安全降碳"。截至2022年5月底,已制定双碳政策的行业领域所覆盖的碳排放量约占全国的95%。

第二,稳妥有序推进全国碳排放权交易市场建设。

目前,碳市场正在成为我国碳达峰有效的市场经济手段。据统计,中国八大高耗能行业(发电、石化、化工、建材、钢铁、有色、造纸、航空)中年能耗1万t标准煤及以上的企业大约有7000家。估计这些企业的碳总排放量占工业部门碳排放量的75%以上。管住了这7000家左右的企业,就管住了工业部门碳排放的大头,同时,政府的管理成本也在可接受的范围内。

要通过碳市场对所有重点行业规定排放限额,设定减排目标。全国碳市场第一个履约周期只纳入了发电行业。生态环境部数据显示,全国碳市场第一个履约周期共纳入发电行业重点排放单位2162家,年覆盖温室气体排放量约45亿t二氧化碳,已经是全球规模最大的碳市场。在"十四五"期间,会逐步完成除发电行业外的其他7个重点能耗行业的纳入。预计完成八大行业覆盖之后,全国碳市场的配额总量有可能会从目前的45亿t扩容到70亿t,覆盖我国二氧化碳排放总量的60%以上。我国已连续多年开展钢铁、有色、建材、石化、化工、造纸和航空等高排放行业的碳排放数据核算、报告和核查,为扩大碳市场行业覆盖范围打好了基础。

建立基于碳排放总量控制的碳市场。有约束性的总量控制是提高当前碳市场效率的重要制度。碳市场能够为控制温室气体排放政策的制定提供依据。不断提升的碳价格市场信号和不断加严的碳排放总量控制预期,倒逼企业完成低碳转型。企业是追求自身经济利益最大化的市场主体,在生产过程中能源的消耗直接导致二氧化碳的排放,因而也是承担碳减排任务的直接主体。不论是生产型的企业还是服务型的企业,都是为消费者提供消费产品或服务。碳排放的压力多由企业,尤其是生产型企业承担。当碳减排目标作为硬性指标下达到企业时,企业一方面在追求自身合理的利润,另一方面通过技术改进、转型升级等各种方式承担相应的碳减排责任。在这个意义上,生产型企业需要逐步改变产品结构,全过程地创新技术,淘汰落后产能,降低能耗,才能推进低碳经济发展,也才能在实现碳达峰目标的前提下,实现利益最大化,不被市场淘汰。

第三，培育绿色低碳生活方式。

广大社会成员构成了一个庞大的消费群体，是消费领域中最大的碳排放主体，因而也是承担碳减排的重要主体。广大社会成员进行着衣食住行等丰富、多元的消费选择，消费导致新的需求，新的需求引发生产，消费和生产进一步导致碳排放。迈向碳达峰、碳中和目标并不是不让广大社会成员消费，而是要求其选择绿色低碳生活方式、消费方式，最大化减少碳排放。

开展全方位、深层次、多角度的应对气候变化宣传，倡导形成简约适度、绿色低碳的生活方式和消费方式。行业主管部门的作为，如绿色标准的健全，对选择购买"低碳交通工具"的社会成员实施价格补贴和税收优惠，对选择"低碳"出行方式的公众进行"低碳交通"补贴等，将鼓励消费者更多地进行绿色消费，更顺畅地实现生活方式的转变。

(二) 工业部门应率先实现碳达峰

绿色低碳转型是一个涉及整个系统方方面面的非常深刻的革命。这对中国经济来说是一个新的约束条件，但同时也是一个很大的创新和增长赛道。要实现碳达峰、碳中和目标，能源生产和消费结构的低碳化转型、工业部门的降碳、交通运输领域的电动化和氢动化、推行城市绿色低碳建筑和整个社会经济的深度节能，应该成为根本的出路。其中，重点行业需要明确二氧化碳排放达峰规划，并做出示范。工业部门要争取在2025年左右实现碳达峰(图10-3)。

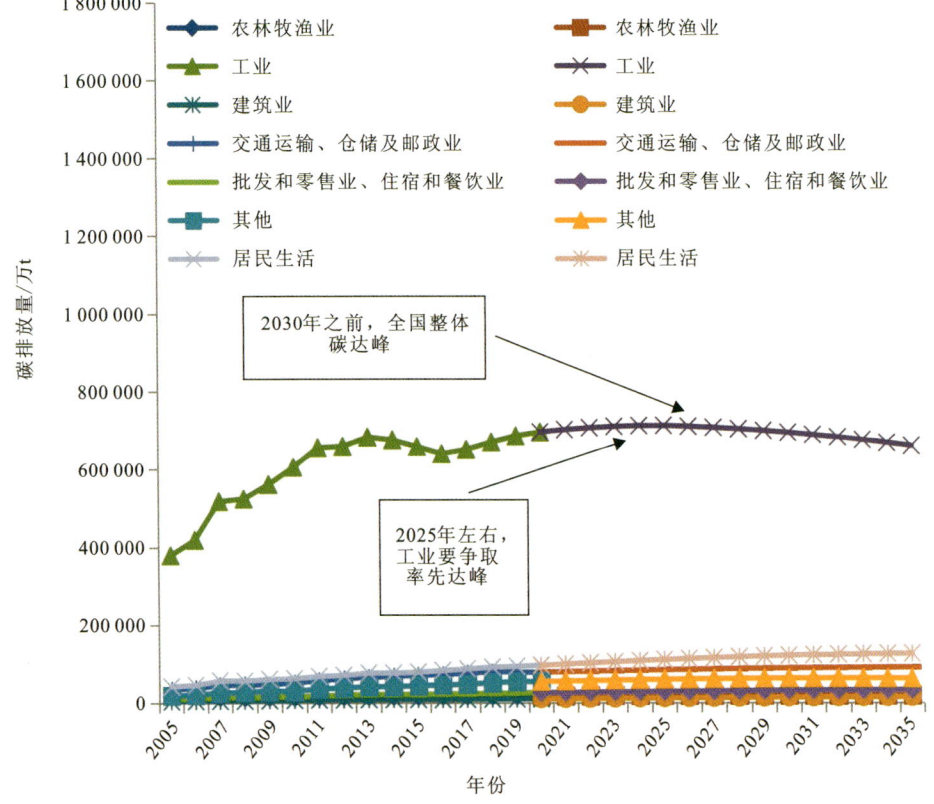

图10-3 中国落实低碳经济增长的行业性目标

目前,行业主管部门的相关政策中还没有工业部门率先实现碳达峰的要求。以工信部、发改委和生态环境部联合印发的《工业领域碳达峰实施方案》为例,提出的总体目标是:到2025年,规模以上工业单位增加值能耗较2020年下降13.5%,单位工业增加值二氧化碳排放下降幅度大于全社会下降幅度,重点行业二氧化碳排放强度明显下降;"十五五"期间,产业结构布局进一步优化,工业能耗强度、二氧化碳排放强度持续下降,努力达峰削峰,在实现工业领域碳达峰的基础上强化碳中和能力,基本建立以高效、绿色、循环、低碳为重要特征的现代工业体系,确保工业领域二氧化碳排放在2030年前达峰。这份文件要求的是工业领域二氧化碳排放在2030年前达峰,与全国整体达峰时间一致。

全国碳排放权交易市场或许可以促使工业部门率先碳达峰。目前,中国的全国碳市场总体上是一个基于强度的碳市场,而不是一个基于总量的碳市场。碳市场管控的碳排放量不仅包括现场产生的直接碳排放量,也包括企业消费电力和热力引起的间接碳排放量。"十四五"期间,全国碳市场要完成对8个重点高耗能高排放企业的全覆盖,并实现由基于强度的碳市场向基于总量的碳市场的转变。"十五五"期间,按"稳中有降"的原则,设定全国碳市场配额总量并逐步扩大有偿配额分配比例,使工业部门率先实现碳达峰。

四、地方政府

地方政府是落实国家碳达峰目标任务的责任主体。没有各级地方政府的配合落实,中央政府落实碳达峰目标的任务就成为空中楼阁。但是,碳减排的指标下达到各级地方政府时,由于各地经济发展阶段和水平、产业结构和布局、能源结构,以及就业结构不同,不同地方政府在执行任务的过程中会面临不同的挑战。未来碳减排责任的落实在于各级政府的主动配合,既要落实目标责任,又要因地制宜兼顾发展。

省级政府是地方经济社会发展的主要政策制定方、推动者,也是引领政策和机制改革的关键力量。鉴于省级政府在落实中央政策中的重要地位,各省级政府的转型雄心和行动力,也将决定中国碳达峰行动的实际成效和绿色低碳革命的深度。

(一)考核要求

在中国市场中,政治与人事的决策通常是高度中心化的。决策层负责任命并评估地方政府官员,但具体的行政与经济实务大部分下放给当地政府。中央政府与地方政府纵向行政分权改革使地方政府成为具有双重职能的角色,塑造了地方政府这个具有特殊身份和职能的主体,既可以行使政府的公共行政管理职能,又能直接参与企业的市场活动。地方政府可以为了增加自身的利益而倾向于利用手中的行政权力,运用产业政策追求市场盈利,而不是追求生态环境等其他目标,以在短期内获取最有利于己的产值和财政收入等。

在干部任免制度上,对地方政府官员政绩的传统考核评价方式使其具有锦标赛性质的外在压力。传统上,以增长主义倾向和理念设计的标准体系、统计体系、评价体系、政绩考核体系等,必将直接引导地方政府官员过度重视本地区行政边界内的经济增长,而较少关注区域内的生态环境和居民福利等问题。因此,加快构建适应我国经济高质量发展的指标体系、财税政策支持体系、统计体系、业绩考核评价体系,构建有利于支持高质量发展的机制格局,就显得非常紧迫。

对地方政府党政官员的考核,从注重经济增长转向注重低碳增长。低碳增长是双重目标,既要增长,又要低碳,是双轨竞争。党中央将碳达峰纳入生态文明建设整体布局,对地方党政领导进行严格监督考核。如果经济增长是锦标赛,那么碳减排就是淘汰赛。生态环境部门将碳达峰纳入中央环保督察,本质上是督政。

从规划的角度来看,从中央到地方,应对气候变化的政策文本都很详尽。但是,政策落实到基层以后,执行效果如何还存在不确定性。这与气候治理工作的性质有一定关系。毕竟,最初提出气候治理目标源于外部因素,压力主要来自国际谈判,跟国内经济发展、民生改善等工作的关联性并不强。以往,碳强度下降目标的考核对象是省级人民政府,省级人民政府将目标和任务层层分解下达,落实到基层。现在,实现2030年前二氧化碳排放达峰目标的考核对象包括党委,是党政同责,党委领导也要承担责任。

(二)达峰方案

地方自主探索碳达峰方案是实现全国碳达峰的必然途径。一方面,各地需要结合各自的资源禀赋、发展阶段、产业结构等特点探索合适的达峰路径;另一方面,地方自主探索有利于地方因地制宜推动能源生产和消费革命、经济高质量发展和生态环境高水平保护。但是,一些地方对碳达峰的理解出现了偏差,一种是把碳达峰片面理解为碳减排,采取拉闸限电、限制发展的方式实现减排;另一种是"碳冲锋",对高耗能、高排放项目大干快上。2021年10月,国务院发布《2030年前碳达峰行动方案》,要求省、自治区和直辖市政府"按照国家总体部署,结合本地区资源环境禀赋、产业布局、发展阶段等,坚持全国一盘棋,不抢跑,科学制定本地区碳达峰行动方案"。

地方政府需要研究提出实现碳达峰的方案。在国家"双碳"转型目标既定、低碳政策体系日益完善的趋势下,省级政府需要研究提出实现碳达峰的重大政策与行动,包括经济结构、产业结构、能源结构如何低碳化转型,建筑、交通等部门如何低碳发展等。此外,地方还需要探索实施碳排放总量控制、行业碳排放标准、项目碳排放评价、碳排放准入与退出等相关制度、标准和机制。

在2022年下半年,各省(自治区、直辖市)纷纷制定碳达峰实施方案。各省(自治区、直辖市)在碳达峰实施方案中提出2025年和2030年的主要目标,大多数确保如期实现2030年前碳达峰目标。同时,各省(自治区、直辖市)结合省内工业、能源、科技等特点制定具有自身特色的碳达峰任务措施、碳达峰十大行动等重点任务,助力实现碳达峰目标。据统计,截至2022年下半年,已有15个省(自治区、直辖市)正式印发了碳达峰实施方案,包括北京、上海、天津、江苏、湖南等(表10-6)。其余省(自治区、直辖市)也正在推进实施方案的公布工作。

表 10-6　不同省(自治区、直辖市)碳达峰实施方案

文件	2025 年目标	2030 年目标
北京市碳达峰实施方案	可再生能源消费占比达到 14.4% 以上,单位生产总值能耗比 2020 年下降 14%,单位生产总值二氧化碳排放下降确保完成国家下达目标	可再生能源消费占比达到 25% 左右,单位生产总值二氧化碳排放确保完成国家下达目标,确保如期实现 2030 年前碳达峰目标
上海市碳达峰实施方案	非化石能源消费占比力争达到 20%,单位生产总值能耗比 2020 年下降 14%,单位生产总值二氧化碳排放下降确保完成国家下达指标	非化石能源消费占比力争达到 25%,单位生产总值二氧化碳排放比 2005 年下降 70%,确保 2030 年前实现碳达峰
天津市碳达峰实施方案	非化石能源消费占比力争达到 11.7% 以上,单位生产总值能耗和二氧化碳排放确保完成国家下达指标	非化石能源消费占比力争达到 16% 以上,单位生产总值能耗大幅下降,单位生产总值二氧化碳排放比 2005 年下降 65% 以上
江苏省碳达峰实施方案	非化石能源消费占比达到 18%,单位生产总值能耗比 2020 年下降 14%,单位生产总值二氧化碳排放完成国家下达的目标任务	非化石能源消费占比持续提升,单位生产总值能耗持续大幅下降,单位生产总值二氧化碳排放比 2005 年下降 65% 以上,2030 年前二氧化碳排放达到峰值
湖南省碳达峰实施方案	非化石能源消费占比达到 22% 左右,单位生产总值能源消耗和二氧化碳排放下降确保完成国家下达目标	非化石能源消费占比达到 25% 左右,单位生产总值能源消耗和二氧化碳排放下降完成国家下达目标,顺利实现 2030 年前碳达峰目标
宁夏回族自治区碳达峰实施方案	非化石能源消费占比达到 15% 左右,单位生产总值能源消耗和二氧化碳排放下降确保完成国家下达目标	非化石能源消费占比达到 20% 左右,碳达峰目标顺利实现
江西省碳达峰实施方案	非化石能源消费占比达到 18.3%,单位生产总值能源消耗和二氧化碳排放下降确保完成国家下达指标	非化石能源消费占比达到国家确定的江西省目标值,顺利实现 2030 年前碳达峰目标
海南省碳达峰实施方案	非化石能源消费占比提高至 22% 以上,单位生产总值能源消耗和二氧化碳排放下降确保完成国家下达目标	非化石能源消费占比力争提高至 54% 左右,单位生产总值二氧化碳排放比 2005 年下降 65% 以上,顺利实现 2030 年前碳达峰目标
吉林省碳达峰实施方案	非化石能源消费占比达到 17.7%,单位生产总值能源消耗和二氧化碳排放确保完成国家下达目标任务	非化石能源消费占比达到 20% 左右,单位生产总值二氧化碳排放比 2005 年下降 65% 以上,确保 2030 年前实现碳达峰

续表 10-6

文件	2025 年目标	2030 年目标
内蒙古自治区碳达峰实施方案	非化石能源消费占比提高到 18%,单位生产总值能源消耗和二氧化碳排放下降率完成国家下达的任务	非化石能源消费占比提高到 25% 左右,单位生产总值能源消耗和二氧化碳排放下降率完成国家下达的任务,顺利实现 2030 年前碳达峰目标
贵州省碳达峰实施方案	非化石能源消费占比到 20% 左右,力争达到 21.6%,单位生产总值能源消耗和二氧化碳排放下降确保完成国家下达指标	非化石能源消费占比提高到 25% 左右,单位生产总值二氧化碳排放比 2005 年下降 65% 以上,确保 2030 年前实现碳达峰目标
云南省碳达峰实施方案	非化石能源消费占比不断提高,单位生产总值能源消耗和二氧化碳排放下降确保完成国家下达目标	单位生产总值能源消耗和二氧化碳排放持续下降,力争与全国同步实现碳达峰
安徽省碳达峰实施方案	非化石能源消费占比达到 15.5% 以上,单位生产总值能耗比 2020 年下降 14%,单位生产总值二氧化碳排放降幅完成国家下达目标	非化石能源消费占比达到 22% 以上,单位生产总值能耗大幅下降,单位生产总值二氧化碳排放比 2005 年下降 65% 以上,二氧化碳排放量达到峰值后稳中有降
黑龙江省碳达峰实施方案	非化石能源消费占比提高至 15% 左右,单位生产总值能源消耗和二氧化碳排放下降确保完成国家下达目标	非化石能源消费占比达到 20% 以上,单位生产总值能耗和二氧化碳排放大幅下降,顺利实现 2030 年前碳达峰目标
辽宁省碳达峰实施方案	非化石能源消费达到 13.7% 左右,单位地区生产总值能耗比 2020 年下降 14.5%,单位生产总值二氧化碳排放比 2020 年下降确保完成国家下达指标	非化石能源消费占比达到 20% 左右,单位生产总值二氧化碳排放比 2005 年下降达到国家要求

从已经公布的碳达峰实施方案来看,"梯次有序"的格局并不清晰。东部地区的省(直辖市),北京、上海、江苏、海南都计划在 2030 年前碳达峰,天津没有明确 2030 年前碳达峰目标;中部地区的省份,湖南、江西和安徽都是在 2030 年前碳达峰;西部地区的省(自治区),宁夏、内蒙古、贵州、云南也是在 2030 年前或力争 2030 年前实现碳达峰;东北三省,吉林和黑龙江提出确保 2030 年前碳达峰,辽宁没有明确 2030 年前碳达峰目标。

(三)东部地区应该率先达峰

不同地区应该开展差异化碳达峰。全国各地区资源禀赋、经济发展程度、产业布局存在差别。实现二氧化碳排放达峰,各地区应该有先有后。国家层面上总体目标是 2030 年前碳达峰。在坚持全国一盘棋的原则下,不同区域要开展区域统筹,推进差别化、包容式的协调发展和协调减排,协同推动应对气候变化与经济高质量发展。

东部地区经济比较发达的一些省市,经济转型比较领先,有条件率先达峰,并为其他地区树立示范标杆(图10-4)。根据第三篇的研究,北京、天津和上海已经实现了碳达峰,应该发挥示范作用。西部地区可以稍晚于全国达峰。要避免采取自上而下、层层分解任务的行政手段,避免减碳工作对经济生产造成不必要的干预。

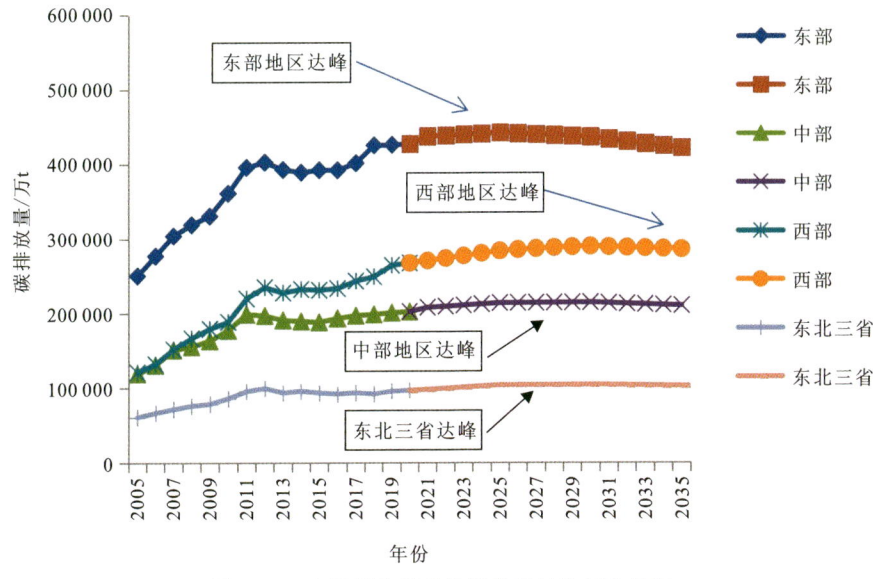

图10-4 中国落实低碳经济增长的地区性目标

五、进一步的讨论

中国实现低碳经济增长在很大程度上可以看作是中央政府主导和控制下的机制设计和制度安排问题。中央政府提出的碳达峰和基本实现社会主义现代化目标清晰,关键是这些目标的落实问题。第一,在宏观层面上,要提出能实现碳达峰及与经济规模翻一番目标相衔接的有力度的约束性指标和可行路径,分阶段有步骤地稳步推进;第二,要分行业、分区域设定差异化达峰路径,列出时间表和路线图,不同部委之间要加强协调,形成部门之间分工方案,推动工业部门率先达峰,同时,要有效激发地方政府的内生动力,促进东部地区率先达峰。

中国低碳经济增长路径以经济转型和能源转型为重点,采用多元化的政策工具。当前,我国双碳"1+N"政策体系已经初步建成,接下来政策完善将更加侧重细分领域。在能耗双控转向碳排放双控的基础上,围绕总量控制,分部门、分行业、分地区制定碳达峰目标,引导相关主体的行为。政府、企业、个人在实现碳达峰的进程中具有重要而又各有侧重的作用,需要科学的政策体系以形成系统有效的激励约束机制。

第十一章 研究结论

在保持经济较快增长的同时实现碳达峰,是我国面临的严峻挑战。按照中国的现代化进程和国家自主贡献目标,中国需要开创一条比欧美等发达国家传统发展路径更为低碳的、在更低收入水平上达到更低碳排放峰值水平的崭新的发展路径。与欧美国家的自然达峰不同,中国实现的是人为达峰。

碳达峰既表示在某一年碳排放量达到最大值,也表示碳排放的趋势性变化。中国需要在"十五五"规划期间达峰,在"十六五"期间进入峰值平台期,二氧化碳排放量稳中有降。如果2030年以后碳排放量继续增长或大幅反弹,那么,2030年前就难以实现碳达峰。

国外已经实现碳达峰的国家的经验对中国没有直接的借鉴意义。由于已经实现碳达峰的国家在许多方面都与中国不同,因此不具备可比性。第一,这些国家碳达峰时经济增速趋缓、能耗增长趋近于零,而中国在碳达峰时经济仍将较快增长,能耗也将会是正的增长。第二,这些国家不是成熟的经济体就是转型的经济体,而中国属于发展中的经济体,在发展阶段和发展模式上有所不同。第三,发达经济体通过将高耗能产业外迁,实行转移排放,而中国不会将高耗能产业外迁,通过转移排放来降低国内的碳排放。第四,这些国家推动能源低碳转型依靠的是天然气的普及,在电力和热力生产部门以及住宅建筑领域部分取代了煤炭,而中国则主要依靠可再生能源的发展。第五,这些国家的碳达峰都属于自然达峰,受到外部事件的冲击,造成经济下行或滑坡,实现碳达峰,而中国是通过政府政策的约束,实现人为达峰。

经济增长是增加碳排放的力量,而碳强度的下降是减少碳排放的力量。如果在"十五五"时期,减少碳排放的力量能赶上增加碳排放的力量,并且在"十六五"期间减少碳排放的力量能超过增加碳排放的力量,那么在2030年前中国就可以实现碳达峰。如果将2030年和2035年我国能源消费量分别控制在60亿t和64亿t标准煤以内,并且煤炭消费量在"十四五"时期达峰,石油消费量在"十五五"时期达峰,在"十六五"期末煤炭、油气和非化石能源在一次能源消费中的占比分别达到40%、30%和30%,那么我国能源消费的碳排放可以在2027年达峰,峰值约107亿t。此外,如果可再生能源发展的力度能超出政策目标要求,那么对能源消费的总量和强度的控制都可以放宽。

实现2030年前碳达峰目标需要顶层设计和系统转型路径,以及考虑不同行业特征的达峰时间表、路线图和优先顺序。虽然中国实施的是全行业碳减排政策,但是碳达峰目标实现的关键是工业行业。如果工业行业碳排放量能在2026年达峰,全国碳排放量就可以在2028年达峰,除工业以外的其他行业比全国达峰时间要晚。要推进钢铁、水泥、石化等高耗能产业的碳达峰,严格控制高耗能产业的扩张。当前这些高耗能产业国内需求基本饱和甚至下降,为控制高耗能产业产能扩张和实现碳达峰创造了条件。我国高耗能行业中年能耗 10 000t 标准煤及以上的企业大约有 7000 家（含发电企业 2000 多家）。管住了这 7000 家左右的企业，就管住了工业部门碳排放的大头。

作为发展中国家，中国的产业结构升级和技术进步对碳排放下降仍会有重要贡献。与国外发达国家相比，中国的工业化进程还没有完成。中国工业在国民经济中占比较高，能耗强度仍然处于世界较高水平。一方面，通过调整产业结构和产品结构，优先发展高新科技产业和现代服务业，同时提高产品附加值，使中国产业在世界产业价值链中的地位不断提升；另一方面，提高能源技术效率，不断降低单位产品的能耗强度。

从区域碳达峰的层面来看，不同区域存在着先后顺序，不能采取"一刀切"的模式。东部地区将率先实现碳达峰，其次是中部地区和东北三省，西部地区最后。东部地区的碳达峰时间将早于全国碳达峰时间，而西部地区将晚于全国碳达峰时间，中部地区和东北三省将与全国碳达峰时间基本保持一致。

如果东部地区能在 2025 年达峰，那么全国就可以在 2029 年实现碳达峰。只有东部地区较发达地区碳排放率先达峰，才能为中西部地区留出一定的碳排放空间，确保在 2030 年前全国整体碳排放达到峰值。东部地区率先达峰的有利条件是经济发展形势较好，新旧动能转换和产业升级比较明显；不利因素在于预期 GDP 增长率越高，实现碳达峰越发困难。东部地区到 2025 年期望 GDP 增长率约为 5.5% 的较高水平，碳强度年下降率需保持相应较高水平。这将远高于发达国家碳达峰时 GDP 增长速度和碳强度下降的速度。碳达峰任务艰巨，需要做出艰苦的努力。

其他地区也要加大碳减排力度，尽早实现碳达峰。中部地区经济社会发展处在全国平均水平，在全国碳达峰的地区中具有代表性。近些年来，中部地区一些省份（如河南和湖北）采取了严格控制煤炭消费的政策。这些控煤政策已经取得了显著的成效，需要进一步保持下去。从长远看，西部能源大省要尽快跳出传统工业化思维，逐步摆脱对化石能源的依赖。内蒙古、新疆、宁夏、贵州等需要采取有力措施转变发展方式，实现从资源依赖走向技术创新。西部能源大省既要保障全国能源供应，又要担起减排降耗的重压，其绿色低碳转型发展面临巨大挑战。东北三省作为老工业基地，需要加快推进产业转型升级和发展接续产业。近些年来，东北三省经济出现了下滑趋势，发展面临着一些困难，实现低碳经济增长的挑战不小。

目前，中国的碳达峰工作已经进入关键期，到 2030 年只有不到 10 年的时间。碳达峰之后只有 30 年的时间去完成碳中和，是已经提出碳中和目标的国家中时间最短的。在碳中和远景下，解决好减排和发展的关系事关第二个百年奋斗目标的实现。

中国实现低碳经济增长的路径有多个维度。在宏观层面上，中央政府要进行规划，然后在行业和地区等中观层面落实。国家层面上，有低碳经济增长这个目标或需求，必须落到行业上、地区上，特别是重点行业、重点地区上，否则，目标难以达成。因此，国家层面的宏观维度和行业、地区层面的中观维度是相互联系的，需要统筹推进。

最后，本项研究不是提出多种路径，而是提出与实现碳达峰目标相衔接的有力度的碳减排约束性指标。以五年规划为基础，从国家、行业、地方层面有步骤地稳步推进。

主要参考文献

白重恩,张琼,2017.中国经济增长潜力预测:兼顾跨国生产率收敛与中国劳动力特征的供给侧分析[J].经济学报(4):1-27.

鲍健强,苗阳,陈锋,2008.低碳经济:人类经济发展方式的新变革[J].中国工业经济(4):153-160.

蔡昉,2013.中国经济增长如何转向全要素生产率驱动型[J].中国社会科学(1):56-71,206.

蔡昉,2019.从中等收入陷阱到门槛效应[J].经济学动态(11):3-14.

蔡昉,2021.生产率、新动能与制造业——中国经济如何提高资源重新配置效率[J].中国工业经济(5):5-18.

蔡昉,都阳,2000.中国地区经济增长的趋同与差异——对西部开发战略的启示[J].经济研究(10):30-37,80.

蔡昉,都阳,王美艳,2008.经济发展方式转变与节能减排内在动力[J].经济研究(6):4-11,36.

柴麒敏,徐华清,2015.基于IAMC模型的中国碳排放峰值目标实现路径研究[J].中国人口·资源与环境(6):37-46.

陈诗一,2009.能源消耗、二氧化碳排放与中国工业的可持续发展[J].经济研究(4):41-55.

陈迎,潘家华,谢来辉,2008.中国外贸进出口商品中的内涵能源及其政策含义[J].经济研究(7):11-25.

崔学勤,王克,邹骥,2016.2℃和1.5℃目标对中国国家自主贡献和长期排放路径的影响[J].中国人口·资源与环境(12):1-7.

丁志国,赵宣凯,苏治,2012.中国经济增长的核心动力——基于资源配置效率的产业升级方向与路径选择[J].中国工业经济(9):18-30.

杜祥琬,杨波,刘晓龙,等,2015.中国经济发展与能源消费及碳排放解耦分析[J].中国人口·资源与环境(12):1-7.

段福梅,2018.中国二氧化碳排放峰值的情景预测及达峰特征——基于粒子群优化算法的BP神经网络分析[J].东北财经大学学报(5):19-27.

樊纲,王小鲁,马光荣,2011.中国市场化进程对经济增长的贡献[J].经济研究(9):4-16.

樊星,李路,秦圆圆,等,2023.主要发达经济体从碳达峰到碳中和的路径及启示[J].气候变化研究进展,19(1):102-115.

范德成,张修凡,2021.基于PSO-BP神经网络模型的中国碳排放情景预测及低碳发展路径研究[J].中外能源(8):11-19.

付允,马永欢,刘怡君,等,2008.低碳经济的发展模式研究[J].中国人口·资源与环境(3):14-19.

公维凤,王传会,周德群,等,2013a.双强度约束下行业低碳经济增长路径优化研究[J].中国人口·资源与环境(6):29-36.

公维凤,周德群,王传会,2013b.省际低碳经济增长路径优化及碳排放脱钩预测[J].科研管理(5):111-120.

龚刚,黄春媛,张前程,等,2013.从技术引进走向自主研发——论新阶段下的中国经济增长方式[J].经济学动态(5):16-26.

郭朝先,2012.产业结构变动对中国碳排放的影响[J].中国人口·资源与环境(7):15-20.

郭朝先,2014.中国工业碳减排潜力估算[J].中国人口·资源与环境(9):13-20.

郭庆旺,贾俊雪,2005.中国全要素生产率的估算:1979—2004[J].经济研究(6):51-60.

国际能源署,2017.世界能源展望中国特别报告[M].北京:石油工业出版社.

何建坤,2013.CO_2排放峰值分析:中国的减排目标与对策[J].中国人口·资源与环境(12):1-9.

何建坤,苏明山,2009.应对全球气候变化下的碳生产率分析[J].中国软科学(10):42-47,147.

洪竞科,李沅潮,蔡伟光,2021.多情景视角下的中国碳达峰路径模拟——基于RICE-LEAP模型[J].资源科学(4):639-651.

胡鞍钢,2021.中国实现2030年前碳达峰目标及主要途径[J].北京工业大学学报(社会科学版)(3):1-15.

黄群慧,2014."新常态"、工业化后期与工业增长新动力[J].中国工业经济(10):5-19.

姜克隽,贺晨旻,庄幸,等,2016.我国能源活动CO_2排放在2020—2022年之间达到峰值情景和可行性研究[J].气候变化研究进展(3):167-171.

姜克隽,胡秀莲,庄幸,等,2009.中国2050年低碳情景和低碳发展之路[J].中外能源(6):1-7.

蒋含颖,段祎然,张哲,等,2021.基于统计学的中国典型大城市CO_2排放达峰研究[J].气候变化研究进展(2):131-139.

金乐琴,吴慧颖,2013.低碳经济转型的轨迹与路径:中日韩的比较及启示[J].经济学家(1):93-99.

科学技术部社会发展科技司,科学技术部中国21世纪议程管理中心,2019.中国碳捕集利用与封存技术发展路线图(2019)[M].北京:科学出版社.

李诗卉,李明煜,王灿,等,2021.中国省级碳排放趋势及差异化达峰路径[J].中国人口·资源与环境(9):45-54.

李扬,张晓晶,2015."新常态":经济发展的逻辑与前景[J].经济研究(5):4-19.

林伯强,蒋竺均,2009.中国二氧化碳的环境库兹涅茨曲线预测及影响因素分析[J].管理世界(4):27-36.

林伯强,李江龙,2015.环境治理约束下的中国能源结构转变——基于煤炭和二氧化碳峰值的分析[J].中国社会科学(9):84-107,205.

林伯强,孙传旺,2011.如何在保障中国经济增长前提下完成碳减排目标[J].中国社会科学(1):64-76,221.

林毅夫,苏剑,2007.论我国经济增长方式的转换[J].管理世界(11):5-13.

林毅夫,文永恒,顾艳伟,2022.中国经济增长潜力展望:2020—2035、2035—2050[J].金融论坛(6):3-15.

刘博文,张贤,杨琳,2018.基于LMDI的区域产业碳排放脱钩努力研究[J].中国人口·资源与环境(4):78-86.

刘伟,蔡志洲,2018.新时代中国经济增长的国际比较及产业结构升级[J].管理世界(1):16-24.

刘伟,陈彦斌,2020.2020—2035年中国经济增长与基本实现社会主义现代化[J].中国人民大学学报(4):54-68.

刘伟,陈彦斌,2021."两个一百年"奋斗目标之间的经济发展:任务、挑战与应对方略[J].中国社会科学(3):86-102,206.

刘伟,李绍荣,2002.产业结构与经济增长[J].中国工业经济(5):14-21.

刘竹,耿涌,薛冰,等,2011.中国低碳试点省份经济增长与碳排放关系研究[J].资源科学(4):620-625.

陆旸,蔡昉,2016.从人口红利到改革红利——基于中国潜在增长率的模拟[J].世界经济(1):3-23.

潘家华,张丽峰,2011.我国碳生产率区域差异性研究[J].中国工业经济(5):47-57.

潘家华,庄贵阳,郑艳,等,2010.低碳经济的概念辨识及核心要素分析[J].国际经济评论(4):88-101.

平新乔,郑梦圆,曹和平,2020.中国碳排放强度变化趋势与"十四五"时期碳减排政策优化[J].改革(11):37-52.

清华大学气候变化与可持续发展研究院,2021.中国长期低碳发展战略与转型路径研究[M].北京:中国环境出版集团.

渠慎宁,郭朝先,2010.基于STIRPAT模型的中国碳排放峰值预测研究[J].中国人口·资源与环境(12):10-15.

邵帅,张曦,赵兴荣,2017.中国制造业碳排放的经验分解与达峰路径[J].中国工业经济(3):44-63.

史丹,2002.我国经济增长过程中能源利用效率的改进[J].经济研究(9):49-56,94.

孙传旺,占妍泓,2022.碳中和发展轨迹的国际比较与中国碳中和发展力研究[J].国外社会科学(1):120-132,199.

孙耀华,李忠民,2011.中国各省区经济发展与碳排放脱钩关系研究[J].中国人口·资源与环境(5):87-92.

汤铎铎,刘学良,倪红福,等,2020.全球经济大变局、中国潜在增长率与后疫情时期高质量发展[J].经济研究(8):4-23.

唐未兵,傅元海,王展祥,2014.技术创新、技术引进与经济增长方式转变[J].经济研究(7):31-43.

王灿,陈吉宁,邹骥,2002.气候政策研究中的数学模型评述[J].上海环境科学(7):435-454.

王锋,2018.中国碳排放峰值及其倒逼机制研究的发展动态[J].中国人口·资源与环境(2):141-150.

王锋,吴丽华,杨超,2010.中国经济发展中碳排放增长的驱动因素研究[J].经济研究(2):123-136.

王小鲁,樊纲,2004.中国地区差距的变动趋势和影响因素[J].经济研究(1):33-44.

王勇,王恩东,毕莹,2017.不同情景下碳排放达峰对中国经济的影响——基于CGE模型的分析[J].资源科学(10):1896-1908.

卫兴华,侯为民,2007.中国经济增长方式的选择与转换途径[J].经济研究(7):15-22.

徐国泉,刘则渊,姜照华,2006.中国碳排放的因素分解模型及实证分析:1995—2004[J].中国人口·资源与环境(6):158-161.

徐现祥,李书娟,王贤彬,等,2018.中国经济增长目标的选择:以高质量发展终结"崩溃论"[J].世界经济(10):3-25.

许士春,张文文,2016.不同返还情景下碳税对中国经济影响及减排效果[J].中国人口·资源与环境(12):46-54.

杨子晖,2011.经济增长、能源消费与二氧化碳排放的动态关系研究[J].世界经济(6):100-125.

于斌斌,2015.产业结构调整与生产率提升的经济增长效应——基于中国城市动态空间面板模型的分析[J].中国工业经济(12):83-98.

袁富华,2010.低碳经济约束下的中国潜在经济增长[J].经济研究(8):79-89,154.

张军,徐力恒,刘芳,2016.鉴往知来:推测中国经济增长潜力与结构演变[J].世界经济(1):52-74.

张全斌,周琼芳,2021."双碳"目标下中国能源CO_2减排路径研究[J].中国国土资源经济(4):22-30.

张友国,2010.经济发展方式变化对中国碳排放强度的影响[J].经济研究(4):120-133.

赵明轩,吕连宏,王深,等,2021.中国碳达峰路径的Meta回归分析[J].环境科学研究(9):2056-2064.

郑玉歆,1999.全要素生产率的测度及经济增长方式的"阶段性"规律——由东亚经济增长方式的争论谈起[J].经济研究(5):55-60.

中国环境与发展国际合作委员会,2010.2009年度政策报告——能源、环境与发展[M].北京:中国环境科学出版社.

中国经济增长前沿课题组,2013.中国经济转型的结构性特征、风险与效率提升路径[J].经济研究(10):4-17,28.

中国科学院可持续发展战略研究组,2009.2009中国可持续发展战略报告[M].北京:科学出版社.

中国社会科学院宏观经济研究中心课题组,2020.未来15年中国经济增长潜力与"十四五"时期经济社会发展主要目标及指标研究[J].中国工业经济(4):5-22.

中国式现代化研究课题组,2022.中国式现代化的理论认识、经济前景与战略任务[J].经济研究(8):26-39.

周伟,米红,2010.中国碳排放:国际比较与减排战略[J].资源科学(8):1570-1577.

朱民,张龙梅,彭道菊,2020.中国产业结构转型与潜在经济增长率[J].中国社会科学(11):149-171,208.

2050中国能源和碳排放研究课题组,2009.2050中国能源和碳排放报告[M].北京:科学出版社.

ANG B W,2004. Decomposition analysis for policymaking in energy: which is the preferred method [J]. Energy Policy,32:1131-1139.

ANG B W,ZHANG F Q,CHOI K H,1998. Factorizing changes in energy and environmental indicators through decomposition [J]. Energy,23:489-495.

CHEN J H,2017. An empirical study on China's energy supply-and-demand model considering carbon emission peak constraints in 2030 [J]. Engineering,3:512-517.

CHEN W Y,2005. The costs of mitigating carbon emissions in China: Findings from China MARKAL-MACRO modeling [J]. Energy Policy,33:885-896.

DU L M,WEI C,CAI S H,2012. Economic development and carbon dioxide emissions in China: Provincial panel data analysis [J]. China Economic Review,23:371-384.

ELZEN M,HANNA F,NIKLAS H,et al.,2016. Greenhouse gas emissions from current and enhanced policies of China until 2030: Can emissions peak before 2030 [J]. Energy Policy,89:224-236.

FAN Y,LIANG Q M,WEI Y M,et al.,2007a. A model for China's energy requirement and CO_2 emissions analysis [J]. Environmental Modelling & Software,22:378-393.

FAN Y,LIU L C,WU G,et al.,2007b. Changes in carbon intensity in China: Empirical findings from 1980-2003 [J]. Ecological Economics,62:683-691.

FANG K,LI C L,TANG Y Q,et al.,2022. China's pathways to peak carbon emissions: New insights from various industrial sectors [J]. Applied Energy,306:1-10.

FANG K,TANG Y Q,ZHENG Q F,et al.,2019. Will China peak its energy-related carbon emissions by 2030? Lessons from 30 Chinese provinces [J]. Applied Energy,255:1-12.

GALLAGHER K S,ZHANG F,ROBBIE O,et al.,2019. Assessing the policy gaps for achieving China's climate targets in the Paris Agreement [J]. Nature Communications,10:1-10.

GREEN F,NICHOLAS S,2017. China's changing economy: implications for its carbon dioxide emissions [J]. Climate Policy,17:423-442.

GUAN D B,MENG J,DAVID M R,et al.,2018. Structural decline in China's CO_2 emissions through transitions in industry and energy systems [J]. Nature Geoscience,11: 551-555.

IPCC,1995. Greenhouse Gas Inventory: IPCC Guidelines for National Greenhouse Gas Inventories [M]. England: Bracknell.

IPCC,2007. Climate Change 2007: Synthesis Report. Contribution of Working Groups Ⅰ,Ⅱ and Ⅲ to the Fourth Assessment Report of the Intergovernmental Panel on Climate Change [Core Writing Team, Pachauri, R. K and Reisinger, A. (eds.)] [M]. Geneva: Switzerland.

IPCC,2014. The Fifth Assessment Report [M]. Cambridge: Cambridge University Press.

JIAO J L,QI Y Y,CAO Q,et al.,2013. China's targets for reducing the intensity of CO_2 emissions by 2020 [J]. Energy Strategy Review,2:176-181.

KAYA Y,1989. Impact of carbon dioxide emission control on GNP growth: Interpretation of proposed scenarios [R]. Intergovernmental Panel on Climate Change Response Strategies Working Group.

LIN J Y,WAN G,MORGAN P,2016. Prospects for a re-acceleration of economic growth in the PRC [J]. Journal of Comparative Economics,44:842-853.

LIU L C,FAN Y,WU G,et al.,2007. Using LMDI method to analyze the change of China's industrial CO_2 emissions from final fuel use: An empirical analysis [J]. Energy Policy,35:5892-5900.

LIU S W,TIAN X,CAI W J,et al.,2018. How the transitions in iron and steel and construction material industries impact China's CO_2 emissions: Comprehensive analysis from an inter-sector linked perspective [J]. Applied Energy,211:64-75.

MI Z F,SUN X L,2021. Provinces with transitions in industrial structure and energy mix performed best in climate change mitigation in China [J]. Communications Earth & Environment,182(2021),https://doi.org/10.1038/s43247-021-00258-9.

MI Z F,WEI Y M,WANG B,et al.,2017. Socioeconomic impact assessment of China's CO_2 emissions peak priorto 2030 [J]. Journal of Cleaner Production,142:2227-2236.

NIU S W,LIU Y Y,DING Y X,et al.,2016. China's energy systems transformation and emissions peak [J]. Renewable and Sustainable Energy Reviews,58:782-795.

PRICE L,ZHOU N,FRIDLEY D,et al.,2013. Development of a low-carbon indicator system for China [J]. Habitat International,37:4-21.

PRITCHETT L,SUMMERS L,2013. Asiaphoria meets regression to the mean [R]. Boston:Harvard Kennedy School and Center for Global Development.

REN M,LU P T,LIU X R,et al.,2021. Decarbonizing China's iron and steel industry from the supply and demand sides for carbon neutrality [J]. Applied Energy(298):117209.

SHAN Y L,LIU J H,LIU Z,et al.,2016. New provincial CO_2 emission inventories in China based on apparent energy consumption data and undated emission factors [J]. Applied Energy,184:742-750.

STERN N,2006. Stern Review: The Economics of Climate Change [J]. World Economics,98(2):1-10.

SU Y Q,LIU X,JI J P,et al.,2021. Role of economic structural change in the peaking of China's CO_2 emissions: An input-output optimization model [J]. Science of the Total Environment,761:143306.

TOLLEFSON J,2016. China's carbon emissions could peak sooner than forecast [J]. Nature,531:425-426.

WANG C,CHEN J L,ZOU J,2005. Decomposition of energy-related CO_2 emission in China:1957-2000 [J]. Energy,30:73-83.

WANG M,WANG P,WU L,et al.,2022. Criteria for assessing carbon emissions peaks at provincial level in China [J]. Advances in Climate Change Research,13:131-137.

WANG Y N,CHEN W,KANG Y Q,et al.,2018. Spatial correlation of factors affecting CO_2 emission at provincial level in China: A geographically weighted regression approach [J]. Journal of Cleaner Production,184:929-937.

WANG Z,ZHU Y S,ZHU Y B,et al.,2016. Energy structure change and carbon emission trends in China [J]. Energy,115:369-377.

WORLD BANK,2012. China 2030: building a modern harmonious and creative high-income society [R]. Washington,D.C..

WU L B,KANEKO S,MATSUOKA S,2005. Driving forces behind the stagnancy of China's energy-related CO_2 emissions from 1996 to 1999: the relative importance of structuralchange,intensity change and scale change [J]. Energy Policy,33:319-335.

XIAO B W,NIU D X,GUO X D,2016. Can China achieve its 2020 carbon intensity target? A scenario analysis based on system dynamics approach [J]. Ecological Indicators,71:99-112.

XU S C,HAN H M,ZHANG W W,et al.,2017. Analysis of regional contributions to the national carbon intensity in China in different Five-Year Plan periods [J]. Journal of Cleaner Production,145:209-220.

YAN J N,ZHAO T,KANG J D,2016. Sensitivity analysis of technology and supply change for CO_2 emissionintensity of energy-intensive industries based on input-output model [J]. Applied Energy,171:456-467.

YI B W,XU J H,FAN Y,2016. Determining factors and diverse scenarios of CO_2 emissions intensityreduction to achieve the 40%～45% target by 2020 in China—A historical and prospective analysis for the period 2005-2020 [J]. Journal of Cleaner Production, 122: 87-101.

YUAN J H, XU Y, HU Z, et al. , 2014. Peak energy consumption and CO_2 emissions in China [J]. Energy Policy, 68: 508-523.

ZHANG M, MU H L, NING Y D, 2009. Accounting for energy-related CO_2 emission in China, 1991-2006 [J]. Energy Policy, 37: 767-773.

ZHANG S, CHEN W Y, 2022. Assessing the energy transition in China towards carbon neutrality with a probabilistic framework [J/OL]. Nature Communications. https://doi.org/10.1038/s41467-021-27671-0.

ZHANG X L, KARPLUS V J, QI T Y, et al. , 2016. Carbon emissions in China: How far can new efforts bend the curve [J]. Energy Economics, 54: 388-395.

ZHAO X R, ZHANG X, SHAO S, 2016. Decoupling CO_2 emissions and industrial growth in China over 1993-2013: The role of investment [J]. Energy Economics, 60: 275-292.

ZHAO Y, NIELSEN C P, MCELROY M B, 2012. China's CO_2 emissions estimated from the bottom up: Recent trends, spatial distributions, and quantification of uncertainties [J]. Atmospheric Environment, 59: 214-223.

ZHENG H R, SHAN Y L, MI Z F, et al. , 2018. How modifications of China's energy data affect carbon mitigation targets [J]. Energy Policy, 116: 337-343.

ZHENG X Q, LU Y L, YUAN J J, et al. , 2020. Drivers of change in China's energy-related CO_2 emissions [J]. PNAS, 117(1): 29-36.

ZHOU N, FRIDLEY D, ZHENG N, et al. , 2013. China's energy and emissions outlook to 2050: Perspectives from bottom-up energy end-use model [J]. Energy Policy, 53: 51-62.